全国技工院校公共课教材

法律

案例解析

人力资源社会保障部教材办公室组织编写

中国劳动社会保障出版社

图书在版编目(CIP)数据

法律案例解析/人力资源社会保障部教材办公室组织编写. -- 北京：中国劳动社会保障出版社，2021

全国技工院校公共课教材

ISBN 978-7-5167-3758-3

Ⅰ.①法… Ⅱ.①人… Ⅲ.①案例-分析-中国-技工学校-教材 Ⅳ.①D920.5

中国版本图书馆 CIP 数据核字(2021)第 165662 号

中国劳动社会保障出版社出版发行

（北京市惠新东街 1 号　邮政编码：100029）

*

河北品睿印刷有限公司印刷装订　　新华书店经销

787 毫米×1092 毫米　16 开本　15 印张　289 千字

2021 年 11 月第 1 版　　2025 年 5 月第 6 次印刷

定价：29.00 元

营销中心电话：400-606-6496

出版社网址：http://www.class.com.cn

http://jg.class.com.cn

前言

为贯彻落实党的十九大和十九届二中、三中、四中、五中全会精神，紧扣全面依法治国的主题，我们组织编写了《法律案例解析》，旨在通过“以案说法，以例明理”的形式，引导学生增强法治观念，帮助其明晰在日常生活、学习和未来工作过程中遇到法律问题时该如何处理。在编写过程中，我们尽量使用浅显通俗的语言和鲜活生动的案例，便于学生理解。我们将案情简介、案例解析、法条链接有机结合起来，形成一个完整的案例读本，便于学生阅读思考，在分析案例的同时掌握法律知识，学会如何应对现实生活中的法律纠纷。本书主要涵盖宪法、民法、刑法、行政法、劳动法、诉讼法，以及常用法律文书写作相关内容。本书与《法律基础知识（第四版）》配套使用，既可以用于学生自学和讨论，也可以供教师在案例教学中使用。

本书针对技工院校学生编写，同时也可作为公民普法读本。

本书由汪艾玲主编，严晶、付卓副主编，欧阳如轶、汪伟亮、刘永锋、姚习洪、刘超峰、谷力锋、陈玉峰参与编写。

人力资源社会保障部教材办公室

2021 年 9 月

目 录

第一章 培养公民意识，树立宪法信仰

案例1 公民的平等就业权不容侵犯

案情简介

24岁的小闫是河南人，大学专业是法学。小闫在一家求职网站上看到某度假村在招聘人员，遂投递了简历。随后，小闫收到了该公司拒绝的回复，不适合原因一栏只写了“河南人”三个字。小闫认为，某度假村招聘人员存在地域歧视行为，遂将该度假村起诉到了法院。诉讼状中小闫请求法院判令被告支付精神抚慰金6万元，判令被告口头道歉，并要求被告自判决生效之日起连续15天在《人民日报》《河南日报》等媒体向她登报道歉。杭州某法院公开开庭审理此案认为，被告某度假村存在就业歧视行为，侵害了原告的平等就业权，当庭宣判被告向小闫赔偿精神抚慰金9 000元，以及合理维权费用损失1 000元，共计10 000元；判令被告向小闫口头道歉，并在《法制日报》公开登报道歉。

一审宣判后，原告、被告均不服一审判决，双方提出上诉。小闫认为，一审判决适用法律错误，酌定精神抚慰没有法律依据，且酌定的9 000元精神抚慰金较低；某度假村认为，自身并没有歧视“河南人”的主观故意，因为该公司现有在册员工7人中有2人来自河南，小闫没有被录取的原因是其达不到“有工作经验”的要求。

案例解析

平等就业权作为法律赋予劳动者的一项基本权利，是法律面前人人平等原则在劳动就业领域的具体体现，其实质为劳动者可以自主选择用人单位，并平等获得就业机会和相应待遇，不因民族、种族、性别、宗教信仰等因素而受到差别对待。用人单位如无正当理由，基于劳动者的性别、户籍、外貌等与工作内在要求没有必然联系的因素，而非学历、工作经验等与工作内在要求密切相关的因素，对劳动者实行差别对待的，应当认定构成就业歧视行为。

虽然法律赋予用人单位用人自主权，但平等就业权是劳动者生存和发展的前提，2018年12月12日，最高人民法院《关于增加民事案件案由的通知》中第一部分“人格权纠纷”的第三级案由“9. 一般人格权纠纷”项下增加一类第四级案由“1. 平等就业权纠纷”，平等就业权成为劳动者的一般人格权，用人单位对用人自主权的行使应始终谨守权利的边界，不得以实施就业歧视的方式侵犯劳动者的平等就业权。故被告以“河南人”为由拒绝给予小闫就业机会的行为已经构成就业歧视，损害了小闫作为劳动者的人格尊严，原审判决据此认定被告构成对小闫平等就业权的侵害，应属妥当。

一审法院综合被告的主观过错程度、侵权行为的方式以及对小闫造成的精神损害后果等因素，酌情确定由被告赔付小闫精神抚慰金 9 000 元，并支持其合理的维权支出 1 000 元，符合法律及司法解释的相关规定，并无不当。为消除被告侵权行为造成的不利影响，一审法院另外判定由该公司对小闫进行口头道歉，并在全国性媒体上登报致歉，亦属妥当。二审法院认为，一审判决认定事实清楚，适用法律正确，实体处理得当，于是驳回小闫及某度假村的上诉，维持原判。

法条链接

《中华人民共和国宪法》第三十三条　中华人民共和国公民在法律面前一律平等。

《中华人民共和国劳动法》第三条第一款　劳动者享有平等就业和选择职业的权利、取得劳动报酬的权利、休息休假的权利、获得劳动安全卫生保护的权利、接受职业技能培训的权利、享受社会保险和福利的权利、提请劳动争议处理的权利以及法律规定的其他劳动权利。

《中华人民共和国就业促进法》第三条　劳动者依法享有平等就业和自主择业的权利。劳动者就业，不因民族、种族、性别、宗教信仰等不同而受歧视。

案例 2　公民的选举权不容侵犯

案情简介

张某与 A 村村民结婚，并于次年将户籍迁入 A 村，户籍性质为农业户口。张某丈夫代表张某与 A 村村民委员会签订了入户协议书，其中第 5 条约定：“本村村民离婚之后又再婚娶进农户伴侣者，不享受粮食补贴，同时不享受本村村民应享受的任何村民待遇。”2016 年 4 月初，A 村村民委员会换届选举，进行选民登记时公布的具有选民资格的村民中没有张某的名字。张某遂向选举委员会提出申诉，选举委员会于 2016 年 4 月 15 日给张某出具答复意见：根据村“两委”、村民代表会议以及多年来历届选举的规定，空挂户、外来户不进入村民委员会选举。根据张某与 A 村村民委员会签订的不享受任何村民待遇的协议，张某视同外来户，故张某在 A 村没有选民资格。2016 年 4 月 18 日，张某因不服 A 村村民选举委员会关于确定其没有选民资格的决定，向法院提起诉讼。

案例解析

选举权和被选举权是宪法赋予中华人民共和国公民的一项重要政治权利。依据《中华人民共和国村民委员会组织法》第十三条规定，除依照法律被剥夺政治权利的人外，年满 18 周岁的村民，不分民族、种族、性别、职业、家庭出身、宗教信仰、教育程度、财产状况、居住期限，都有选举权和被选举权。村民委员会选举前，应当对下列人员进行登记，并将其列入参加选举的村民名单：（1）户籍在本村并且在本村居住的村民；（2）户籍在本村，不在本村居住，本人表示参加选举的村民；（3）户籍不在本村，在本村居住一年以上，本人申请参加选举，并且经村民会议或者村民代表会议同意参加选举的公民。起诉人张某已经落户 A 村且在 A 村居住，A 村村委会不能以“入户协议书”剥夺张某的选举权和被选举权。为了使公民的选举权能够及时得到保障，法院于 4 月 18 日依法受理张某诉 A 村村民选举委员会选民资格纠纷案，并依照法律的相关规定，对此案进行快审快结，于 4 月 22 日审理终结，依法判决：起诉人张某在 A 村具有选民资格，本判决为终审判决。

法条链接

《中华人民共和国宪法》第三十四条　中华人民共和国年满 18 周岁的公民，不分民族、种族、性别、职业、家庭出身、宗教信仰、教育程度、财产状况、居住期限，都有选举权和被选举权；但是依照法律被剥夺政治权利的人除外。

案例 3　公民的言论自由有界限

案情简介

原告张某与被告赵某原本是朋友关系，后双方因琐事产生矛盾，张某遂通过微信对赵某进行质问。质问过程中，双方言语不合，矛盾进一步加深，赵某便在微信中对张某使用了大量侮辱、辱骂的言语，且将微信中侮辱、辱骂张某的言语发到了自己的朋友圈，并附上了张某的照片，引起了朋友圈内的大量关注。张某约赵某私下协商解决纠纷未果，后经当地派出所出警解决亦未果。该事件给张某的生活、工作带来了巨大压力，张某遂起诉至法院。最终法院依法判令赵某于判决生效后7日内停止对张某的侵害行为，删除其朋友圈内的侮辱、辱骂性言语及所附上的张某照片；在其朋友圈内发布对张某的道歉函，发布天数不少于3天；赔偿张某精神损害抚慰金5 000元。

案例解析

自媒体时代，人人都持有“麦克风”。个人言论自由的范围被极大地拓展。但是，言论自由并不是法律赐予我们逃避罪责的“免死金牌”。纵观各自媒体平台，言论超出法律界限的情况时有发生。言论自由的前提是守法，网络空间亦不是法外之地，那些恶意辱骂、侮辱诽谤、扰乱公共秩序等违法犯罪行为，将被依法查处。如果说享受自媒体时代带来的言论自由是网民不可剥夺的权利，那么有意识地自律就应该成为网民不可推卸的义务。言论自由并不等同于无所不言，即使在网络虚拟的环境下，我们仍然要守住法律的底线，提高自律意识，理性客观发声，为营造良好的网络舆论环境而助力。

法条链接

《中华人民共和国宪法》第三十五条　中华人民共和国公民有言论、出版、集会、结社、游行、示威的自由。

第五十一条　中华人民共和国公民在行使自由和权利的时候，不得损害国家的、社会的、集体的利益和其他公民的合法的自由和权利。

案例4　公民的人身自由不受侵犯

案情简介

闫某在他人介绍下，于2017年2月13日向芜湖市某投资管理有限责任公司借了1万元高利贷，在扣除首期利息和相关费用后实际借款7 000元，之后闫某分两次共还款2 000元。2017年3月14日还款期限届满后，刘某带着王某等3人到闫某家要钱未果后，将闫某带到芜湖市某宾馆，周某随后到达宾馆；周某、刘某对闫某拳打脚踢，并要求他出具了一张15 000元的借条；第二天早上，闫某趁机逃走。同年3月22日晚，周某在某汤泉遇到闫某，后通知刘某、倪某、王某、位某并强行将闫某带到芜湖市一宾馆内。其间，周某、刘某、倪某、王某对闫某进行殴打、电击、恐吓，周某还让刘某、倪某、王某、位某轮流看守闫某，并打电话恐吓其家人，刘某逼迫闫某出具了一张6万元的借条。3月27日傍晚，闫某家人向公安机关报案。

法院经审理，以非法拘禁罪判处周某、刘某有期徒刑1年；判处倪某、王某有期徒刑11个月，缓刑2年；判处位某有期徒刑8个月，缓刑1年。判决后，5名被告人表示认罪服法，不提起上诉。

案例解析

该案是一起典型的非法拘禁侵犯他人人身自由案件。在现实生活中，一些债权人错误地认为，拘禁债务人讨还债务不是犯罪行为，其实不然。根据我国《刑法》第二百三十八条规定，为索取债务非法扣押、拘禁他人的，处3年以下有期徒刑、拘役、管制或者剥夺政治权利；具有殴打、侮辱情节的，从重处罚。同时，最高人民法院《关于对为索取法律不予保护的债务非法拘禁他人行为如何定罪问题的解释》规定，行为人为索取高利贷、赌债等法律不予保护的债务，非法扣押、拘禁他人的，依照《刑法》第二百三十八条的规定定罪处罚。

非法剥夺他人人身自由是一种持续行为，即该行为在一定时间内处于持续状态，使他人在一定时间内失去人身自由，不具有间断性。时间持续的长短不影响本罪的成立，只影响量刑。但时间过短、瞬间性地剥夺人身自由的行为，则难以认定成立本罪。在司法实践中，有关部门常参照最高人民检察院《关于人民检察院直接受理立案侦查案件立案标准的规定（试行）》，即非法拘禁持续时间超过24小时，会按犯罪处理。在本案中，5名被告人无视国家法律，两次以恐吓、威胁、暴力等非法方式索要债务，强迫借款人还钱，非法限制他人人身自由持续时间超过24小时，其行为均构成非法拘禁罪且系共同犯罪，法院遂对5名被告人作出如上判决。

法条链接

《中华人民共和国宪法》第三十七条　中华人民共和国公民的人身自由不受侵犯。

任何公民，非经人民检察院批准或者决定或者人民法院决定，并由公安机关执行，不受逮捕。

禁止非法拘禁和以其他方法非法剥夺或者限制公民的人身自由，禁止非法搜查公民的身体。

《中华人民共和国刑法》第二百三十八条　非法拘禁他人或者以其他方法非法剥夺他人人身自由的，处3年以下有期徒刑、拘役、管制或者剥夺政治权利。具有殴打、侮辱情节的，从重处罚。

犯前款罪，致人重伤的，处3年以上10年以下有期徒刑；致人死亡的，处10年以上有期徒刑。使用暴力致人伤残、死亡的，依照本法第二百三十四条、第二百三十二条的规定定罪处罚。

为索取债务非法扣押、拘禁他人的，依照前两款的规定处罚。

国家机关工作人员利用职权犯前三款罪的，依照前三款的规定从重处罚。

案例5 公民的人格尊严不受侵犯

案情简介

汪某在某超市购物，见促销员推荐的麦片“买五赠一”，遂购20袋，并在促销员的协助下，将24袋麦片装入购物袋。结账时，汪某与收银员因没有粘贴赠品标签的4袋麦片是否应付款而发生争执。店内保安将汪某及其选购的物品带至该店风险预防办公室。汪某辩解称4袋麦片系赠品，不应付款。保安与店内两名工作人员确认麦片有做赠送活动后，对汪某及其选购的商品拍照，并要汪某在一张表格上签名。汪某患有眼疾，并未看清具体内容就签了名。此后，促销员将“非卖品”标签贴在4袋麦片上，带汪某结了账。

后汪某与丈夫一起到超市要求查看其签名的表格，看见办公室内每日抓窃记录的“窃嫌姓名”一栏有汪某的名字，汪某签字及所购物品的照片被作为“窃嫌截图”附后。汪某要求店方道歉，但被拒绝。随后，汪某在丈夫、某商报记者的陪同下再次来到超市，才得知其事发当日是在保安部报告暨收据上签了名。该表格中将其选购的全部物品列为“遗失商品”，处理流程一栏注明“教育释放”。汪某提出表格中除签名是其书写外，其他内容及指印均是他人填写、加盖，要求超市还其清白且书面道歉，该超市没有当场回复。因调解不成，汪某遂以该超市严重侵犯其人格尊严并损害其名誉为由，向法院起诉，请求该超市向其书面赔礼道歉并在该超市营业场所张贴道歉函或在媒体上刊登道歉函，以消除影响，恢复名誉；赔偿其精神损害抚慰金5 000元。法院对汪某的诉讼请求予以支持，依法判决该超市向汪某书面赔礼道歉，在该超市经营的店内张贴针对汪某的道歉信，并向汪某赔付精神抚慰金5 000元。

案例解析

在本案中，消费者汪某虽未遭受经济损失，但因购物时人格受到侮辱并遭受精神损害，有获得精神损害赔偿的权利。关于人格尊严的确认和保护，在我国《宪法》《消费者权益保护法》等法律中均有体现。公民的人格尊严权，主要是指公民的姓名、名誉、荣誉、肖像等方面的权利。具体到消费领域，这种人格尊严权是指消费者在购买、使用商品和接受服务过程中所享有的姓名、名誉、荣誉、肖像等人格尊严不受经营者非法侵犯的权利。在消费领域，侵犯消费者人格尊严权的行为，主要表现为对消费者名誉的侵犯。例如，有的消费者在比较、选择商品时遭到售货员的讥讽和侮辱；有的售货员以貌取人，歧视消费者；有的消费者在商场、超市购物受到无端怀疑、盘查，甚至被搜身、强行扣留、限制人身自由等。这些事件损害了消费者的人格尊严权，给消费者造成了精神损害。

在本案中，该超市认可4袋麦片为赠品，却在汪某不知情的情况下，在其签名的表格中认定其实施偷窃行为，将其名字列入“窃嫌姓名”名单，注明“教育释放”，并将表格置于进入办公地点任何人可以随手翻看的地方。超市的上述做法侵犯了汪某的人格尊严，客观上在一定范围内造成了对汪某社会评价的降低，损害了汪某的名誉。

法条链接

《中华人民共和国宪法》第三十八条　中华人民共和国公民的人格尊严不受侵犯。禁止用任何方法对公民进行侮辱、诽谤和诬告陷害。

《中华人民共和国消费者权益保护法》第十四条　消费者在购买、使用商品和接受服务时，享有人格尊严、民族风俗习惯得到尊重的权利，享有个人信息依法得到保护的权利。

第二十七条　经营者不得对消费者进行侮辱、诽谤，不得搜查消费者的身体及其携带的物品，不得侵犯消费者的人身自由。

案例6　公民的住宅不受侵犯

案情简介

女青年小王与邻村男青年杨某经人介绍相识，相处一段时间后，按当地风俗举行了定亲仪式。后小王以双方性格不合为由向杨某提出了解除婚约的要求，杨某表示同意并请村委会干部出面到王家要求返还给付的彩礼。经双方测算，王家同意返还杨某彩礼，折合人民币4万元，约定在当年春节前分3次归还。但到还款期届满时王家只返还了杨某9 000元。在多次催还未果的情况下，杨某召集亲朋十余人，携带镢头、铁锨等农具来到王家，撬开房门，砸坏门窗、桌凳等物品后扬长而去。法院经审理认为，被告人杨某非法强行侵入他人住宅，毁损他人生活用品，其行为已构成刑事犯罪。鉴于杨某认罪态度较好，有悔罪表现，法院以非法侵入住宅罪从轻判处其拘役6个月。

案例解析

这是一起由民事纠纷引发的侵犯公民住宅安全权利的犯罪案件。住宅是公民的私人生活空间，受法律保护。《现代汉语词典》将住宅解释为住房，而住宅权是指公民有权获得可负担得起的，适宜人类居住的，有良好的物质设备和基础服务设施的，具有安全、健康和尊严，并不受歧视的住房权利。住宅权的保护对个人、家庭、社会群体的健康、安宁与发展有着重要作用。住宅权包含的内容十分丰富，它包含了居住权、安全与健康权、住宅的公平权、住宅的隐私权、住宅选择的偏好权、住宅救济权，以及住宅不受侵犯权与自由处分权等。

所谓非法侵入住宅罪，是指非法侵入者事先没有经过住宅主人的允许或邀请，强行进入他人住宅，影响他人居住与生活安全的行为。在我国，该行为属侵犯公民人身权利和民主权利的一种刑事犯罪。该罪的主要特征为：侵害的客体是受国家法律保护的公民住宅不可侵犯的权利；在客观方面表现为行为人具体实施了非法侵入他人住宅的行为，行为人具有明确的主观故意。公民住宅的隐秘与安宁是受国家宪法、刑法保护的，即使是国家司法部门，若不依照相关法律规定，并向住宅的主人出示搜查证和工作证，其进入公民住宅的行为都将被视为“非法侵入”。行为人无论是谁，都必须为自己的行为承担法律责任。

在日常生活中，邻里之间发生争吵、斗殴，冲到对方家里砸毁家具、电器等行为，不仅侵犯了对方的财产权和人身权，而且侵犯了其住宅权；因怀疑他人偷窃而擅自闯入他人家里翻箱倒柜地搜查，也侵犯了他人的住宅权，是法律所不允许的。在本案中，杨某非法强行侵入他人住宅，毁损他人生活用品，侵犯了公民的住宅安全权，其行为符合非法侵入住宅罪的构成要件。

法条链接

《中华人民共和国宪法》第三十九条　中华人民共和国公民的住宅不受侵犯。禁止非法搜查或者非法侵入公民的住宅。

《中华人民共和国刑法》第二百四十五条　非法搜查他人身体、住宅，或者非法侵入他人住宅的，处3年以下有期徒刑或者拘役。

司法工作人员滥用职权，犯前款罪的，从重处罚。

《中华人民共和国治安管理处罚法》第四十条　有下列行为之一的，处10日以上15日以下拘留，并处500元以上1 000元以下罚款；情节较轻的，处5日以上10日以下拘留，并处200元以上500元以下罚款：

（一）组织、胁迫、诱骗不满16周岁的人或者残疾人进行恐怖、残忍表演的；

（二）以暴力、威胁或者其他手段强迫他人劳动的；

（三）非法限制他人人身自由、非法侵入他人住宅或者非法搜查他人身体的。

案例 7　公民的通信自由不可侵犯

案情简介

薛某曾在某塑胶公司工作过，知道管理人员拥有公司专门配发的电子邮箱。王先生负责公司的采购管理，公司专门配发给他一个电子邮箱，用户名和密码都是王先生姓氏的全拼。在与王先生共事过程中，薛某因为工作需要，有时会使用王先生的电子邮箱，也因此知道了王先生电子邮箱的用户名和密码。

薛某在这家公司工作两年就辞职了，自己做起了生意。一段时间以后，出于好奇，他通过塑胶公司的主页登录王先生的电子邮箱，没想到王先生一直没有修改过邮箱的密码，薛某很容易就成功登录了。在浏览了王先生的邮件内容后，他发现电子邮件中有一些王先生与朋友、同事沟通联系的私人邮件，但大多数的邮件都是有关公司采购和管理方面的信息，且更新速度比较快。薛某因自己也在做生意，所以对其中的管理信息特别感兴趣，想从中学习一些方法，因此他就成了王先生电子邮箱的“常客”，并有所选择地将部分电子邮件转发至自己的邮箱。后来，他又在王先生的邮箱里设置了自动转发功能，将发给王先生的电子邮件都自动转发至自己的邮箱。经查，在长达 6 年的时间内，薛某多次非法获取王先生的电子邮件，仅在其笔记本电脑内查获的就有 1 000 余封。为了不使王先生起疑心，薛某每次都将偷看完的电子邮件设置为“未读”状态，使王先生一直都不曾发觉有人偷看过他的邮件。

后来，薛某打起了出售王先生电子邮件信息牟利的主意。他认为，王先生的电子邮箱中含有大量塑胶公司关于采购和管理方面的信息内容，公司的竞争对手一定对此很感兴趣，如果将这些信息提供给他们，就可以从中牟利。于是，他向公司的竞争对手发送了可以提供重要信息的邮件。

薛某在兜售该塑胶公司商业秘密时，被该公司工作人员发现并报警。经检察院提起公诉，法院以侵犯通信自由罪判处薛某拘役 5 个月，缓刑 5 个月。

案例解析

通信自由和通信秘密权，是指公民享有通信包括信件、电报、电话在内的自由和秘密不受侵犯的权利。通信是人们互通音信、保持联系而进行社会交往的一种形式，是公民的一项正常社会活动，也是公民的基本权利之一，国家依法予以保护。公民的通信自由和通信秘密权被侵犯时，可向公安机关报案，要求给予治安管理处罚，直至追究刑事责任。

在本案中，薛某企图利用塑胶公司的商业秘密牟利，虽然已经通过王先生的电子邮箱非法获取了部分商业秘密，但因未给商业秘密的权利人造成重大损失，他的行为并不构成侵犯商业秘密罪。那么，薛某偷偷登录王先生的电子邮箱，并私自转发电子邮件的行为是否侵犯了王先生的通信自由？依据2000年12月28日颁布施行的《全国人民代表大会常务委员会关于维护互联网安全的决定》，非法截获、篡改、删除他人电子邮件或者其他数据资料，侵犯公民通信自由和通信秘密的，依照刑法有关规定追究刑事责任。

被害人王先生的电子邮箱不仅用于工作，也用于私人信件往来，薛某非法获取、转发王先生的电子邮件，并试图借此牟利的行为，侵犯了被害人的通信自由和通信秘密，且时间跨度长、信息数量大，情节严重，他的行为已构成侵犯通信自由罪。

随着互联网的普及，人们在日常生活中对网络的依赖性也越来越大。在享受网络时代带来的高效、便利的同时，层出不穷的网络犯罪也给我们敲响了网络信息安全防范的警钟。网络上的信息并非是绝对的免费午餐，如果像薛某一样通过非法手段来获取，即使没有出售牟利的企图，也有可能已经侵犯了他人的合法利益，触犯了法律。

法条链接

《中华人民共和国宪法》第四十条　中华人民共和国公民的通信自由和通信秘密受法律的保护。除因国家安全或者追查刑事犯罪的需要，由公安机关或者检察机关依照法律规定的程序对通信进行检查外，任何组织或者个人不得以任何理由侵犯公民的通信自由和通信秘密。

《中华人民共和国刑事诉讼法》第一百四十三条　侦查人员认为需要扣押犯罪嫌疑人的邮件、电报的时候，经公安机关或者人民检察院批准，即可通知邮电机关将有关的邮件、电报检交扣押。不需要继续扣押的时候，应即通知邮电机关。

第一百四十五条　对查封、扣押的财物、文件、邮件、电报或者冻结的存款、汇款、债券、股票、基金份额等财产，经查明确实与案件无关的，应当在3日以内解除查封、扣押、冻结，予以退还。

《中华人民共和国刑法》第二百五十二条　隐匿、毁弃或者非法开拆他人信件，侵犯公民通信自由权利，情节严重的，处1年以下有期徒刑或者拘役。

案例8　公民受教育的权利不可侵犯

案情简介

小伟因年幼时患小儿麻痹，下肢有残疾。其参加某省普通中等学校考试时，填报的第一志愿是某市财贸学校，考分为456分，超过了427分的招生录取分数线。但是，某市财贸学校以该校计算机房在四楼，而小伟无自理能力为由拒绝录取。小伟认为，某市财贸学校以其身体跛行残疾为由不予录取的行为违法，侵犯了其受教育权。为此，向法院提起诉讼，请求依法判令被告某市财贸学校按照《中华人民共和国残疾人保障法》之规定，尊重本人的报考志愿，将其录取为该校学生。法院在审理本案过程中，被告某市财贸学校经过对原告小伟的残疾程度进行详细的调查后，认为小伟的考试成绩和身体残疾程度均符合国家规定的录取标准。为此，将小伟录取到该校学习。被告改变原具体行政行为后，原告小伟认为自己的受教育权已得到保护，主动向法院申请撤回起诉。

案例解析

小伟因患小儿麻痹下肢有残疾，在学校的集体生活和学习中确实会遇到很多困难，但学校不能因此随意剥夺小伟接受教育的权利。受教育权是我国宪法和法律规定的公民享有的法定权利，每个公民都享有平等的受教育权利，不得因家庭出身、身体素质等原因而遭受歧视。学校不但不应当因小伟残疾而拒绝他入校学习，相反，学校应为像小伟这样的特殊孩子创造合适的学习条件，保证他们正常接受教育。

习近平总书记指出，全面建成小康社会，残疾人一个也不能少。2018 年，《教育部等四部门关于加快发展残疾人职业教育的若干意见》（教职成〔2018〕5 号）发布，意见要求：大力发展残疾人中等职业教育，让完成义务教育且有意愿的残疾人都能接受适合的中等职业教育。职业院校要通过随班就读、专门编班等形式，逐步扩大招收残疾学生的规模，不得以任何理由拒绝接收符合规定录取标准的残疾学生入学。

法条链接

《中华人民共和国宪法》第四十六条　中华人民共和国公民有受教育的权利和义务。

国家培养青年、少年、儿童在品德、智力、体质等方面全面发展。

案例 9　公民有维护国家统一的义务

案情简介

某电视连续剧第 39 集中，为了说明某网络安全大赛亚锦赛在上海举行，剧集画面中出现了一幅动画世界地图。有网友发现，这幅地图中标注为中国领土的区域缺少了台湾岛、海南岛、藏南地区以及阿克赛钦地区，显然是一幅“问题地图”。随后，自然资源部通过核查，发现该剧未履行地图送审程序，存在错误标示我国藏南地区和阿克赛钦地区国界线、我国台湾岛和海南岛底色与大陆不一致、漏绘我国南海诸岛和南海断续线、克什米尔地区表示不符合国家有关规定等问题。就此，责成属地管理部门上海市规划和自然资源局对其违法违规行为进行依法处理。最终，该电视剧出品方上海某文化传播有限公司被责令改正，并罚款人民币 10 万元整。

案例解析

国家统一、领土完整是国家的核心利益，把国家主权和安全放在第一位，贯彻总体国家安全观是公民应尽的义务。正确的国家版图是国家主权和领土完整的象征，维护国家主权、安全和利益是每个公民的责任。热播电视剧中出现的“问题地图”无疑为广大公众敲响了警钟。青年学生在生活中要学会辨别“问题地图”，一旦发现，应及时向相关管理部门反映举报。

法条链接

《中华人民共和国宪法》第五十二条　中华人民共和国公民有维护国家统一和全国各民族团结的义务。

案例 10　公民有维护国家安全的义务

案情简介

小谢在某网站发布求职信息和个人简历后，某境外机构主动加小谢为微信好友，称在招聘联络员，小谢接受了对方申请。随后，该机构多次向小谢索要内部资料且强调是非公开的，并称稿费从优。小谢当时认为可能是诈骗犯，但继续与对方保持联系并向对方提供了支付宝账号。7 月的某天，对方通过网络向小谢转汇了一笔诚意金。收到诚意金后，小谢联想起近年来披露的间谍案件和每年“4·15”全民国家安全教育日的宣传，怀疑对方真实身份为境外间谍情报人员，即到省国家安全厅举报，为国家安全机关防范、制止危害国家安全行为和侦破案件做出了贡献。

案例解析

为提升全社会的国家安全意识，《中华人民共和国国家安全法》规定每年 4 月 15 日为全民国家安全教育日。国家安全，人人有责。人民群众要树立国家安全意识，自觉关心、维护国家安全，遵守国家法律法规。根据《中华人民共和国国家安全法》和《中华人民共和国反间谍法》及其实施细则有关规定，公民和组织应当履行维护国家安全的义务，发现间谍行为和其他危害国家安全活动的线索，应当及时向国家安全机关报告。国家安全机关对举报人依法予以保护和奖励。如发现可疑情况，公民可拨打全国国家安全机关举报受理电话“12339”，或登录国家安全机关举报受理平台（www. 12339. gov. cn）进行举报。

法条链接

《中华人民共和国宪法》第五十四条 中华人民共和国公民有维护祖国的安全、荣誉和利益的义务，不得有危害祖国的安全、荣誉和利益的行为。

案例 11 公民有维护国家荣誉的义务

案情简介

陈某某为发泄对社会的不满，多次打砸本村村委会办公设施。2017 年某日晚上，陈某某酒后滋事，无故打砸其所在村的村委会办公室门窗等物品，后其母亲代为赔偿村委会损失 1 000 元。2018 年 12 月 23 日 9 时许，陈某某酒后驾驶电动自行车再次无故将村委会大门撞坏，将办公室房门等物品损坏，后被行政拘留 10 日，并赔偿村委会损失 3 000 元。2019 年 4 月 14 日 20 时许，陈某某又在酒后翻墙进入村委会，持铁锨打砸办公室门窗、宣传栏等物品，将院内国旗杆上的国旗降下，在拽坏村委会的铁门后，又将国旗点燃焚烧后离开。其间，陈某某还用手机拍摄焚烧国旗视频，并通过微信发送给派出所巡防队员王某和村民殷某。2019 年 7 月 23 日，人民检察院以陈某某犯寻衅滋事罪、侮辱国旗罪，向人民法院提起公诉。

案例解析

中华人民共和国国旗是中华人民共和国的象征和标志。每个公民和组织，都应当尊重和爱护国旗。国旗上飘扬着的是国家尊严，爱护国旗就是在守护国家的尊严，侮辱国旗就是在贬损国家的形象。不尊重和爱护国旗会降低国家在人民群众心中的地位，影响人民群众对国家的认可，最终会危害到国家的整体利益和形象。

陈某某在 2 年内 3 次任意毁坏公私财物的行为构成寻衅滋事罪。为了发泄私愤，将国旗公开焚烧，并通过网络将焚烧国旗的视频发送给他人，虽然其焚烧国旗的行为发生在晚上，但已使国旗受侮辱后的不法状态呈现于多人面前，且可能被更多人知晓，具备公然性的客观要件，符合在公共场合故意以焚烧的方式侮辱中华人民共和国国旗的行为，已构成侮辱国旗罪。且陈某某犯数罪，应数罪并罚。结合陈某某的犯罪事实、性质、情节及危害表现等因素，人民法院依法判决被告人陈某某犯寻衅滋事罪，判处有期徒刑 10 个月；犯侮辱国旗罪，判处有期徒刑 6 个月，决定合并执行有期徒刑 1 年 2 个月。

法条链接

《中华人民共和国宪法》第五十四条　中华人民共和国公民有维护祖国的安全、荣誉和利益的义务，不得有危害祖国的安全、荣誉和利益的行为。

案例 12　公民有依法服兵役的义务

案情简介

保家卫国，人人有责。山西省某县“95 后”青年李某却在应征服兵役后，因怕苦怕累、不愿受部队纪律约束，以种种理由逃避服兵役，最终由部队按相关规定作出退兵处理。2015 年 11 月 4 日，山西省某县人民政府新闻办公室微信公众号发布公告称，依据《中华人民共和国兵役法》等相关规定，对李某作出罚款 114 692 元、开除团籍、全县政府企事业单位不予招聘等处罚，并在 2 年内不得升学、出国（境），3 年内不得经商、贷款等。

案例解析

服兵役是宪法和法律规定的具有法定强制性的公民义务。《中华人民共和国兵役法》第三条规定，中华人民共和国公民，不分民族、种族、职业、家庭出身、宗教信仰和教育程度，都有义务依照本法的规定服兵役。第六十六条规定，应征公民拒绝、逃避征集，拒不改正的，不得录用为公务员或参照公务员法管理的工作人员，2 年内不得出国（境）或者升学。李某入伍后因个人怕苦怕累不愿受部队纪律约束，以种种理由逃避服兵役，该县人民政府依据兵役法、征兵工作条例等法律法规，以及山西省地方性法规和政府规章对李某作出行政处罚的决定，是维护国家宪法、维护法律严肃性和权威性的需要，符合我国兵役法律法规的规定精神，对其他适龄青年也起到了一定的教育和警示作用。

法条链接

《中华人民共和国宪法》第五十五条　保卫祖国、抵抗侵略是中华人民共和国每一个公民的神圣职责。

依照法律服兵役和参加民兵组织是中华人民共和国公民的光荣义务。

《中华人民共和国兵役法》第三条　中华人民共和国公民，不分民族、种族、职业、家庭出身、宗教信仰和教育程度，都有义务依照本法的规定服兵役。

有严重生理缺陷或者严重残疾不适合服兵役的人，免服兵役。

依照法律被剥夺政治权利的人，不得服兵役。

《中华人民共和国征兵工作条例》第五十一条　机关、团体、企业事业单位拒绝完成征兵任务的，阻挠公民履行兵役义务的，或者有其他妨害征兵工作行为的，依照兵役法和有关法规的规定予以处罚。

有服兵役义务的公民拒绝、逃避兵役登记和体格检查的，应征公民拒绝、逃避征集的，依照兵役法和有关法规的规定予以处罚。

第五十三条　县级人民政府依照兵役法和有关法规实施的处罚，由县级人民政府兵役机关具体办理。

案例 13　公民有依法纳税的义务

案情简介

赵某发现海外商品的消费需求不断增加，朋友圈里的代购们坐飞机出国，买点东西回来卖就能赚钱，日子似乎很好过。于是，她在 2016 年辞掉了原本的工作，开始从事职业代购。在明知境外采购的货物带入境需要缴纳税款的情况下，半年多的时间里，赵某仍将在日本、韩国大量采购的化妆品、奢侈品等货物，以行李藏匿、包通关物流等方式走私入境，通过淘宝店及微信等渠道销售牟利。因为没有缴税，赵某售卖的产品售价比正规渠道便宜不少。2017 年年初，在一次代购回国过机检查时，杭州海关隶属机场海关发现赵某行李图像显示异常。杭州海关缉私局隶属机场海关缉私分局对赵某走私普通货物一事立案侦查。经查，赵某在 2016 年年中至 2017 年年初半年多时间内，多次往返境外代购，累计境外代购货物价值约 280 万元，涉嫌偷逃税款 80 余万元。

案例解析

在生活中，海外代购已成规模，在很多人看来似乎没什么不妥，但是这并不代表它就合法。贸易进口的商品，一般需要缴纳增值税、消费税和关税。居民旅客在境外获取从旅检渠道携带进境的自用物品，总值在 5 000 元人民币以内且限于自用，数量合理的，予以免税放行；超过 5 000 元须缴纳税款。而具有牟利性的货物，无论价值多少，都需向海关申报进境，并照章纳税，否则涉嫌走私。根据相关司法解释，走私普通货物、物品，偷逃应缴税额未达 10 万元的，按一般走私行为处理。偷逃应缴税额超过 10 万元的，即符合

《刑法》第一百五十三条“走私货物、物品偷逃应缴税额较大”，构成走私普通货物、物品罪。依法纳税是公民的义务，公民应有自觉纳税的意识。本案中赵某的做法应该引起我们的警惕。

法条链接

《中华人民共和国宪法》第五十六条　中华人民共和国公民有依照法律纳税的义务。

《中华人民共和国海关法》第四十六条　个人携带进出境的行李物品、邮寄进出境的物品，应当以自用、合理数量为限，并接受海关监管。

第四十七条　进出境物品的所有人应当向海关如实申报，并接受海关查验。海关加施的封志，任何人不得擅自开启或者损毁。

第五十三条　准许进出口的货物、进出境物品，由海关依法征收关税。

第二章 民事权益保护，追求幸福的基石

案例1 民事法律关系

案情简介

某镇供电所工作人员接受县供电局的委托到某机械厂查抄电表，按照计算的用电数给某机械厂开具了3.2万元的用电发票。机械厂对此表示异议，要求重新核查。镇供电所向县供电局汇报后，向机械厂发出通知，要求其在5日内交清电费，逾期将按照《全国供用电规则》的规定停电。到期后，机械厂没有交纳电费，县供电局遂向机械厂发出停电通知书，强行采取停电措施。机械厂不服，向法院起诉，要求恢复供电，并赔偿因停电造成的损失。

案例解析

本案涉及民法调整范围的问题。供电局停止供电是行政行为还是民事行为呢？在本案中，供电局与机械厂双方之间形成的是平等主体间的供用电民事合同关系。双方在履行供用电合同中，机械厂对用电数提出异议，供电局以机械厂不按期交纳电费为由实施停电的行为，均是双方在实际履行供用电合同过程中产生的争议。供电局有权在机械厂不按期交费时停止供电，这是供电局依法和依合同所享有的民事权利，也是机械厂违反合同义务应承担的相应责任。电力属于国家所有，由供电局代表国家行使所有权，所以停止供电是行使电力所有权。因此，停止供电行为是行使所有权的民事行为，而不是供电局行使行政权力的管理行为。同理，现机械厂要求恢复供电，赔偿因停电造成的损失，应属于民事诉讼中的侵权之诉，属民法调整的范围。

法条链接

《中华人民共和国民法典》第二条　民法调整平等主体的自然人、法人和非法人组织之间的人身关系和财产关系。

案例 2　民法基本原则

案情简介

我姓王，可以给孩子取名“王者荣耀”吗？我姓车，又爱吃车厘子，可以给孩子取名“车厘子”吗？我喜爱诗词歌赋，可以给孩子取名“北雁云依”吗？酷爱诗词歌赋和中国传统文化的吕某与张某，于 2009 年 1 月 25 日生育一女，夫妇二人决定以“北雁”为姓，“云依”为名给爱女起名为“北雁云依”，并以“北雁云依”为名办理了新生儿出生证明、计划生育服务手册以及新生儿落户备查登记。2009 年 2 月，吕某前往派出所为女儿申请办理户口登记，被民警告知拟被登记人员的姓氏应当随父姓或者母姓，即姓“吕”或者“张”，否则不符合办理出生登记条件。因吕某坚持以“北雁云依”为姓名为女儿申请户口登记，被告派出所遂作出拒绝办理户口登记的具体行政行为。原告请求法院判令确认被告拒绝以“北雁云依”为姓名办理户口登记的行为违法。因案件涉及法律适用问题，需送请有权机关作出解释或者确认，该案于 2010 年 3 月 11 日裁定中止审理，中止事由消除后，该案于 2015 年 4 月 21 日恢复审理，法院作出判决：驳回原告“北雁云依”要求确认被告派出所拒绝以“北雁云依”为姓名办理户口登记行为违法的诉讼请求。

案例解析

一个人的姓名往往寄托了父母对子女的美好祝愿或者蕴含特别的意义。但仅凭个人的喜好和愿望，在父姓、母姓之外选取其他姓氏或者创设新的姓氏，是不行的。我国民法典第一千零一十五条规定，自然人应当随父姓或者母姓，但是有下列情形之一的，可以在父姓和母姓之外选取姓氏：（1）选取其他直系长辈血亲的姓氏；（2）因由法定扶养人以外的人扶养而选取扶养人姓氏；（3）有不违背公序良俗的其他正当理由。少数民族自然人的姓氏可以遵从本民族的文化传统和风俗习惯。

在中华传统文化中，“姓名”中的姓，即姓氏，体现着血缘传承、伦理秩序和文化传统，公民选取姓氏涉及公序良俗。公民原则上随父姓或者母姓符合中华传统文化和伦理观念，符合绝大多数公民的意愿和实际做法，也是我国姓氏文化的重要体现。同时，随着社会生活的发展变化，考虑到社会实际情况以及公民观念的进步，自然人有正当理由的也可以选取其他姓氏，但是以不违背法律的强制性规定和公序良俗为限。根据该条规定，自然人可以在父姓和母姓之外选取姓氏的权利主要包括选取其他直系长辈血亲的姓氏、因由法定扶养人以外的人扶养而选取扶养人姓氏、有不违背公序良俗的其他正当理由等三种情形。

综上，如果符合上述规定，可以给娃取名“王者荣耀”或者是“车厘子”，但是“北雁云依”不可以。因为没有“北雁”这个姓氏，且仅凭个人喜好愿望创设姓氏，具有明显的随意性，不符合“有不违背公序良俗的其他正当理由”的情形。

法条链接

《中华人民共和国民法典》第八条 民事主体从事民事活动，不得违反法律，不得违背公序良俗。

第一千零一十五条 自然人应当随父姓或者母姓，但是有下列情形之一的，可以在父姓和母姓之外选取姓氏：

（一）选取其他直系长辈血亲的姓氏；

（二）因由法定扶养人以外的人扶养而选取扶养人姓氏；

（三）有不违背公序良俗的其他正当理由。

少数民族自然人的姓氏可以遵从本民族的文化传统和风俗习惯。

案例3 民事权利能力和民事行为能力

案情简介

某物流公司名下的运输车辆在安徽省淮南市内发生交通事故，造成第三者聂某死亡，事故发生时聂某妻子已经怀孕，聂某的遗腹子于2016年9月15日出生。后经人民调解委员会调解，双方达成赔偿协议，该物流公司向聂某亲属赔偿包括遗腹子抚养费在内的各类损失共计56万元。

支付赔款后，物流公司与保险公司因理赔问题发生争议。保险公司认为，交通事故发生时受害人的遗腹子并未出生，尚不属于法定意义上的“自然人”，而法律规定的“被抚养人生活费”仅指受害人死亡时正在抚养的人，遗腹子不应属于此范围；物流公司自愿赔偿了不合理的损失，应当自行承担，保险公司不予理赔。物流公司于是将保险公司诉至法院。法院一审判决保险公司在交强险、第三者商业责任险限额内赔偿物流公司保险金共计47万余元。保险公司不服一审判决提出上诉，二审法院驳回保险公司的上诉，维持原判。

案例解析

本案涉及尚未出生的胎儿是否具有民事权利能力的问题。根据我国民法典规定，遗产分割时，应当保留胎儿的继承份额。胎儿出生时是死体的，保留的份额按照法定继承办理。死亡赔偿金不是遗产，但有遗产的类似属性，死亡赔偿金的分配理应类推适用民法典关于遗产的分配规则。我国法律规定，涉及遗产继承、接受赠与等胎儿利益保护的，胎儿被视为具有民事权利能力。本案事故发生时，死者聂某的妻子已经怀孕，而胎儿被分娩出时为活体，其利益应受保护，因此，物流公司已赔偿的被抚养人生活费用为必要费用，保险公司应当承担保险赔偿责任。

本案从儿童最大利益原则出发，肯定了交通事故受害人遗腹子出生后的被抚养利益。儿童最大利益原则已逐渐成为社会共识。与其他的法定继承人或者被抚养人相比，遗腹子出生后的被抚养利益更应该受到特殊保护。我国已批准加入的《儿童权利公约》规定，关于儿童的一切行动，不论是由公司、社会福利机构、法院、行政当局或立法机构执行，均应以儿童的最大利益为首要考虑。

法条链接

《中华人民共和国民法典》第十三条　自然人从出生时起到死亡时止，具有民事权利能力，依法享有民事权利，承担民事义务。

第十六条　涉及遗产继承、接受赠与等胎儿利益保护的，胎儿视为具有民事权利能力。但是，胎儿娩出时为死体的，其民事权利能力自始不存在。

案例 4　限制行为能力人

案情简介

2020 年 3—4 月，受新冠肺炎疫情影响，11 岁的小苏在家上网课。为方便小孩学习，家里特意给他买了一台智能手机。小苏沉迷于网络游戏，不到 20 天，私自充值购买了价值近万元的装备。小苏母亲将游戏公司告上法庭。那么，如果未成年人沉迷网络游戏，未经父母同意进行大额充值，充值的钱还能要回来吗？

案例解析

我国民法典规定，不满 8 周岁的未成年人为无民事行为能力人，由其法定代理人代理实施民事法律行为。8 周岁以上的未成年人为限制民事行为能力人，实施民事法律行为由其法定代理人代理或者经其法定代理人同意、追认；但是，可以独立实施纯获利益的民事法律行为或者与其年龄、智力相适应的民事法律行为。因此，11 岁未成年人使用手机大额度充值游戏应属于与其年龄、智力不相适应的民事行为，且在事后并未得到其监护人的同意，该行为应属于无效行为，作为监护人的父母，可以要求退款。

2019 年 10 月 25 日，国家新闻出版署印发《关于防止未成年人沉迷网络游戏的通知》，要求实行网络游戏用户账号实名注册制度。所有网络游戏用户均须使用有效身份信息方可进行游戏账号注册。网络游戏企业须采取有效措施，限制未成年人使用与其民事行为能力不符的付费服务。网络游戏企业不得为未满 8 周岁的用户提供游戏付费服务。同一网络游戏企业所提供的游戏付费服务，8 周岁以上未满 16 周岁的用户，单次充值金额不得超过 50 元人民币，每月充值金额累计不得超过 200 元人民币；16 周岁以上未满 18 周岁的用户，单次充值金额不得超过 100 元人民币，每月充值金额累计不得超过 400 元人民币。

在司法实践中，此类案件的焦点在于是否是未成年人进行充值并消费。依据民事诉讼法规定，当事人对自己提出的主张，有责任提供证据，即谁主张谁举证。原告家长应当证明以下事实：游戏账号是由未成年人注册申请并控制使用的，且游戏充值消费行为是未成年人进行的。本案中，原告在庭审中就网络游戏从注册到消费的过程向法官进行了演示，并就游戏公司是否履行对未成年人的提醒义务及相关技术筛选义务进行了举证。最终，被告游戏公司选择与当事人和解，并退还部分充值费用。

法条链接

《中华人民共和国民法典》第十九条　8 周岁以上的未成年人为限制民事行为能力人，实施民事法律行为由其法定代理人代理或者经其法定代理人同意、追认；但是，可以独立实施纯获利益的民事法律行为或者与其年龄、智力相适应的民事法律行为。

案例 5　表见代理

案情简介

张某系某小额贷款公司业务经理、股东之一。2016 年 1 月，其以公司名义向经商多年的公司客户何某、李某等人借款 100 万元，月利息 1.5%，借期 6 个月。借据写明借款人为该公司，但借据上仅有张某签字而未加盖其公司公章，100 万元于同日转入张某个人账户。借款到期后张某未还款，何某、李某等人认为借据虽无公司公章，但构成表见代理，遂起诉至法院，要求张某及其所在的小额贷款公司偿还借款及利息。

案例解析

本案的争议焦点是张某以小额贷款公司名义借款的行为是否构成对该公司的表见代理。表见代理是为了保护市场主体之间的交易安全、提高市场交易效率而产生的，保护善意第三人的利益及维护市场交易秩序是其出发点和落脚点。表见代理的构成条件为：(1) 以被代理人的名义进行了代理行为；(2) 相对人在客观上有理由相信无权代理人有代理权；(3) 相对人主观上是善意的且无过错；(4) 无权代理人与相对人之间的民事行为具备成立要件。那么，张某以小额贷款公司名义借款的行为是否构成对该公司的表见代理呢？

首先，虽然张某为公司业务经理，但公司未授予其对外借款的代理权，在借款之后也未对其借款行为予以追认，故张某的借款行为本质上属于无权代理。其次，张某在客观上具备使相对人相信其有代理权的情形。张某作为该小额贷款公司的业务经理，平时业务上多与公司客户接洽，客观上容易使客户相信其具备代理权，张某的借款行为符合表见代理的第二个要件。再次，何某、李某在借款给张某时，对张某借款究竟是其个人借款，还是代表公司借款，并未尽到合理审慎义务，其主观上存在较大的过失。最后，小额贷款公司与银行等金融机构最大的不同之处在于，小额贷款公司只能以公司现有资金即自有资金面向社会发放贷款，而不能吸收存款，这是由其业务经营范围限定的。经商多年的何某、李某等人，在借款给张某之时，不可能不知道这一点。因此，张某向何某、李某等借款的行为不符合表见代理构成条件，只能算其个人行为而不是公司行为。

法条链接

《中华人民共和国民法典》第一百七十一条　行为人没有代理权、超越代理权或者代理权终止后，仍然实施代理行为，未经被代理人追认的，对被代理人不发生效力。

相对人可以催告被代理人自收到通知之日起30日内予以追认。被代理人未作表示的，视为拒绝追认。行为人实施的行为被追认前，善意相对人有撤销的权利。撤销应当以通知的方式作出。

行为人实施的行为未被追认的，善意相对人有权请求行为人履行债务或者就其受到的损害请求行为人赔偿。但是，赔偿的范围不得超过被代理人追认时相对人所能获得的利益。

相对人知道或者应当知道行为人无权代理的，相对人和行为人按照各自的过错承担责任。

第一百七十二条　行为人没有代理权、超越代理权或者代理权终止后，仍然实施代理行为，相对人有理由相信行为人有代理权的，代理行为有效。

案例 6　诉讼时效

一日，廖某驾驶和邱某一同购买的汽车在某路口上坡时，不慎滑入路边水沟。当时，游某应廖某要求，与其他人一起帮忙撬车。在撬车过程中，车被顶起后向后滑动，导致游某受伤。游某的伤情经司法鉴定所鉴定为伤残五级一处、九级一处。该事故发生后，廖某和邱某仅支付了游某的医疗费，游某多次向廖某催要其余赔偿款均未果。事故发生 3 年后，游某将两人告上法庭。法院经审理认为，事故发生的主要原因是车主廖某和邱某在撬车之前未能对撬车人员采取一定的安全保护措施，使得车子滑动碾到撬车人员，不过游某自己也未尽到安全注意义务。综合考虑本案具体案情，游某因帮助车主廖某和邱某而使自己身体受到伤害，车主廖某和邱某应该负主要责任。由于被告廖某和邱某均抗辩已过诉讼时效，原告游某自己又未完整保留主要的相关证据，案件较难处理。经法院调解，当事人自愿达成协议，廖某同意分 13 期赔偿游某 280 000 元，邱某同意分 7 期赔偿游某 120 000 元。

案例解析

本案涉及诉讼时效的问题。法律不保护在权利上睡懒觉的人，债权人想通过打官司请求法院帮助维权的，必须在法律规定的期间内主张权利，过了这个期间，法院对其权利不予保护。如果存在诉讼时效的中止、中断情形，权利人可以提出，因此权利人应当注意保留相关证据。本案廖某和邱某两被告均抗辩已过诉讼时效，原告游某自己又未完整保留催要的相关证据，也未提交证据证明存在其他可致诉讼时效期间中止或者中断的情形，故原告游某的诉讼请求已过诉讼时效期间，法院理应驳回。

当然，对债权人而言，诉讼时效期间届满，并不导致权利本身的消灭，其实体权利仍然存在，只是已经转化为一种自然权利。也就是说，这一债权已不能借助国家强制力要求债务人偿还。但是，作为一种自然权利，债权人的实体权利和诉权均不发生消灭，如果债务人自愿偿还，债权人仍然可以接受债务人的履行。

法条链接

《中华人民共和国民法典》第一百八十八条　向人民法院请求保护民事权利的诉讼时效期间为 3 年。法律另有规定的，依照其规定。

诉讼时效期间自权利人知道或者应当知道权利受到损害以及义务人之日起计算。法律另有规定的，依照其规定。但是，自权利受到损害之日起超过 20 年的，人民法院不予保护，有特殊情况的，人民法院可以根据权利人的申请决定延长。

案例7 物权的设立与变更

案情简介

张某因经营需要累计向李某等多人借款共计100余万元长期未还，李某等人多次索要未果，遂向法院起诉张某。判决生效后，李某等人申请强制执行。在执行过程中，法院查封了登记在张某名下的厂房1栋，并作出了评估拍卖该厂房的裁定。在评估过程中，张某的弟弟张某文向法院提出执行异议，称该栋厂房已于2017年9月转卖给了自己，并提供了厂房的买卖合同和当时付款50万元的部分转款凭证。张某文签订厂房买卖合同且支付部分款项，但却未办理产权登记变更，是否构成物权的变更呢？

案例解析

厂房属于不动产，其买卖必须进行登记，没有进行登记的买卖不成立。因不动产的存在状况与其他人的利益密切相关，不动产财产权必然要以一定方式对权利的存在予以公示，否则，当此项权利的行使与其他人的利益发生冲突时，权利人的利益就难以获得法律的保护。我国最主要的物权公示方式有两种，一种是占有，另一种是登记，不动产物权变更必须采取登记的形式。《最高人民法院关于人民法院民事执行中查封、扣押、冻结财产的规定》第十五条规定，被执行人将其所有的需要办理过户登记的财产出卖给第三人，第三人已支付部分或全部价款并实际占有该财产，但尚未办理产权过户手续的，人民法院可以查封、扣押、冻结；第三人已经支付全部价款并实际占有，但未办理过户登记手续的，如果第三人对此没有过错，人民法院不得查封、扣押、冻结。本案中，被执行人张某与张某文只签订了厂房买卖合同，双方没有进行厂房过户登记，张某文也未实际占有该厂房，因此，张某文未取得该厂房的所有权，张某文的异议不成立，法院应裁定驳回案外人张某文的异议。

法条链接

《中华人民共和国民法典》第二百零九条　不动产物权的设立、变更、转让和消灭，经依法登记，发生效力；未经登记，不发生效力，但是法律另有规定的除外。依法属于国家所有的自然资源，所有权可以不登记。

案例8　建筑物区分所有权

案情简介

某小区开发商将位于该小区内的1幢宣传为小区会所的独立房屋出售给了A公司进行餐饮经营。小区业主得知后感到十分气愤，认为既然开发商将该幢房屋宣传为小区会所，那么这幢房屋就应当属于小区的公共配套设施而归业主共同所有，开发商无权擅自将其对外出售。于是业主们分别找到开发商及A公司进行交涉，要求将该幢房屋的所有权及使用权交还业主。然而，开发商却表示，尽管该幢房屋曾经确实打算用作小区会所，但其建筑面积并未计入业主公摊，在宣传时销售人员也从未承诺过该幢房屋将归属业主共同所有，因此，开发商有权对该幢房屋进行出售。同时，A公司也表示，作为该幢房屋的买受人，在购买房屋后已经依法进行了产权登记，成为该幢房屋的合法所有权人，业主无权向其主张该幢房屋的所有权。那么，业主能否通过诉讼的方式取得对该幢房屋的共有权利呢？

案例解析

随着我国房地产市场的发展以及业主权利意识的提高，业主与开发商关于配套设施用房的权利归属问题所产生的纠纷与争议在近几年一直呈现上升态势。

对此，《最高人民法院关于审理建筑物区分所有权纠纷案件适用法律若干问题的解释》予以了明确界定：建筑区划内的房屋，以及车位、摊位等特定空间，只要符合“具有构造上的独立性，能够明确区分；具有利用上的独立性，可以排他使用；能够登记成为特定业主所有权的客体”三项条件，就应当认定为专有部分。也就是说，除规划确定的物业管理用房外，通常情况下，会所、幼儿园、学校、地下车库位或其他具有特定用途的房屋，只要符合物权登记要求，能够登记房屋产权的，均将视为专用部分而不属于业主共有。本案中业主与开发商所争议的会所完全符合司法解释中对专用部分的三项界定条件，并已由A公司（特定业主）登记并享有所有权。在此种情况下，业主如果要求获得该会所建筑的所有权，将难以得到法院的支持。

当然，如果业主们有明确的证据可以证明，开发商在项目销售时，就该幢房屋的特定用途对业主进行过具体、确定的说明和允诺，并且该说明和允诺对业主购房合同的订立及商品房价格的确定有重大影响的，业主可以通过诉讼的方式追究开发商擅自变更该幢房屋特定用途的违约责任。

法条链接

《中华人民共和国民法典》第二百七十一条　业主对建筑物内的住宅、经营性用房等专有部分享有所有权，对专有部分以外的共有部分享有共有和共同管理的权利。

案例9　相邻关系

案情简介

2015年3月，张某与某房地产开发公司签订商品房买卖合同，购买了1套一层住宅。办完入住手续后，张某发现该住宅临街，街上来往人员较多，便决定利用有利条件，开店做生意。于是，张某未经有关部门同意，擅自将住宅卧室临街的北外墙和窗户都拆除了，准备破墙开店。几天后，张某的这种行为被同楼的其他居民发现，并遭到楼上所有居民的反对。其他居民认为，北外墙是承重墙，张某擅自将北外墙拆除，破坏了房屋的承重结构，对他们的居住安全构成严重威胁。他们多次与张某沟通，并告知小区的物业公司，张某仍置之不理。无奈之下，楼上6户居民集体将张某告上法庭，要求张某恢复房屋墙体结构原状。法院支持了楼上6户居民的诉讼请求。

案例解析

本案涉及如何正确处理邻里关系，同时涉及房屋业主对其建筑物专有部分享受权利的内容和限制的规定。根据我国《物权法》的规定，业主对其建筑物专有部分享有占有、使用、收益和处分的权利。业主行使权利不得危及建筑物的安全，不得损害其他业主的合法权益。不动产的相邻权利人应当按照有利生产、方便生活、团结互助、公平合理的原则，正确处理相邻关系。不动产权利人挖掘土地、建造建筑物、铺设管线以及安装设备等，不得危及相邻不动产的安全。本案中，张某在对其所有的房屋行使权利时，未经批准、不听劝阻擅自拆除房屋的承重墙体，其行为客观上已对楼上居民的生活和安全造成了现实的影响和威胁，应依法承担相应的民事责任。

法条链接

《中华人民共和国民法典》第二百九十五条　不动产权利人挖掘土地、建造建筑物、铺设管线以及安装设备等，不得危及相邻不动产的安全。

第二百九十六条　不动产权利人因用水、排水、通行、铺设管线等利用相邻不动产的，应当尽量避免对相邻的不动产权利人造成损害。

案例 10　共有

案情简介

王某出资 20 万元，李某出资 20 万元，方某出资 10 万元，共同建造了 1 栋楼房，并约定楼房建成后按照三方出资比例使用，但三方没有约定楼房的管理原则。房屋建成后，房产证上的权利人为王某、李某和方某，并写明了王某、李某、方某占产权的比例分别是 3/8、3/8 和 1/4。A 公司因业务发展需要租赁该楼房，与王某、李某二人协商一致，签订了房屋租赁合同，租期为 10 年，租金一年一付。后来，方某找到 A 公司，以自己为该楼房的共有人，王某、李某出租该楼房的行为未经其同意为由，要求 A 公司搬出该楼房，并将租赁费支付给方某，A 公司不同意。方某遂起诉 A 公司，请求法院判令 A 公司与王某、李某签订的租赁合同无效。

案例解析

共有人对共有的不动产或者动产没有约定为按份共有或者共同共有，或者约定不明确的，除共有人具有家庭关系等外，视为按份共有。王某、李某和方某三人不具有合伙关系、夫妻关系及其他家庭关系，且约定了份额，故三人对楼房的共有为按份共有。处分共有的不动产或者动产以及对共有的不动产或者动产作重大修缮的，应当经占份额 2/3 以上的按份共有人或者全体共同共有人同意，但共有人之间另有约定的除外。本案中，共有人没有楼房管理的特别约定，王某与李某出资份额占到 3/4，高于法律规定的 2/3，故租赁行为有效，法院驳回了方某的诉讼请求。当然，方某有权按份享有房屋的租赁费用。

法条链接

《中华人民共和国民法典》第二百九十七条　不动产或者动产可以由两个以上组织、个人共有。共有包括按份共有和共同共有。

第二百九十八条　按份共有人对共有的不动产或者动产按照其份额享有所有权。

第二百九十九条　共同共有人对共有的不动产或者动产共同享有所有权。

第三百条　共有人按照约定管理共有的不动产或者动产；没有约定或者约定不明确的，各共有人都有管理的权利和义务。

第三百零一条　处分共有的不动产或者动产以及对共有的不动产或者动产作重大修缮、变更性质或者用途的，应当经占份额 2/3 以上的按份共有人或者全体共同共有人同意，但是共有人之间另有约定的除外。

案例11 土地承包经营权

案情简介

被告李某梅与原告李某祥系姐弟关系。农村土地实行第一轮家庭承包经营时，原告、被告及其父母共同生活。当时，李家取得了6.68亩土地的承包经营权。此后，李某梅、李某祥相继结婚，并各自组建了家庭。至农村土地实行第二轮家庭承包经营时，当地农村集体经济组织对李家原有6.68亩土地的承包经营权进行了重新划分，李某祥家庭取得了1.8亩土地的承包经营权，李某梅家庭取得了3.34亩土地的承包经营权，李家父母取得了1.54亩土地的承包经营权，3个家庭均取得了相应的承包经营权证书。后李家父亲将其承包的1.54亩土地流转给本村村民芮某，经营流转协议由李某梅代签。李家父母相继去世后，李家父母家庭原承包的1.54亩土地的流转收益被李某梅占有。原告李某祥起诉至人民法院，请求判令被告李某梅交付1.54亩土地中部分土地给原告。

案例解析

本案的争议焦点是：家庭承包方式的农村土地承包经营权是否可以继承。以家庭承包方式实行农村土地承包经营，目的在于为农村集体经济组织的每一位成员提供基本的生活保障。农村土地家庭承包的，承包方是本集体经济组织的农户，本质是以本集体经济组织内部的农户家庭为单位实行农村土地承包经营。家庭承包方式的农村土地承包经营权属于农户家庭，而不属于某一个家庭成员。而遗产是公民死亡时遗留的个人合法财产。农村土地承包经营权不属于个人财产，故不发生继承问题。除林地外的家庭承包，当承包农地的农户家庭中的一人或几人死亡，承包经营仍然是以户为单位，承包地仍由该农户的其他家庭成员继续承包经营。但是，继承人继续承包并不等同于继承法所规定的继承。当承包经营农户家庭的成员全部死亡，该土地承包经营权归于消灭，农地应收归农村集体经济组织另行分配，不能由该农户家庭成员的继承人继续承包经营。否则，对集体经济组织其他成员的权益会造成损害，对农地的社会保障功能也会产生消极影响。

在本案中，讼争土地的承包经营权属于父母家庭，系家庭承包方式的承包，且讼争土地并非林地，因此，李家父母死亡后，因李某祥、李某梅各自的家庭均已取得了相应的土地承包经营权，故李某祥、李某梅均不具备其父母去世后遗留土地承包经营权继续承包的法定条件，讼争土地应收归集体经济组织另行分配，不能由李家父母的继承人继续承包，更不能将讼争农地的承包权作为李家父母的遗产处理。鉴于人民法院对于讼争土地的承包经营权的权属问题不作处理，遂判决：驳回原告李某祥的全部诉讼请求。

法条链接

《中华人民共和国民法典》第三百三十条　农村集体经济组织实行家庭承包经营为基础、统分结合的双层经营体制。

农民集体所有和国家所有由农民集体使用的耕地、林地、草地以及其他用于农业的土地，依法实行土地承包经营制度。

案例 12　宅基地使用权

案情简介

邹某与张某签订了 1 份宅基地转让协议书，约定张某将 1 处拆迁补偿置换的楼基地（土地性质为集体所有制土地）以 56 900 元的价格转让给外村村民邹某，协议载明款项当面付清，同村村民周某作为证明人在协议书上签了字。此后，该处楼基地一直闲置，邹某未在上面建设房屋。2013 年，因未能办理楼房建设手续，居委会将该楼基地收回，并向张某补偿安置房 1 处。邹某认为，其已受让了楼基地，因此，基于该楼基地补偿的上述安置房应归其所有。因与张某就安置房的归属问题协商不成，邹某遂起诉至法院，要求张某返还购买楼基地的款项 56 900 元，并赔偿其因此所遭受的损失。

案例解析

随着城镇化进程的加速，城郊土地持续增值，上述区域的房屋买卖、宅基地转让纠纷迅猛增长。根据现行法律规定及国家政策，宅基地等集体所有土地使用权带有很强的社会保障功能，只能在本集体经济组织成员内部享有、流转；否则，一律无效。

本案中涉案楼基地所占土地性质系集体所有土地，且张某取得该楼基地系基于原宅基地及房屋重新规划、拆迁后的补偿利益，其性质等同于宅基地。张某将该楼基地转让给非本集体经济组织成员的邹某，违反了我国法律、行政法规的强制性规定，法院依法确认该转让协议无效，邹某不能取得涉案楼基地的使用权。合同无效或者被撤销后，因该合同取得的财产，应当予以返还；不能返还或者没有必要返还的，应当折价补偿。有过错的一方应当赔偿对方因此所受到的损失，双方都有过错的，应当各自承担相应的责任。张某明知涉案楼基地依法不能转让仍进行转让，邹某在未确认土地性质的情况下即购买涉案楼基地，双方对于合同无效均有过错。张某在双方转让行为历经 10 余年，涉案楼基地升值并存有巨大利益后，才以违反法律规定为由主张合同无效，虽然符合法律规定，但从道义、情感角度而言，属于典型的违反诚实信用原则的行为。因此，法院裁判张某以转让款为基数，按照中国人民银行同期贷款利率赔偿邹某损失。

法条链接

《中华人民共和国民法典》第三百六十二条　宅基地使用权人依法对集体所有的土地享有占有和使用的权利，有权依法利用该土地建造住宅及其附属设施。

第三百六十三条　宅基地使用权的取得、行使和转让，适用土地管理的法律和国家有关规定。

案例 13　抵押权与质权

案情简介

郝某向付某借款 25 万元时，将其名下的涉案车辆质押给付某，质押金额 15 万元，后郝某未能按期还款。付某向郭某提供了郝某签署的授权委托书、车辆处置声明，并与郭某签订车辆转押协议，将涉案车辆以 25 万元的价款转押给郭某。郭某给付相应款项后一直占有使用该车，但该车登记所有权人一直为郝某。后因郝某的另一债权人某投资管理公司在另案执行中将该车强行拖走，郭某丧失了对该车的控制，故将付某、郝某起诉至法院，要求解除车辆转押协议，由付某返还 25 万元车款，并支付利息损失。经查，该投资管理公司对该车享有抵押权，且该抵押权设立登记早于本案付某质权的取得。

案例解析

本案涉及抵押权与质权竞存的优先顺序问题，也涉及车辆转押协议的性质、效力及是否应当解除问题。同一动产上同时设立抵押权和质权的，应根据是否完成公示以及公示先后情况来确定清偿顺序，总体原则应是已公示的优先于未公示的，先公示的优先于后公示的，顺序相同的按照债权比例清偿。本案中，某投资管理公司抵押权已有效设立并登记，付某的质权也已通过交付公示，但涉案车辆抵押权的登记早于质权的交付，公示在先的抵押权可获得优先清偿，故某投资管理公司在另案中对涉案车辆强制执行的行为具有正当性。

郭某主张签订车辆转押协议是为了获取车辆的使用权和所有权，付某主张涉案车辆转押协议仅是约定转让车辆的质权，其并不负有保证郭某使用车辆和获得车辆所有权的义务。从合同主要条款来看，双方约定了转押价格为 25 万元，且约定转押时付某向郭某交付车辆相关权属、权利证书以及相关手续。但如果认为涉案车辆转押协议仅是转让质权，在郭某支付 25 万元的情形下，无法体现其享有任何对价利益，不符合常理。从涉案交易发生时，付某向郭某提供郝某签署的授权委托书、车辆处置声明的行为来看，其系在实现质权，变卖郝某提供的质押车辆，以实现其债权。基于上述分析，双方签订涉案车辆转押协议的真实目的为转移车辆所有权，合同性质应为买卖合同。该合同体现双方真实意思表示，且不违反法律、行政法规的强制性规定，应为合法有效。付某负有保证郭某占有、使用车辆及协助郭某办理车辆过户登记手续的义务。涉案车辆被在先抵押权人强制执行，导致涉案车辆转押协议无法继续履行，郭某对此并不存在过错，可归责于付某，付某存在违约行为，故郭某有权解除合同。法院经审理后认为，车辆转押协议系双方真实意思表示，应为合法有效。因付某未履行车辆转押协议约定的交付车辆相关权属、权利证书以及相关手续之义务，导致交付的涉案车辆被抵押权人强行拖走，致使合同目的不能实现，符合合同解除的法定要件，故判决解除合同、返还车款。

法条链接

《中华人民共和国民法典》第四百一十五条　同一财产既设立抵押权又设立质权的，拍卖、变卖该财产所得的价款按照登记、交付的时间先后确定清偿顺序。

案例 14　合同的订立

案情简介

A 公司与 B 公司是长期合作伙伴，双方达成口头供货协议，约定 A 公司向 B 公司供应针纺织原料。合作期间，A 公司陆续向 B 公司供货共计 150 000 元，均由 B 公司工作人员在销售单据上签字确认后收货，B 公司收到货物后向 A 公司支付货款共计 80 000 元，还有 70 000 元没有支付给 A 公司。双方就此事多次协商，至今未果，给 A 公司造成巨大的经济损失，故 A 公司起诉至法院，要求判令 B 公司支付尚欠货款及利息损失。

案例解析

本案中，A 公司与 B 公司达成的口头供货协议是有效的。我国法律规定，当事人订立合同，可以采用书面形式、口头形式或者其他形式，法律、行政法规规定或者当事人约定采用书面形式订立合同的，当事人应当采用书面形式。当事人未采用书面形式但一方已经履行主要义务，对方接受时，该合同成立。本案案情不存在法律、行政法规规定采用书面形式订立合同的情形，同时，A 公司陆续向 B 公司供货，B 公司工作人员在销售单据上签字确认后收货，且支付部分货款。因此，虽然 A 公司与 B 公司之间没有书面合同，但是 A

公司可以送货单、收货单、结算单、发票等主张存在买卖合同关系，法院应当结合当事人之间的交易方式、交易习惯以及其他相关证据，对买卖合同成立作出认定。

法条链接

《中华人民共和国民法典》第四百六十九条　当事人订立合同，可以采用书面形式、口头形式或者其他形式。

书面形式是合同书、信件、电报、电传、传真等可以有形地表现所载内容的形式。

以电子数据交换、电子邮件等方式能够有形地表现所载内容，并可以随时调取查用的数据电文，视为书面形式。

第四百九十条　当事人采用合同书形式订立合同的，自当事人均签名、盖章或者按指印时合同成立。在签名、盖章或者按指印之前，当事人一方已经履行主要义务，对方接受时，该合同成立。

法律、行政法规规定或者当事人约定合同应当采用书面形式订立，当事人未采用书面形式但是一方已经履行主要义务，对方接受时，该合同成立。

案例 15　合同的效力

案情简介

许某通过微信向常某某寻求暗刷的流量资源，双方协商后确认常某某为许某提供网络暗刷服务，许某共向常某某支付 3 次服务费共计 1 万余元。常某某认为，根据许某指定的第三方后台数据统计，许某还应向常某某支付服务费 30 743 元。许某以流量掺假、常某某提供的网络暗刷服务本身违反法律禁止性规定为由，主张常某某无权要求支付对价，不同意支付上述款项。常某某将许某诉至北京互联网法院，请求判令许某支付服务费。

案例解析

此案是全国首例涉及“暗刷流量”虚增网站点击量的案件。网络产品的真实流量能够反映出网络产品的受欢迎度及质量优劣程度，流量成为网络用户选择网络产品的重要因素。“暗刷流量”行为违反商业道德，违背诚实信用原则，对行业正常经营秩序以及消费者的合法权益均构成侵害，有损社会公共利益。本案中常某某与许某之间“暗刷流量”的交易行为，侵害了广大不特定网络用户的利益，进而损害了社会公共利益，违背了公序良俗，其行为应属绝对无效。双方当事人不得基于合意行为获得其所期待的合同利益。虚假流量业已产生，如以互相返还的方式进行合同无效的处理，无异于纵容当事人通过非法行为获益，违背了任何人不得因违法行为获益的基本法理，故对双方希望通过分担合同收益的方式，来承担合同无效后果的主张，一审法院不予支持。常某某与许某在合同履行过程中的获利，应当予以收缴。一审法院判决驳回原告常某某要求许某支付服务费 30 743 元及利息的诉讼请求；并作出决定书，收缴常某某、许某的非法获利。一审判决作出后，双方当事人均未提起上诉。

法条链接

《中华人民共和国民法典》第五百零二条第一款　依法成立的合同，自成立时生效，但是法律另有规定或者当事人另有约定的除外。

第一百五十三条　违反法律、行政法规的强制性规定的民事法律行为无效。但是，该强制性规定不导致该民事法律行为无效的除外。

违背公序良俗的民事法律行为无效。

第一百五十七条　民事法律行为无效、被撤销或者确定不发生效力后，行为人因该行为取得的财产，应当予以返还；不能返还或者没有必要返还的，应当折价补偿。有过错的一方应当赔偿对方由此所受到的损失；各方都有过错的，应当各自承担相应的责任。法律另有规定的，依照其规定。

案例 16　合同的履行

案情简介

某日，在某房地产开发有限公司的开盘庆典上，金先生通过认购选定了 1 套价值 40 余万元的房屋。在交付了 1 万元定金后，双方签订了《认购协议书》。当日，金先生还参加了该公司举行的“给您大甜头，拒绝虚假，1 套房=1 元钱”活动。在活动中，金先生获得“特等奖”，该公司当场祝贺金先生并与其签订了协议书。协议书约定，在双方签订的《认购协议书》的基础上，该公司将金先生选定的房屋以 1 元的价格卖给他。但之后，该公司却拒绝按该协议书的约定交付房屋。为此，金先生将公司告至法院。法院一审判决，原告、被告签署的协议书合法有效；被告于判决生效之日起 10 日内将原告认购的价值 40 余万元的房屋交付给原告，并为原告办理房屋产权登记手续。被告不服，提起上诉。二审法院开庭审理时，主审法官多次组织双方进行调解，经过法官认真细致的释法明理，双方最终达成了和解。被告同意以 1 元钱的价格将房屋卖给金先生，并退还金先生已经缴纳的定金。

案例解析

本案是一起房屋买卖合同纠纷。金先生按《认购协议书》约定向房地产开发有限公司支付了1万元购房定金后，双方之间的买卖合同关系依法成立且生效。该房地产公司作为举行“给您大甜头，拒绝虚假，1套房=1元钱”活动的主办方，当金先生获得“特等奖”后，应当遵循诚实信用原则，按照当场签订的协议书约定向金先生履行交付房屋的义务。

法条链接

《中华人民共和国民法典》第五百零二条第一款　依法成立的合同，自成立时生效，但是法律另有规定或者当事人另有约定的除外。

第五百零九条　当事人应当按照约定全面履行自己的义务。

当事人应当遵循诚信原则，根据合同的性质、目的和交易习惯履行通知、协助、保密等义务。

当事人在履行合同过程中，应当避免浪费资源、污染环境和破坏生态。

案例17　合同的解除

案情简介

邓某常年在北京工作，他在网上购买了1月12日从北京到南昌的火车票，准备回家过春节。然而，1月11日傍晚，邓某收到列车停运的通知短信，他只得花费4元乘地铁去北京西站办理了退票手续，另购了几天后的火车票，并将铁路部门诉至法院。

邓某认为，收到的通知短信中未做任何说明，属于铁路部门单方面无理由解除合同，属于重大违约行为。此外，因铁路部门的这一违约行为给他造成了经济损失，也耽误了他回家团圆的时间，邓某要求铁路部门赔礼道歉并赔偿因违约行为给其造成的损失4元。铁路部门工作人员解释，1月8日、9日，由于河北南部、河南东部部分地区有大雾和霾，加之天气寒冷，受此影响，运行在京九线上的机车受电弓表面及接触网产生大面积覆冰，受电弓不能升起，机车不能正常运行，造成多趟列车严重晚点，铁路部门才决定将1月12日列车停运。另外，通知短信中有“给您带来不便，敬请谅解”的字样，已向旅客致歉。最后，法院判决驳回邓某的全部诉讼请求。

案例解析

本案系因铁路旅客运输合同引起的纠纷。邓某与铁路部门是合同当事人，根据相关证据，1 月 12 日邓某所乘的列车停运是天气原因造成的，符合我国《民法典》第五百六十三条中当事人可以解除合同的第一种情形。因不可抗力解除合同，承运人铁路部门不应承担违约责任，且其在通知短信中有“给您带来不便，敬请谅解”的字样，已向旅客致歉。因此，法院判决驳回邓某的全部诉讼请求。

法条链接

《中华人民共和国民法典》第五百六十三条　有下列情形之一的，当事人可以解除合同：

（一）因不可抗力致使不能实现合同目的；

（二）在履行期限届满前，当事人一方明确表示或者以自己的行为表明不履行主要债务；

（三）当事人一方迟延履行主要债务，经催告后在合理期限内仍未履行；

（四）当事人一方迟延履行债务或者有其他违约行为致使不能实现合同目的；

（五）法律规定的其他情形。

以持续履行的债务为内容的不定期合同，当事人可以随时解除合同，但是应当在合理期限之前通知对方。

案例 18　无因管理

案情简介

张某在一风景区旅游，爬到山顶后，见一女子孤身站在山顶悬崖边上，目光异样。该女子见有人来，便向崖下跳去，张某情急之中拉住女子衣服，将女子救了上来。张某救人过程中，随身携带的价值 2 000 元的照相机被碰坏，手臂被擦伤；女子的头也被碰伤，衣服被撕破。张某将女子送到山下医院，为其支付各种费用 500 元，并为包扎自己的伤口支付 20 元。当晚，张某住在医院招待所，但已身无分文，只好向服务员借了 100 元用以支付食宿费。次日，轻生女子家人赶到医院，向张某表示感谢。

案例解析

在本案中，张某与轻生女子之间存在无因管理关系。无因管理是指没有法定的或者约定的义务，为避免他人利益受损失，自愿管理他人事务或为他人提供服务的行为。张某与该女子之间没有法定或者约定的义务，张某为了挽救该女子生命对其进行救助，应该认定张某与该女子之间存在无因管理关系。根据法律规定，管理人或者服务人可以要求受益人偿付必要费用，包括在管理或者服务活动中直接支出的费用，以及在该活动中受到的实际损失。张某照相机的损坏以及手臂擦伤属于在活动中实际遭受的损失，可以要求被管理人即被救女子赔偿。但是，无因管理人没有向被管理人请求支付报酬的权利，只能向被管理人请求返还或赔偿为执行无因管理而支出的必要费用。

法条链接

《中华人民共和国民法典》第九百七十九条　管理人没有法定的或者约定的义务，为避免他人利益受损失而管理他人事务的，可以请求受益人偿还因管理事务而支出的必要费用；管理人因管理事务受到损失的，可以请求受益人给予适当补偿。

管理事务不符合受益人真实意思的，管理人不享有前款规定的权利；但是，受益人的真实意思违反法律或者违背公序良俗的除外。

案例 19　不当得利

案情简介

史女士是某公司的财务人员，2019 年 10 月底的一个星期五，公司采购员要求其向 Y 公司汇款 5.4 万余元用于采购橡胶。当时已近下班时间，财务人手不足，她询问能否下周再付款，采购员坚持要求汇款。史女士遂通过公司网银账户进行网上转账。周一上班后，Y 公司反映没有收到货款，史女士赶忙查看汇款记录，发现钱错汇给了 Z 公司。

史女士急忙赶到 Z 公司的注册地，却发现 Z 公司早已经搬离，去向不明又联络不上。一边是 Y 公司一直在催款，另一边是钱已经付出去找不到收款人。权衡之下，公司只好重新向 Y 公司支付货款。为了追回错汇的钱，史女士向法院提起诉讼，并提供了与 Y 公司的采购订单、付款凭证、发票及对账单等证据证明与 Y 公司的业务情况。此外，史女士还提供了 2019 年 1 月她与 Z 公司的一份网银交易凭证。原来，在 2019 年年初，史女士所在公司曾委托 Z 公司加工五金，公司让史女士以网银转账的方式支付给 Z 公司加工费 1 480 元，就是因为这次交易，Z 公司的账户信息便留存在了史女士所在公司的网银账户中。由于 Z 公司代表未到庭，法院对史女士的陈述及提供的证据进行核对，确认史女士所述情况属实，Z 公司应当返还史女士不当得利 5.4 万余元。

案例解析

在本案中，Z 公司获得史女士的 5.4 万余元货款属于不当得利。不当得利成立要件有四个。第一，一方受有利益。所谓一方受有利益，是指一方当事人因一定的事实结果而使其财产总量增加，包括财产的积极增加和消极增加。财产的积极增加既包括所有权、他物权以及知识产权的取得，也包括占有的取得，还包括财产权利的扩张及其效力的增强、财产权利限制的消除等。财产的消极增加是指财产本应减少而没有减少，既包括了本应支出的费用而没有支出，也包括本应承担的债务而未承担以及所有权上应设定负担而未设定等。第二，他方受有损失。这里所谓的损失，是指因一定的事实结果使财产利益的总额减少，既包括积极损失，也包括消极损失。积极损失又称直接损失，是指现有财产利益的减少；消极损失又称间接损失，是指财产应增加而未增加，即应得利益的损失。这里的应得利益是指在正常情况下可以得到的利益，并非指必然得到的利益。第三，一方受益与他方受损失间有因果关系。他方的损失是因一方受益造成的，一方受益是他方受损的原因，受益与受损二者之间有关联性。第四，没有合法根据。没有合法根据是不当得利构成的实质条件。不是直接根据法律或者根据民事法律行为取得的利益，该得利即为不当得利。

史女士因操作失误将货款误转至Z公司账号内，发现错误后，已及时采取补救措施，希望挽回其所在公司损失，但Z公司并未主动向史女士所在公司返还该货款。最重要的是，Z公司收取史女士所在公司货款缺乏事实及法律依据，所收货款属于不当得利，应当返还。

在工作和生活中，使用网上银行、支付宝、微信等进行转账虽然简便，但操作时一定要谨慎，在付款时务必确认收款人的名称、账户是否正确。一旦发生了误操作，也不要慌张，第一时间联系对方，礼貌沟通说明情况。如果对方无法联系或者沟通达不到目的，在保存证据的同时，请有关部门出面调解。一旦调解不成，应留存相关证据向法院提起诉讼，及时主张权利，要求对方返还不当得利。

法条链接

《中华人民共和国民法典》第九百八十七条　得利人知道或者应当知道取得的利益没有法律根据的，受损失的人可以请求得利人返还其取得的利益并依法赔偿损失。

案例20　健康权

案情简介

2020年9月，吴某和庄某在篮球场打篮球，庄某在进攻过程中不小心将吴某的左前门牙打折。后经医院诊断为门牙折断，口腔感染，牙列缺损。吴某认为，庄某的行为已经构成对其身体健康的侵害，要求庄某赔偿医疗费27 075.56元、误工费2 000元、交通费600元、精神损害赔偿金20 000元、后期检查治疗费和康复费用3 000元。庄某则认为，自己无主观故意，对吴某受伤没有责任，但是出于公平考虑，根据种植牙需 1 万～1.5 万元计算，同意承担医疗费用 6 000 元；对方请假期间的误工费同意支付 1 200 元；交通费按照公交、地铁计算，同意支付 100 元；精神损害抚慰金及后续估算费用不同意给付。双方矛盾激化，故诉至法院。法院判决，被告庄某赔偿原告吴某医疗费 6 000 元、误工费 1 200 元、交通费 100 元，共计 7 300 元。

案例解析

本案争议的焦点是一般侵权行为的责任认定是否适用体育竞技活动的侵害行为。篮球运动作为体育竞技活动，是身体直接接触的对抗性、竞技性运动，存在潜在的运动伤害风险。对于篮球运动中因身体对抗造成的伤害，每个参与者都可能是损害的制造者或风险承受者。运动参与者自愿参与运动，应认为参与运动者默示他人在符合运动规则的情况下，愿意承受通常由此而生的损害，即应适用自甘风险原则。除非有证据证明其伤害系对方故意或者重大过失所为，否则对方不承担侵权责任。

在本案中，吴某与庄某作为篮球运动的参与者，对篮球运动的风险有足够的认知能力，对于吴某在篮球运动过程中受到的运动伤害风险应由吴某自行承担。吴某主张庄某挥肘致其受伤，但据其提供的证据以及双方受伤部位，难以认定庄某存在故意伤害吴某的情形，故庄某不应承担侵权责任。但鉴于庄某明确表示同意赔付吴某医疗费 6 000 元、误工费 1 200 元、交通费 100 元，法院对此给予了支持。

法条链接

《中华人民共和国民法典》第一千零四条　自然人享有健康权。自然人的身心健康受法律保护。任何组织或者个人不得侵害他人的健康权。

第一千一百七十六条　自愿参加具有一定风险的文体活动，因其他参加者的行为受到损害的，受害人不得请求其他参加者承担侵权责任；但是，其他参加者对损害的发生有故意或者重大过失的除外。

活动组织者的责任适用本法第一千一百九十八条至第一千二百零一条的规定。

案例 21　姓名权

案情简介

医院护士李某与同院药剂师赵某因工作发生矛盾，李某对赵某怀恨在心，伺机报复。

一天，一患儿王某由其父母带领来到医院看病，这天药房正是赵某值班。李某晚上回到家中，以患儿王某父母的名义给医院院长办公室写了一封信，信中说药剂师赵某对待病人态度恶劣、工作漫不经心，错发药品，致使患儿王某服药后发生呕吐、腹泻等不良症状，要求医院给予赵某处分。写好后，李某怕被人发现，又用左手抄写一遍后才寄出。医院收到信件后检查了处方，认定患儿王某服用的药品确系赵某所发，因此对赵某进行了通报批评。赵某迫于压力写了检查，职称晋升也受到了影响。后来，赵某几经周折找到了患儿王某的父亲王甲和母亲余某，说明匿名信一事后王甲和余某均感意外，表示自己根本就没有写过任何信给医院。赵某回院后向院长说明此事，要求调查，院方几经调查，才知道是李某所为。王甲、余某认为，李某假借自己之名诬陷别人，侵害了自己的姓名权，要求李某赔偿。但是，李某辩称自己并未在信中写王某父母的名字，根本不构成侵犯姓名权，拒绝赔偿。

案例解析

本案争议焦点是李某以患儿王某父母的名义，而未用其父母真实姓名写匿名信的行为是否构成侵害姓名权。法律保护公民的姓名权，根据我国法律规定，公民享有姓名权，有权决定、使用和依照规定改变自己的姓名，禁止他人干涉、盗用、假冒。侵害他人姓名权要求侵权人主观上必须是故意的，客观上也实施了侵害他人姓名权的行为。

在本案中，李某虽然没有冒用患儿王某父母的姓名，但却是冒用患儿王某父母的名义实施不法行为的，患儿王某的父母与患儿王某父母的姓名是密不可分的。因此，盗用患儿王某父母的名义与直接盗用患儿王某父母的姓名本质上是一样的，具有相同的法律后果。根据相关法律规定，公民的姓名权受到侵害的，有权要求停止侵害，恢复名誉，消除影响，赔礼道歉，并可以要求赔偿损失。侵权人李某的行为构成了侵害他人姓名权，应当承担法律责任。

法条链接

《中华人民共和国民法典》第一千零一十四条　任何组织或者个人不得以干涉、盗用、假冒等方式侵害他人的姓名权或者名称权。

案例 22　肖像权

案情简介

小林是一位受观众追捧的电影明星，各种精美的剧照也被观众广为收藏、喜爱。一家生产空调的公司负责人发现一张小林身穿白纱的剧照后，立刻想到利用该剧照做广告。公司负责人担心小林本人不同意，而且广告成本太高，一番苦思之后心生一计：将剧照中另外一名美女的脸部照片，与原剧照中小林的四肢和躯干用电脑技术合成。

一幅以原剧照为主干，添加了一些背景和一句“春天的使者，给您春天般的舒适”的广告很快面世，小林得知后要求该公司立即停止侵害、消除影响、赔偿损失。该公司负责人认为，肖像顾名思义是以面部为中心的形态和神态的客观表现，简单地说就是一张脸，而广告中只采用了小林原剧照中的四肢和躯干，一般人仅从四肢和躯干判断，并不能判定那是小林，因而不构成侵权，自然也就不应承担任何责任。小林与该公司协商未果，决定起诉。

案例解析

本案争议的焦点是公司是否侵犯了小林的肖像权。侵犯肖像权责任的认定标准为是否以营利为目的。即无论是否情节严重，也无论是否赢利，只要非法使用的目的是为了营利，且肖像权人要求赔偿的，侵权人就必须承担赔偿责任。非以营利为目的侵害肖像权的，以情节是否严重来判定是否需要物质方面的赔偿。情节轻微，不造成严重后果的，一般不判定物质方面的赔偿。在本案中，公司已将小林原剧照中的四肢和躯干放至广告中，并且此广告是以营利为目的的。

肖像是否仅仅为一张脸？四肢和躯干是否属于肖像的范围呢？肖像是公民的个人形象通过造型艺术或其他艺术形式在客观上的再现，它反映个人的真实形象和特征。由于能够确定一个人“真实形象和特征”的身体部位不仅仅是一张脸，这也就意味着其他能够确定一个人“真实形象和特征”的身体部位同样可以成为肖像。在本案中，由于小林的形象已深入人心，剧照被广泛收藏，根据其四肢、躯干的艺术形象，也能确定是小林本人。

另外，肖像权人有权维护肖像的完整性，有禁止他人玷污、涂抹、修改、损毁自己形象的权利，也有禁止摆放出自己受毁损的肖像的权利。公司将剧照改成广告，既是对剧照的修改、毁损，也破坏了剧照的完整性。

综上可知，公司侵犯了小林的肖像权。

法条链接

《中华人民共和国民法典》第一千零一十九条　任何组织或者个人不得以丑化、污损，或者利用信息技术手段伪造等方式侵害他人的肖像权。未经肖像权人同意，不得制作、使用、公开肖像权人的肖像，但是法律另有规定的除外。

未经肖像权人同意，肖像作品权利人不得以发表、复制、发行、出租、展览等方式使用或者公开肖像权人的肖像。

案例 23　名誉权

 案情简介

江苏省淮安市某小区一高层住宅发生火灾，消防战士谢勇在解救被困群众时坠楼，壮烈牺牲，公安部和江苏省有关部门追认谢勇同志为“革命烈士”，追记一等功并追授谢勇“灭火救援勇士”荣誉称号。曾某对谢勇烈士救火牺牲一事在微信群中公然发表“自己操作失误掉下来死了能怪谁，真不知道部队平时是怎么训练的”等侮辱性言论，歪曲烈士谢勇英勇牺牲的事实。谢勇的近亲属表示对曾某的侵权行为不提起民事诉讼，支持检察机关提起公益诉讼，并追究曾某的侵权责任。江苏省淮安市人民检察院遂向淮安市中级人民法院提起民事公益诉讼，请求判令曾某通过媒体公开赔礼道歉，消除影响。

案例解析

本案是《中华人民共和国英雄烈士保护法》实施后全国首例适用该法进行审判的案件，是以检察机关提起公益诉讼方式保护当代消防英烈名誉、维护社会公共利益的典型案例。谢勇烈士的英雄事迹和精神为国家所褒扬，成为全社会、全民族宝贵的精神遗产，其名誉、荣誉等人格权益已经上升为社会公共利益，不容亵渎。在本案中，曾某利用成员众多、易于传播的微信群，故意发表带有侮辱性质的不实言论，歪曲烈士谢勇英勇牺牲的事实，诋毁烈士形象，已经超出了言论自由的范畴，侵害了谢勇烈士人格权益和社会公共利益，应承担相应的法律责任。网络不是法外之地，任何人不得肆意歪曲、亵渎英雄事迹和精神。诋毁烈士形象是对社会公德的严重挑战，被告曾某的行为侵犯了社会公共利益。法院判令，曾某在当地地级市一级报纸上公开赔礼道歉。

法条链接

《中华人民共和国民法典》第一千零二十四条　民事主体享有名誉权。任何组织或者个人不得以侮辱、诽谤等方式侵害他人的名誉权。

名誉是对民事主体的品德、声望、才能、信用等的社会评价。

《中华人民共和国英雄烈士保护法》第二十五条　对侵害英雄烈士的姓名、肖像、名誉、荣誉的行为，英雄烈士的近亲属可以依法向人民法院提起诉讼。

英雄烈士没有近亲属或者近亲属不提起诉讼的，检察机关依法对侵害英雄烈士的姓名、肖像、名誉、荣誉，损害社会公共利益的行为向人民法院提起诉讼。

负责英雄烈士保护工作的部门和其他有关部门在履行职责过程中发现第一款规定的行

为，需要检察机关提起诉讼的，应当向检察机关报告。

英雄烈士近亲属依照第一款规定提起诉讼的，法律援助机构应当依法提供法律援助服务。

案例 24　隐私权和个人信息保护

案情简介

随着人们的安全意识不断增强，有很多市民在家中或室外安装监控摄像头，但由此引发的邻里纠纷也不少。原告刘某与被告季某的房屋南北毗邻，季某为保护自身人身与财产安全在阳台上放置了一个监控摄像头，摄像头正对着刘某家的一楼厨房窗户和二楼房间窗户，刘某发现该摄像头后深受困扰，与季某协商无果后将其诉至法院。

案例解析

隐私权是指自然人享有的私人生活安宁与私人信息依法受到保护，不被他人非法侵扰、知悉、搜集、利用和公开的一种人格权。为保护自身财产安全，在自己居住处架设摄像头以保障人身及财产安全本无可非议，但是行为人除了要满足安装的合理性外，还需不侵害他人权益。如果侵犯了公共安全利益或他人隐私，就要承担相应的法律责任了。

俗话说："远亲不如近邻。"在摄像头的安装问题上，邻里之间应当加强沟通、换位思考、互相理解，如若安装则尽量选择拍摄角度固定的摄像头，并合理确定摄像头的位置、高度、朝向和监控范围，谨慎避开他人的私人空间。在本案中，季某的摄像头朝向刘某房屋，拍摄范围涉及刘某家中私人区域，影响了刘某的正常生活。在法官耐心地释法说理后，季某当日便返回住处拆除摄像头，刘某于次日撤回对该案的诉讼。

法条链接

《中华人民共和国民法典》第一千零三十二条　自然人享有隐私权。任何组织或者个人不得以刺探、侵扰、泄露、公开等方式侵害他人的隐私权。

隐私是自然人的私人生活安宁和不愿为他人知晓的私密空间、私密活动、私密信息。

案例 25　婚姻的可撤销

案情简介

小红与小明于 2016 年相识，2018 年 9 月开始谈恋爱，2019 年 1 月登记结婚。婚后，小明总是以各种理由拒绝与小红共同生活。2019 年 4 月，小红到法院提起诉讼，认为小明患有医学上不应当结婚的疾病，为了达到与其结婚的目的，在婚前未如实告知，采取隐瞒、欺骗等方式侵犯了其合法权益，且双方婚前认识时间较短，缺乏深入了解，感情基础薄弱，已无和好可能，遂要求离婚。

案例解析

《中华人民共和国民法典》取消了将疾病作为禁止结婚情形的规定，将由此导致的无效婚姻改为可撤销的婚姻，体现了法律对当事人结婚权利的保障和对当事人意愿的尊重。同时，民法典明确一方患有重大疾病的，应当在结婚登记前如实告知另一方；不如实告知的，另一方可以向法院请求撤销婚姻。婚姻无效或者被撤销的，无过错方有权请求损害赔偿。这一规定强调了伴侣的婚前告知义务，有利于保障另一方的知情权，防止因隐瞒疾病导致婚后病发，给另一方带来过重的扶养义务，以及防止骗婚等道德风险的存在。这样的变化是尊重人权、保障婚姻自由权利的体现，也是立法史上的一个进步。婚姻是终身大事，为避免产生一些不必要的争议，患病的一方在结婚之前须依法履行告知义务，让婚姻多一些坦诚和理解，才能给未来的婚姻生活打好基础。最终，本案在案件审理过程中，承办法官组织双方进行调解，双方自愿离婚。

法条链接

《中华人民共和国民法典》第一千零五十三条　一方患有重大疾病的，应当在结婚登记前如实告知另一方；不如实告知的，另一方可以向人民法院请求撤销婚姻。

请求撤销婚姻的，应当自知道或者应当知道撤销事由之日起一年内提出。

第一千零五十四条　无效的或者被撤销的婚姻自始没有法律约束力，当事人不具有夫妻的权利和义务。同居期间所得的财产，由当事人协议处理；协议不成的，由人民法院根据照顾无过错方的原则判决。对重婚导致的无效婚姻的财产处理，不得侵害合法婚姻当事人的财产权益。当事人所生的子女，适用本法关于父母子女的规定。

婚姻无效或者被撤销的，无过错方有权请求损害赔偿。

案例26 扶养义务

案情简介

蔡某与章某于1985年登记结婚。蔡某原就职于某工程公司，后因脑部肿瘤等原因办理了病退，原本宽裕的家庭生活因为蔡某的长期患病而变得紧张。2015年的一天，章某带着妻子蔡某前往其原工作单位某工程公司反映生活困难，希望能得到帮助，中途找借口离开一走了之。公司多次联系章某未果，遂向派出所、街道等部门反映情况，也未能得到回应。出于人道主义，公司将蔡某送往某养老院并垫付了3个月的护理费用。随后，公司向法院起诉，要求蔡某与章某共同返还公司为蔡某垫付的相关护理费用。案件历经二审，公司的诉讼请求得到了法院的支持。然而，章某玩起了"失踪"，养老院的护理费面临无人支付的境地。公司只能将蔡某安置在养老院，并继续为蔡某垫付相关的费用，同时向法院起诉，要求蔡某与章某返还垫付护理费用。蔡某自入住养老院后全身瘫痪，失语、无法自主进食、无生活自理能力，所有日常生活均由护理员照料。2019年12月，公司作为利害关系人向法院申请，要求宣告蔡某为无民事行为能力人，并指定章某为蔡某的监护人。法院依法中止了双方无因管理诉讼的同时，着手审理公司申请认定蔡某无民事行为能力案件。

案例解析

婚内扶养是夫妻之间的法定义务，有扶养能力的一方必须自觉履行义务，逃避夫妻扶养义务不仅会遭到道德谴责，更逃不脱法律规范。本案中，章某将身患重病的妻子蔡某丢在某工程公司后一走了之，拒不履行扶养义务；公司为了蔡某的身体和生活需要，将其送至养老院，并垫付了其在养老院期间的生活护理费。公司并没有法定的或者约定的义务为蔡某垫付相关费用，公司垫付的上述费用发生在蔡某与章某婚姻关系存续期间，系蔡某与章某的夫妻共同债务，故蔡某、章某应返还公司因无因管理替蔡某向养老院垫付的生活护理费。结合养老院出具的证明、收据及公司的付款情况等证据，法院认定公司要求蔡某、章某支付此款的诉讼请求符合法律规定，依法予以支持。

章某在夫妻关系存续期间逃避夫妻扶养义务，明知配偶一方可能系无民事行为能力人时，不愿履行监护义务，怠于申请认定公民无民事行为能力。虽然司法实践中，无民事行为能力人申请案件的申请人通常为被申请人近亲属，但蔡某原工作单位某工程公司作为垫付全部生活必要费用的利害关系人，有权申请认定患病一方无民事行为能力或者限制民事行为能力。法院依利害关系人的申请指定监护人，不仅维护了利害关系人的合法民事权益，更有利于使扶养义务在法律上得以明确，也能确保无民事行为能力人的生活及身体健康得到妥善照顾。当然，鉴于章某一直怠于履行监护职责，或者无法履行监护职责且拒绝将监护职责部分或者全部委托给他人，导致被监护人处于危困状态，人民法院根据有关个人或者组织的申请，可以撤销其监护人资格，安排必要的临时监护措施，并按照最有利于被监护人的原则另行指定监护人。依法负担被监护人抚养费、赡养费、扶养费的父母、子女、配偶等，被人民法院撤销监护人资格后，应当继续履行负担的义务。

《中华人民共和国民法典》第一千零五十九条　夫妻有相互扶养的义务。

需要扶养的一方，在另一方不履行扶养义务时，有要求其给付扶养费的权利。

第二十八条　无民事行为能力或者限制民事行为能力的成年人，由下列有监护能力的人按顺序担任监护人：

（一）配偶；

（二）父母、子女；

（三）其他近亲属；

（四）其他愿意担任监护人的个人或者组织，但是须经被监护人住所地的居民委员会、村民委员会或者民政部门同意。

第三十七条　依法负担被监护人抚养费、赡养费、扶养费的父母、子女、配偶等，被人民法院撤销监护人资格后，应当继续履行负担的义务。

案例 27　抚养教育义务

案情简介

胡女士是一名单身母亲。2015 年 11 月，胡女士独自一人在医院生下了女儿晶晶（化名）。眼见孩子一天天长大，要用钱的地方越来越多，她觉得一个人越来越力不从心。于是，胡女士以晶晶的名义将男友陶某诉至法院，请求判令被告陶某履行抚养义务，自 2015 年 11 月起每月支付原告生活费 2 000 元，教育费、医疗费凭票负担 50%。然而，陶某在法庭上辩称，晶晶和他之间既无父女关系之名，又无父女关系之实，要求他履行抚养义务没有法律依据，请求法院驳回原告的诉讼请求。胡女士气急之下，当庭向承办法官提供了她与陶某之间的微信聊天记录，以证明陶某曾经多次承认晶晶是他的亲生女儿，并向法庭提出做亲子鉴定，以证明陶某与晶晶之间存在亲子关系。经法官当庭质证，陶某承认与胡女士聊天的微信号是他所有，但仍不承认晶晶是他的亲生女儿。在法官的多次法律释明之下，陶某明确表示不同意做亲子鉴定。法院经审理认为，胡女士已经提供了与被告的微信聊天记录，并且主张做亲子鉴定以确定孩子和被告之间是否存有亲子关系，其已尽到初步的举证义务。被告虽辩称其与原告之间无亲子关系，但未能提供充足证据予以反驳，加之拒绝亲子鉴定也未能提供正当及合理的理由予以说明，因此法院依法推定原告晶晶与被告之间存在医学上的亲子关系。被告作为晶晶的亲生父亲，有义务承担原告的抚育费用，综合原告晶晶的母亲胡女士及被告的经济收入状况，酌定被告承担原告生活费每月人民币600元，并承担教育费和医疗费的50%。

案例解析

本案属于非婚生子女抚养纠纷。根据我国民法典的规定，非婚生子女享有与婚生子女同等的权利，任何组织或者个人不得加以危害和歧视；不直接抚养非婚生子女的生父或生母，应当负担子女的生活费和教育费，直至子女能独立生活为止。在确认非婚生亲子关系案件中，如果一方拒绝做亲子鉴定，按照民法精神和相关法律规定，法院并不能采取强制的方式强迫其到鉴定机构进行亲子鉴定。也就是说，在对方拒绝做亲子鉴定的情况下，根据民事诉讼“谁主张，谁举证”的基本证据规则，这时原告方须提供基本证据证明被告系其生父，否则法院很难支持原告的主张。具体到本案，胡女士已经提供了微信聊天记录证明了被告就是女儿的亲生父亲，被告未能提供证据予以反驳，又拒绝做亲子鉴定，故法院推定原告晶晶与被告存在亲子关系，原告要求被告支付抚养费于法有据。

法条链接

《中华人民共和国民法典》第一千零六十七条　父母不履行抚养义务的，未成年子女或者不能独立生活的成年子女，有要求父母给付抚养费的权利。

成年子女不履行赡养义务的，缺乏劳动能力或者生活困难的父母，有要求成年子女给付赡养费的权利。

第一千零七十一条　非婚生子女享有与婚生子女同等的权利，任何组织或者个人不得加以危害和歧视。

不直接抚养非婚生子女的生父或者生母，应当负担未成年子女或者不能独立生活的成年子女的抚养费。

案例 28　赡养义务

案情简介

李某的母亲张某曾因故意伤人罪被判处有期徒刑 15 年，李某从小就被寄养在姥姥家。15 年后母亲出狱，此时的李某已经长大成人并自立门户。因为母亲张某曾经被判刑，李某觉得无法原谅母亲，所以与母亲没有任何来往。最近，有关部门找到了李某，劝说李某接回母亲张某并对其进行赡养。李某认为，母亲对自己未尽到抚养义务，自己也没有义务对她进行赡养。

案例解析

父母未履行抚养子女的义务，子女能否主张免除赡养义务？针对这一问题，需要根据父母未履行抚养义务的原因分情况处理：

1. 如果父母确因经济能力或者其他客观原因（比如因犯罪被监禁）未能履行抚养义务，子女成年后主张免除赡养义务的，法院不予支持，子女不能将父母是否尽了抚养教育的义务作为自己履行赡养父母义务的基础和前提。在审判实践中，对此应予从严掌握。因为子女赡养父母的义务是法定的和无附加条件的，在目前社会保障机制尚不完善、家庭主要承担养老育幼职责的现状下，不能轻易免除子女对父母的赡养义务。鉴于子女与父母之间特殊的身份关系，也不能简单地用等价有偿、公平合理的一般民法理念加以衡量。

2. 如果父母具有抚养能力而拒不履行抚养义务或者对子女实施虐待、遗弃、故意杀害等行为，情节严重的，可以免除子女的赡养义务。从《民法典》继承编的规定来看，故意杀害被继承人、遗弃被继承人或者虐待被继承人情节严重的，丧失继承权。同样道理，犯有杀害、遗弃、虐待子女罪的父母原则上不再享有子女赡养的权利。因为让身心受到严重摧残的受害者再去赡养加害人，无论于法、于情、于理均说不过去。如果子女不计前嫌自愿赡养伤害过自己的父母，法律则不予干涉。

在本案中，李某的母亲过去没有抚养李某是因为她被判处刑罚，没有抚养的能力，并不能表明其不愿意抚养李某，更不能说明她是故意遗弃李某。因此，李某拒绝履行赡养母亲的理由是不成立的。

法条链接

《中华人民共和国民法典》第一千零六十七条　父母不履行抚养义务的，未成年子女或者不能独立生活的成年子女，有要求父母给付抚养费的权利。

成年子女不履行赡养义务的，缺乏劳动能力或者生活困难的父母，有要求成年子女给付赡养费的权利。

案例29　法定继承

案情简介

康某与王乙（化名）、王丙（化名）是继母子的关系。王乙、王丙的生母张某与他们的生父王甲（化名）离婚后，次子王丙跟随母亲生活并改姓。1967年12月，康某与王甲登记结婚。两人婚后共同生活了40多年，婚后没有共同子女。2009年，康某与王甲共同购买了位于北京市丰台区某处的房屋一套，登记在王甲名下，领取了房产所有权证，房屋价值120万元。2014年5月，王甲因病去世，没有留下遗嘱，对于登记在王甲名下位于北京市丰台区某处的房屋，继承人之间发生争执。

康某认为，房产登记在王甲的名下，多年来她对王甲照顾有加，在王甲生病期间更是悉心照料，应当多分；王乙作为儿子有继承权，但在父亲生病期间很少探望照顾，未尽到一个儿子应尽的赡养义务，应当少分。至于王甲的另一个儿子王丙，康某表示王丙从未与他们共同生活，而且已经改姓，她对于王丙是王甲儿子的事情并不知情。王乙则认为自己是王甲的儿子，一直跟随父亲生活，尽到了对父亲的赡养义务，所以理应继承父亲名下的财产。而次子王丙则表示尽管已经改姓，仍然是王甲的亲生儿子，作为子女有权继承父亲在丰台区的房屋。继承人之间未达成协议，诉至法院。法院判决：(1) 房屋由原告康某继承所有，居住使用。被告王乙和王丙于判决生效后10日内协助原告办理房屋过户相关手续。(2) 原告康某于判决生效后10日内向被告王乙和王丙支付一定数额的房屋折价款。

案例解析

本案涉及法定继承的问题。根据我国法律规定，继承从被继承人死亡时开始；遗产是公民死亡时遗留的个人合法财产；配偶、子女、父母为第一顺序继承人。

本案中王甲名下的北京市丰台区某处房屋属于遗产。由于王甲生前未立遗嘱，其遗产继承应依法按照法定继承处理。我国法律规定的“子女”包括婚生子女、非婚生子女、养子女和有扶养关系的继子女。所以，本案中的被继承人王甲的妻子康某、儿子王乙和王丙都有继承权。对于继承份额，原则上规定了份额一般应当均等，但对被继承人尽了主要扶养义务或者与被继承人共同生活的继承人，分配遗产时可以多分；有扶养能力和有扶养条件的继承人，不尽扶养义务的，分配遗产时应当不分或者少分。

在本案中，康某年迈且对被继承人尽了主要扶养义务。康某与王甲结婚40多年对他照顾有加，在王甲生病期间更是悉心照料，所以，康某的份额应当大于平均份额。王乙是王甲的儿子，但是在父亲生病期间疏于照料，应当适当少分。相比较而言，王丙从小跟随亲生母亲生活，已经改姓，与父亲没有共同生活过，没有尽到赡养义务，应当少分。

法条链接

《中华人民共和国民法典》第一千一百二十七条　遗产按照下列顺序继承：

（一）第一顺序：配偶、子女、父母；

（二）第二顺序：兄弟姐妹、祖父母、外祖父母。

继承开始后，由第一顺序继承人继承，第二顺序继承人不继承；没有第一顺序继承人继承的，由第二顺序继承人继承。

本编所称子女，包括婚生子女、非婚生子女、养子女和有扶养关系的继子女。

本编所称父母，包括生父母、养父母和有扶养关系的继父母。

本编所称兄弟姐妹，包括同父母的兄弟姐妹、同父异母或者同母异父的兄弟姐妹、养兄弟姐妹、有扶养关系的继兄弟姐妹。

第一千一百三十条　同一顺序继承人继承遗产的份额，一般应当均等。

对生活有特殊困难又缺乏劳动能力的继承人，分配遗产时，应当予以照顾。

对被继承人尽了主要扶养义务或者与被继承人共同生活的继承人，分配遗产时，可以多分。

有扶养能力和有扶养条件的继承人，不尽扶养义务的，分配遗产时，应当不分或者少分。

继承人协商同意的，也可以不均等。

案例 30　遗嘱继承和遗赠

案情简介

张老汉夫妇有一儿一女，儿女都已经成家并买了房子。剩下老两口儿居住在张老汉单位房改时买的两居室里。2000 年老伴不幸去世，剩下张老汉一个人。2013 年，张老汉亲笔书写了一份遗嘱，指定由儿子继承自己的房产。2015 年，张老汉被检查出患有肺癌晚期，住院期间女儿无微不至的照顾，让张老汉心里很满意，打算给女儿写份遗嘱。此时张老汉已经无法执笔，就由女儿请律师现场见证并制作了一份代书遗嘱，指定房产由女儿一人继承。张老汉去世后，儿女各执一份遗嘱发生争执，诉讼至法院。

案例解析

本案涉及遗产的范围和遗嘱的效力问题。继承必须在被继承人死亡后开始。遗嘱中所涉房产系张老汉婚后分配并购买，依法属于夫妻共同财产，夫妻应各占一半份额。张老汉妻子去世时，由于没有立遗嘱，适用法定继承，其所占一半份额张老汉和儿子、女儿均有继承权，3 人各得房产的 1/6。张老汉的遗嘱对自己的一半份额房产和依法定继承的 1/6 房产有效。根据我国法律规定，遗嘱人以不同形式立有数份内容相抵触的遗嘱，以最后所立的遗嘱为准。在本案中，张老汉的遗嘱以最后一份代书遗嘱的内容为准，指定遗产由女儿一人继承。而张老汉儿子从其母亲遗产中继承的 1/6 房产，可在评估房产价值后，由女儿向其支付应得份额的对价。

法条链接

《中华人民共和国民法典》第一千一百二十二条　遗产是自然人死亡时遗留的个人合法财产。

依照法律规定或者根据其性质不得继承的遗产，不得继承。

第一千一百四十二条　遗嘱人可以撤回、变更自己所立的遗嘱。

立遗嘱后，遗嘱人实施与遗嘱内容相反的民事法律行为的，视为对遗嘱相关内容的撤回。

立有数份遗嘱，内容相抵触的，以最后的遗嘱为准。

案例 31　产品责任

案情简介

苏某从无营业执照的田某处购买了一台旋切机用于家庭经营的板皮厂，该旋切机生产厂家也无营业执照。夏某经他人介绍至苏某经营的板皮厂从事旋皮工作。一日夏某弯腰清理木心时，身着的罩衣带子被旋切机上转动的齿轮绞到，进而将夏某右手臂带到齿轮上，导致夏某被绞伤。后夏某起诉苏某要求其赔偿损失，经法院审理，判决苏某赔偿夏某 134 821.4 元。苏某以田某销售的旋切机存在缺陷为由追偿未果，遂将田某诉至法院。

案例解析

因产品存在缺陷造成损害的，被侵权人可以向产品的生产者请求赔偿，也可以向产品的销售者请求赔偿。产品致害赔偿需要具备：（1）产品存在缺陷；（2）产品存在损害事实；（3）产品缺陷与损害事实之间存在因果关系。首先，涉案旋切机生产厂家及田某均无营业执照。其次，虽然旋切机目前没有国家标准、行业标准，但其仍需符合保障人体健康和人身、财产安全的要求，而涉案旋切机在保障人体健康和人身、财产安全上存在缺陷。再次，涉案旋切机没有合格证，不能排除生产厂家在出厂前未经过合格检验。而且，涉案旋切机也无说明书。据此认定涉案旋切机存在产品缺陷。夏某的受伤是由于其身着的罩衣带子被涉案旋切机上的齿轮绞到，进而将夏某的右手臂带到齿轮上绞伤，故夏某的损害与其穿罩衣（宽松衣服）有一定因果关系。而夏某穿罩衣与涉案旋切机没有警示说明或虽有警示说明但警示说明的内容不严谨、不全面有一定因果关系，故法院认定夏某的损害事实与涉案旋切机的产品缺陷具有一定因果关系，确定田某对苏某的损失承担 20% 的赔偿责任。

法条链接

《中华人民共和国民法典》第一千二百零三条　因产品存在缺陷造成他人损害的，被侵权人可以向产品的生产者请求赔偿，也可以向产品的销售者请求赔偿。

产品缺陷由生产者造成的，销售者赔偿后，有权向生产者追偿。因销售者的过错使产品存在缺陷的，生产者赔偿后，有权向销售者追偿。

案例 32　机动车交通事故责任

案情简介

屈某将自己所有的小型客车出借给关系特别要好的朋友李某，李某驾驶该车载着胥某，途中因雨天路滑，不慎撞上隔离带，乘车人胥某被甩出车外，造成胥某面部受伤。经司法鉴定，胥某受伤为两处 10 级伤残。交警部门出具了交通事故责任认定书，认定李某因驾驶未经年检的车辆上路行驶，没有按照相关驾驶操作规程进行驾驶，造成交通事故，其承担事故的全部责任，乘车人胥某无责任。胥某住院治疗共计花费 12 万余元，后胥某将李某、屈某及屈某车辆所投保交强险的保险公司诉于法院。

案例解析

在本案中，被告李某作为实际使用人，且在该起事故中负全部责任，应当承担赔偿义务；被告屈某作为车辆所有人，将未进行年检的车辆出借给被告李某驾驶，且因车辆未进行年检导致该起事故发生，故其应当承担一定的赔偿责任。保险公司与屈某订立保险合同，投保险种为强制险。机动车交通事故责任强制保险，是指由保险公司对被保险机动车发生交通事故造成本车人员、被保险人以外的受害人的人身伤亡、财产损失，在责任限额内予以赔偿的强制性责任保险。在本案中，原告为车上人员，事故发生后致其从车上摔出车外，未与事故车辆发生碰撞或者碾压，故其不属于第三者，所以，本案中保险公司不应当承担赔偿责任。最终，法院认定被告李某赔偿原告胥某10万元，被告屈某赔偿原告胥某2万元，被告保险公司不承担赔偿责任。

机动车上路行驶，有时难免会出现交通事故。作为机动车所有人应尽量不要将自己的机动车出借他人使用，有瑕疵的车辆更应拒绝出借。作为借用人，也不要为难亲友，稍有不慎对簿公堂，亲情友情瞬间化为乌有，甚至反目成仇。

法条链接

《中华人民共和国民法典》第一千二百零九条　因租赁、借用等情形机动车所有人、管理人与使用人不是同一人时，发生交通事故造成损害，属于该机动车一方责任的，由机动车使用人承担赔偿责任；机动车所有人、管理人对损害的发生有过错的，承担相应的赔偿责任。

案例33　医疗损害责任

案情简介

患儿王某由于身体不适到被告医院就诊，后被收治入院，入院诊断为：肠梗阻腹痛待查，胃扩张。入院后被告医院给予相关检查及抗炎、补液、抑酸、抗休克等综合治疗。患儿于当日17时出现意识丧失、两眼上翻、四肢冰凉、脉搏细速及电解质紊乱、低血压性休克等症状，被告医院予以抢救，并告知家属患儿病危。患儿晚间再次出现意识丧失、两眼上翻等症状，经ICU及儿科会诊后，被告医院给予升压、兴奋呼吸、电解质紊乱及抗休克等抢救治疗后，患儿病情仍无好转，于20时50分被宣告临床死亡。被告医院出具死亡诊断：感染性休克、低血容量性休克、严重电解质紊乱、全身多器官功能衰竭。随后医患双方提起医疗损害责任鉴定申请，鉴定机构评估后退回鉴定并回函：被告医院没有按照国家卫生部门的有关规定书写患儿的首次病程记录、病危（病重）护理记录单，进入司法鉴定程序后，患者家属和被告医院向鉴定机构提供的病历存在不一致，且给患儿用药的情况也不清楚，致使鉴定机构无法进行鉴定。

案例解析

医疗行为需要依靠门诊病历及住院病历来还原，病历的真实性、完整性对于还原诊疗过程及诊疗行为是否存在过错至关重要。本案中，病历完整性存在疑问，患者家属和被告医院向鉴定机构提供的病历存在不一致，且关键的用药无法真实反映，此病历无法真实、完整地还原患儿的诊疗过程，最终导致无法进行事实判断，鉴定不能，由此导致的不利诉讼后果应当由被告医院承担。又因医疗纠纷案件鉴定材料是由医疗机构保管，当医疗机构提供的材料不真实或者不完整，影响鉴定的公正性时，则视为医疗机构拒绝提供与纠纷有关的病历资料，推定医疗机构有过错，应当由医疗机构承担赔偿责任。考虑到患儿自身疾病较重，也是导致不幸死亡的因素之一，最终法院判被告医院承担80%的赔偿责任。

法条链接

《中华人民共和国民法典》第一千二百一十八条　患者在诊疗活动中受到损害，医疗机构或者其医务人员有过错的，由医疗机构承担赔偿责任。

第一千二百二十二条　患者在诊疗活动中受到损害，有下列情形之一的，推定医疗机构有过错：

（一）违反法律、行政法规、规章以及其他有关诊疗规范的规定；

（二）隐匿或者拒绝提供与纠纷有关的病历资料；

（三）遗失、伪造、篡改或者违法销毁病历资料。

案例34　环境污染和生态破坏责任

案情简介

甲公司同某村签订了《农业土地流转合同》，约定流转土地117亩。甲公司接收流转土地后，修建鱼虾塘共14口（水域面积51.94亩），从事生态鱼虾养殖。2020年11月，甲公司的员工张三发现鱼虾塘里水体呈黄褐色，大量鱼虾死亡（后续全部死亡），立即告诉了甲公司，并向乡政府和该村反映，但未对死亡鱼虾进行打捞。甲公司发现，自己经营的鱼虾塘的水源上方，有生产经营煤矿的乙公司在排水，且事发时从乙公司到鱼虾塘的自然流向的河沟水体呈黄褐色，与鱼虾塘水体颜色一致，甲公司认为鱼虾死亡是由于乙公司排放的污水流入鱼虾塘导致。因此，甲公司向法院起诉乙公司，诉请乙公司赔偿甲公司损失金额120万元。

一审法院认定，甲公司经营的鱼虾死亡与乙公司排水具有因果关系，但甲公司未能举证证明鱼虾死亡时的市场价值，不能确定损失金额，故判决不支持甲公司要求乙公司赔偿其损失120万元的诉讼请求。甲公司不服，提起上诉。二审法院认定，甲公司经营的鱼虾死亡与乙公司排水具有因果关系。二审法院在有证据证实损失存在，又无证据证明损失的准确数额的情况下，根据现有有效证据，将其经营鱼虾塘期间购买小龙虾苗价款、两次购买鱼苗款及前期支付的土地流转费作为损失计算，判决乙公司赔偿甲公司财产损失141 243元。

案例解析

我国现行法律及其司法解释确立了环境污染责任实行无过错责任及因果关系认定举证责任倒置的原则。因环境污染造成损害的，污染者应当承担侵权责任；被侵权人应当提供证明以下事实的证明材料：（1）污染者排放了污染物；（2）被侵权人的损害；（3）污染者排放的污染物或者其产生污染物与损害之间具有关联性。甲公司应对乙公司实施了排污行为且排污行为与自身损失存在关联性承担基础举证责任。在本案中，甲公司提供了现场照片、视频、证人证言、鱼虾塘平面布置图等证据，能证实乙公司矿井污水排入河沟后，部分矿井污水经引水渠流入甲公司鱼虾塘，导致鱼虾塘水体发黄受到污染，且该区域并无其他污染源，可以认定乙公司排放矿井水的行为与甲公司鱼虾死亡存在关联性，甲公司完成了举证责任。

对于损失的举证责任仍应遵循“谁主张，谁举证”的一般民事诉讼举证规则，即鱼虾损失举证责任应由甲公司承担。在环境污染侵权案件审理中，通常损害数据可以通过科学技术鉴定，但是在鉴定困难、鉴定成本过高或不宜进行鉴定的情况下，法院参考专家意见，结合案件具体案情，依正当程序合理确定损失数据是可以的，并不违反法律规定。综合本案情况，在有证据证实损失存在，又无证据证明损失的准确数额的情况下，二审法院根据现有有效证据，将其经营鱼虾塘期间购买小龙虾、鱼苗款及前期支付的14口鱼虾塘土地流转费作为损失计算，该计算方法具有合理性，且相对公平，可以使用。

法条链接

《中华人民共和国民法典》第一千二百二十九条　因污染环境、破坏生态造成他人损害的，侵权人应当承担侵权责任。

第一千二百三十条　因污染环境、破坏生态发生纠纷，行为人应当就法律规定的不承担责任或者减轻责任的情形及其行为与损害之间不存在因果关系承担举证责任。

案例 35　高度危险责任

案情简介

某日，原告与杨某等人一起到杨某的鱼塘钓鱼，该鱼塘上空有被告所有的高压电线穿过。原告在钓鱼过程中，因未注意到高压电线，甩杆时鱼线触碰到电线，随即被电击倒地。事发后，同伴立即将原告送往医院抢救，入院诊断为“电击伤致昏迷，右上肢、双足皮肤软组织焦灼”，并做了右手前臂截肢手术，后原告安装了右手假肢。经司法鉴定，原告受伤残疾程度为 6 级伤残。原告认为，被告供电公司是高压输电线的所有人和管理人，被告应承担无过错责任。本案不存在原告故意或者不可抗力的免责事由，应由被告赔偿原告的经济损失。为此，请求法院判决被告按 50%的比例赔偿原告经济损失。

案例解析

在本案中，原告作为一个具有完全民事行为能力的人，应当知道在有高压输电线横跨上空的鱼塘钓鱼存在危险性，但其没有履行安全注意义务，无视安全隐患，无视悬挂在电杆上的警示标牌，在禁止钓鱼的鱼塘边钓鱼，导致发生触电事故，对于造成原告自身的损害，原告存在严重过失。原告系被被告所有和经营的高压输电线电击伤，被告所有和经营的高压输电线属于高度危险设施，依照《中华人民共和国民法典》规定，从事高度危险作业造成他人损害的，应当承担侵权责任。从事高空、高压、地下挖掘活动或者使用高速轨道运输工具造成他人损害的，经营者应当承担侵权责任，但能够证明损害是因受害人故意或者不可抗力造成的，不承担责任；被侵权人对损害的发生有过失的，可以减轻经营者的责任。被告对于造成原告的损害，依法应当承担民事责任。由于原告对损害的发生存在严重过失，属于重大过错，可以减轻被告的责任。此外，涉案鱼塘的所有人杨某无视其鱼塘上空高压线存在的安全隐患，仍然准许他人在自己的鱼塘钓鱼，导致发生触电事故，对于造成原告的损害，杨某亦应承担相应的民事责任，但鉴于原告自愿放弃追究杨某的民事责任，属于原告对自己民事权益的自由处分，故该部分民事责任应转由原告自行承担。鉴于原告的过错程度，法院确认由原告自行承担 80%的民事责任，被告承担 20%的民事责任。

法条链接

《中华人民共和国民法典》第一千二百三十六条　从事高度危险作业造成他人损害的，应当承担侵权责任。

第一千二百四十条　从事高空、高压、地下挖掘活动或者使用高速轨道运输工具造成他人损害的，经营者应当承担侵权责任；但是，能够证明损害是因受害人故意或者不可抗力造成的，不承担责任。被侵权人对损害的发生有重大过失的，可以减轻经营者的责任。

案例36　饲养动物损害责任

 案情简介

杨女士、王女士双方居住在同一小区。一天，杨女士在小区里走路时，遇到了正在小区内遛狗的王女士。当时王女士身边跟着两只宠物狗，一只金毛，一只泰迪，但均未牵狗绳。突然，王女士的泰迪犬叫了几声，吓得正站在路边台阶上的杨女士一个踉跄，摔倒在身后的草坪上，王女士赶紧将杨女士扶起。杨女士立即报警。民警到场后，双方同意自行协商。随即王女士陪同杨女士及家属到医院检查治疗。经医院诊断，杨女士是右桡骨远端粉碎性骨折，后经司法鉴定，构成十级伤残。住院期间，王女士垫付了医疗费用2.8万余元。但出院后，就伤残赔偿费用一事，双方未能达成一致。杨女士认为，自己好端端在小区里，王女士遛狗没有采取任何防护措施，任其饲养的两只狗前后追赶，还突然乱叫，致使自己惊吓摔伤，应承担全部责任。王女士认为，自己饲养的狗并没有追赶与扑咬的情况，也并未与杨女士发生直接的身体接触。杨女士摔倒主要是其自身的原因导致，杨女士对自己的受伤应当承担主要责任。杨女士于是向法院提起诉讼，请求判令王女士及其丈夫共同赔偿各项费用共计10万余元。

案例解析

近年来，城市生活中因饲养宠物行为产生的矛盾日益增多，遛狗不牵绳致人受伤的案件时有发生。我们在享受宠物带来的欢乐与陪伴的同时，也要依法、文明、规范饲养宠物。当饲养或管理的宠物给他人造成损害时，不管饲养者或管理者有无主观故意，依据法律规定，将适用“无过错责任”的归责原则。换言之，饲养的动物造成他人损害的，动物饲养人或者管理人应当承担侵权责任；除非能够证明损害是因被侵权人故意或者重大过失造成的（如故意挑逗关在笼子里的宠物），可以不承担或者减轻责任。

本案的争议焦点是：对于非接触性伤害，饲养人需担责吗？犬类致人损害，并非只局限于撕咬、抓挠等与人身体直接接触的行为，犬类靠近陌生人吠叫、闻嗅等行为也完全可能引起他人恐慌进而发生身心损害的后果。犬类的一些非攻击行为，如大声吠叫、奔跑等，虽然可能没有与受害人直接接触，但只要与受害人的损害结果构成因果关系，同样属于“饲养动物造成他人损害”，宠物饲养人也要承担相应的责任。虽然本案涉案的狗是一只小型的泰迪犬，但犬类动物存在一定攻击性以及传染疫病危险性，且事发时被告在遛狗时未

采取任何防护措施，与原告相距较近，足以使人产生紧张情绪。故狗的行为与原告受伤之间具有因果关系。考虑到原告作为一名具有完全民事行为能力的成年人，面对狗的吼叫应当具有基本的避让常识，及相应的应急处理能力。法院在充分听取了双方质证意见的基础上，作出如下判决：两被告承担本次事故损失 80%的责任，由被告赔偿原告医疗费、鉴定费、残疾赔偿金等共计 9 万余元，扣除被告已垫付的医药费及鉴定费，两被告尚需赔偿原告各项损失 6 万余元。

法条链接

《中华人民共和国民法典》第一千二百四十五条　饲养的动物造成他人损害的，动物饲养人或者管理人应当承担侵权责任；但是，能够证明损害是因被侵权人故意或者重大过失造成的，可以不承担或者减轻责任。

第一千二百四十六条　违反管理规定，未对动物采取安全措施造成他人损害的，动物饲养人或者管理人应当承担侵权责任；但是，能够证明损害是因被侵权人故意造成的，可以减轻责任。

案例 37　建筑物和物件损害责任

案情简介

一汽车经营公司的销售店位于某小区外围临街位置，该小区的物业管理公司为重庆某物业管理公司，该汽车经营公司的销售店属于此物业管理公司的管理服务范围。2019 年 6 月，一场降雨使该小区 3 号楼外墙瓷砖脱离，掉落的瓷砖刚好砸到该汽车经营公司待售的 2 辆新车，导致车辆受损、无法正常销售。该汽车经营公司找到物业管理公司，要求对方赔偿车辆维修费 4 790 元、车辆贬值损失 7 400 元、鉴定费 4 000 元等共计 16 190 元。物业管理公司称其已经尽到管理义务，不应承担责任；应当由小区中瓷砖掉落的那栋楼的所有业主承担过错责任；另外，汽车经营公司将车停在禁止停车的人行道上，其自身也应承担相应的责任。因赔偿问题双方无法达成一致，遂诉至法院。一审法院综合考量双方的过错大小，酌定物业管理公司承担 75%的责任，剩余损失由汽车经营公司自行承担。宣判后，物业管理公司在法定期间内上诉。二审法院驳回上诉，维持原判。

案例解析

本案是一起坠落物损害责任纠纷。根据我国法律的规定，建筑物、构筑物或者其他设施及其搁置物、悬挂物发生脱落、坠落造成他人损害，所有人、管理人或者使用人不能证明自己没有过错的，应当承担侵权责任。重庆某物业管理公司作为小区物业的管理者，负责物业共用部分的日常维修和管理，对建筑物共有部分的外墙有审慎的管理义务。因其未及时发现小区3号楼外墙瓷砖的安全隐患，并未及时设置有效的警示标志或对该隐患予以排除，导致损害的发生。因此，物业管理公司存在过错，应对汽车经营公司的损失承担相应的赔偿责任。而汽车经营公司将其待售的新车停靠在路边的人行横道上，该停车位置本身就具有一定的不安全性，也为本次损害的发生埋下隐患，故其自身也应承担部分责任。综合考量双方的过错大小，物业管理公司应承担主要赔偿责任，汽车经营公司自行承担部分责任。

法条链接

《中华人民共和国民法典》第一千二百五十三条　建筑物、构筑物或者其他设施及其搁置物、悬挂物发生脱落、坠落造成他人损害，所有人、管理人或者使用人不能证明自己没有过错的，应当承担侵权责任。所有人、管理人或者使用人赔偿后，有其他责任人的，有权向其他责任人追偿。

第三章 远离违法犯罪，健康快乐成长

案例 1 罪刑法定原则

案情简介

2014 年 11 月至 2015 年 3 月，内蒙古自治区的农民王某从周边农户手中收购近百万斤玉米卖给粮库。2015 年年底，经群众举报，王某无证收购的玉米被工商局等相关部门查获，随后他到公安机关投案自首。2016 年 4 月 15 日，王某被临河区人民法院以非法经营罪判处有期徒刑 1 年，缓刑 2 年，并处罚金 2 万元。2016 年 12 月 16 日，最高人民法院就此案作出再审决定书，指令由内蒙古自治区巴彦淖尔市中级人民法院对该市临河区人民法院一审判决生效的被告人王某非法经营一案进行再审。

巴彦淖尔市中级人民法院再审认为，原审被告人王某于 2014 年 11 月至 2015 年 3 月，没有办理粮食收购许可证及工商营业执照买卖玉米的事实清楚，其行为违反了当时的国家粮食流通管理有关规定，但尚未达到严重扰乱市场秩序的危害程度，不具备与《中华人民共和国刑法》第二百二十五条规定的非法经营罪相当的社会危害性和刑事处罚的必要性，不构成非法经营罪。原判决认定王某构成非法经营罪适用法律错误，检察机关、王某及其辩护人提出王某的行为不构成犯罪的意见成立，予以采纳。

案例解析

罪刑法定，是指法律明文规定为犯罪行为的，依照法律定罪处刑；法律没有明文规定为犯罪行为的，不得定罪处罚。即法无明文规定不为罪，法无明文规定不处罚。只有确定犯罪人的行为完全符合犯罪构成要件时，才能追究刑事责任。

非法经营罪，是指自然人或者单位违反国家规定，故意从事非法经营活动，扰乱市场秩序，情节严重的行为。对于粮食经营，2004 年发布的《粮食收购资格审核管理暂行办法》规定，凡常年收购粮食并以营利为目的，或年收购量达到 50 吨以上的个体工商户，必须取得粮食收购资格。法院据此以非法经营罪判处王某有期徒刑 1 年，缓刑 2 年，并处罚金 2 万元，退缴非法获利 6 000 元。2016 年 11 月，《粮食收购资格审核管理办法》公布。依照新规，农民在收购粮食时无须办理粮食收购资格。因此，王某收购粮食的经营行为不再需要办理粮食收购资格，相反王某从粮农处收购玉米卖给粮库，在粮农与粮库之间起了桥梁纽带作用，其行为没有破坏粮食流通的主渠道，没有严重扰乱市场秩序，且不具有与刑法规定的非法经营罪前 3 项行为相当的社会危害性，不具有刑事处罚的必要性。因此，王某的非法经营罪不成立。

法条链接

《中华人民共和国刑法》第三条　法律明文规定为犯罪行为的，依照法律定罪处刑；法律没有明文规定为犯罪行为的，不得定罪处刑。

第二百二十五条　违反国家规定，有下列非法经营行为之一，扰乱市场秩序，情节严重的，处 5 年以下有期徒刑或者拘役，并处或者单处违法所得 1 倍以上 5 倍以下罚金；情节特别严重的，处 5 年以上有期徒刑，并处违法所得 1 倍以上 5 倍以下罚金或者没收财产：

（一）未经许可经营法律、行政法规规定的专营、专卖物品或者其他限制买卖的物品的；

（二）买卖进出口许可证、进出口原产地证明以及其他法律、行政法规规定的经营许可证或者批准文件的；

（三）未经国家有关主管部门批准非法经营证券、期货、保险业务的，或者非法从事资金支付结算业务的；

（四）其他严重扰乱市场秩序的非法经营行为。

案例 2　罪责刑相适应原则

案情简介

2014 年 7 月，在校大学生小闫在家乡河南省辉县市某村过暑假时，和朋友小王发现村外树林里有鸟窝，于是两人攀爬上去掏了 12 只小鸟。在饲养过程中，小鸟飞走 1 只，死亡

1只。后来，小闫将鸟的照片上传到朋友圈和QQ群，有网友与他取得联系，说愿意购买小鸟。小闫以800元7只的价格卖给郑州市的一个买鸟人，以280元2只的价格卖给洛阳市的一个买鸟人，还有1只卖给了辉县市的一个小伙子。

7月27日，两人再次发现一个鸟窝，又掏了4只鸟。不过这4只鸟刚到小闫家就引来了辉县市森林公安局民警。第二天两人被刑事拘留，同年9月3日两人被逮捕。2014年11月28日，辉县市人民检察院向辉县市人民法院提起公诉。辉县市人民法院3次公开开庭审理了此案。经权威部门鉴定，他们掏的鸟是燕隼，属国家二级保护动物。2015年5月28日，辉县市人民法院一审判决，以非法出售、猎捕珍贵、濒危野生动物罪判处小闫有期徒刑10.5年，以非法猎捕珍贵、濒危野生动物罪判处小王有期徒刑10年，并分别处罚金1万元和5 000元。两被告上诉后，新乡市中级人民法院二审维持原判。

案例解析

这个案件经媒体报道后，人们的感觉是大学生掏了几个鸟卖了，就被分别判处10年以上有期徒刑，法院判决是否太重？这样的牢狱之灾对于在校大学生来说，无疑是一个深重的灾难。其实，只要完整了解一下事件，就能发现本案不是人们惯常理解中出于好玩的“掏鸟窝”，而是明知故犯地猎捕和售卖珍贵野生动物行为。首先，鸟是国家二级保护动物燕隼；其次，两人并非纯偶然去掏了一次鸟窝，小闫还拿去公开售卖，之后两人又一次去掏鸟窝；再次，小闫并非“不明真相”，他是“河南鹰猎兴趣交流群”成员，已有过网上兜售鸟类的行为。很显然，他掏鸟窝不是以此为乐。根据《中华人民共和国刑法》第三百四十一条和最高人民法院相关司法解释，非法收购、运输、出售国家二级保护动物隼，6只到9只就是情节严重，须处5年以上10年以下有期徒刑，并处罚金；10只以上的，属于情节特别严重，处10年以上有期徒刑，并处罚金或者没收财产。法院的判决是依据我国刑法和司法解释作出的。

非法猎捕、杀害国家重点保护的珍贵、濒危野生动物，或者非法收购、运输、出售国家重点保护的珍贵、濒危野生动物及其制品，在我国刑法中有明确的规定。法院对两人的判决是罚当其罪的。

法条链接

《中华人民共和国刑法》第五条 刑罚的轻重，应当与犯罪分子所犯罪行和承担的刑事责任相适应。

第三百四十一条 非法猎捕、杀害国家重点保护的珍贵、濒危野生动物的，或者非法收购、运输、出售国家重点保护的珍贵、濒危野生动物及其制品的，处5年以下有期徒刑或者拘役，并处罚金；情节严重的，处5年以上10年以下有期徒刑，并处罚金；情节特别严重的，处10年以上有期徒刑，并处罚金或者没收财产。

违反狩猎法规，在禁猎区、禁猎期或者使用禁用的工具、方法进行狩猎，破坏野生动物资源，情节严重的，处3年以下有期徒刑、拘役、管制或者罚金。

违反野生动物保护管理法规，以食用为目的非法猎捕、收购、运输、出售第一款规定以外的在野外环境自然生长繁殖的陆生野生动物，情节严重的，依照前款的规定处罚。

《最高人民法院关于审理破坏野生动物资源刑事案件具体应用法律若干问题的解释》第三条　非法猎捕、杀害、收购、运输、出售珍贵、濒危野生动物具有下列情形之一的，属于“情节严重”：

（一）达到本解释附表所列相应数量标准的；

（二）非法猎捕、杀害、收购、运输、出售不同种类的珍贵、濒危野生动物，其中两种以上分别达到附表所列“情节严重”数量标准一半以上的。

非法猎捕、杀害、收购、运输、出售珍贵、濒危野生动物具有下列情形之一的，属于“情节特别严重”：

（一）达到本解释附表所列相应数量标准的；

（二）非法猎捕、杀害、收购、运输、出售不同种类的珍贵、濒危野生动物，其中两种以上分别达到附表所列“情节特别严重”数量标准一半以上的。

案例3　刑法的空间效力

案情简介

2019年1月15日，受害人杨某某被自称“美国上将”的人添加为微信好友，对方称自己目前正在阿富汗执行维和任务。2月3日对方在微信中谎称自己缴获了一批美元，想将这批美元寄给杨某，又将一个自称杰克逊的“快递员”的QQ号告知杨某某，让杨某某与杰克逊联系。杨某某信以为真，“快递员”杰克逊以缴纳海关检查费、国际税务费、安检费等为由先后6次诈骗被害人杨某某人民币485 937元。杨某某报案后经侦查，发现有10万元的赃款转至犯罪嫌疑人郝某（另案处理）持有的户名为黎某的银行卡，部分取出后由外籍男子杰瑞通过微信及现金的形式转交上游电信网络诈骗犯罪嫌疑人丹，共计8次，总计7万余元。

案例解析

处理外国人在中国违法犯罪所坚持的一个重要原则是平等的法治原则。我国实行依法治国，既保护在中国境内的外国人的人身自由和合法财产不受侵犯，又要求外国人在中国境内必须遵守中国法律，不得危害中国国家安全、损害社会公共利益、破坏社会公共秩序。违反中国法律的，中国执法机关将依法处理，追究违法当事人的行政、刑事法律责任；造成他人人身、财产损害的，还应承担民事责任。本案中，被告人杰瑞对于自己收取他人钱款并转款的行为未能作出合理解释，且转款次数多，数额大，根据其实施的具体行为及相关事实综合认定，被告人杰瑞对款项的来源主观上系明知。根据《最高人民法院关于审理掩饰、隐瞒犯罪所得、犯罪所得收益刑事案件适用法律若干问题的解释》的规定，明知是犯罪所得及其产生的收益而采取窝藏、转移、收购、代为销售以外的方法，如居间介绍买卖，收受，持有，加工，提供资金账户，协助将财物转换为现金、金融票据、有价证券，协助将资金转移、汇往境外等，应当认定为“其他方法”。综上可以认定，被告人杰瑞明知是犯罪所得，且多次从他人处收取来路不明的款项汇往境外，其行为构成掩饰、隐瞒犯罪所得、犯罪所得收益。法院根据被告人杰瑞犯罪的事实、性质、情节以及对社会的危害程度，依照判决如下：被告人杰瑞犯掩饰、隐瞒犯罪所得罪，判处有期徒刑 10 个月，并处罚金人民币 3 000 元，驱逐出境。

法条链接

《中华人民共和国刑法》第六条　凡在中华人民共和国领域内犯罪的，除法律有特别规定的以外，都适用本法。

凡在中华人民共和国船舶或者航空器内犯罪的，也适用本法。

犯罪的行为或者结果有一项发生在中华人民共和国领域内的，就认为是在中华人民共和国领域内犯罪。

第三百一十二条　明知是犯罪所得及其产生的收益而予以窝藏、转移、收购、代为销售或者以其他方法掩饰、隐瞒的，处 3 年以下有期徒刑、拘役或者管制，并处或者单处罚金；情节严重的，处 3 年以上 7 年以下有期徒刑，并处罚金。

单位犯前款罪的，对单位判处罚金，并对其直接负责的主管人员和其他直接责任人员，依照前款的规定处罚。

案例 4　犯罪构成要件

案情简介

农妇柯某英手脚肌肉萎缩，多年瘫痪在床。其丈夫程某才与女儿程某，对其精心照顾。其间，柯某英曾多次流露出轻生的念头。女儿程某出嫁后，柯某英向程某才提出喝农药自杀的想法。5月1日，程某才买了一瓶农药放在家里。5月3日早上，程某才在妻子的要求下，将农药灌在牛奶盒中并插上吸管递到妻子枕边，然后出门洗衣服。柯某英在吸农药时牛奶盒滑落，便让人将程某才叫回，让程某才再次递药给她喝，程某才照做后出门。柯某英后被送往医院经抢救无效死亡。

案例解析

程某才的行为符合故意杀人罪的犯罪构成要件，犯罪主体是程某才，犯罪客体是其妻子的生命权。犯罪的主观方面，程某才明知自己帮助被害人柯某英喝农药的行为会导致其死亡的后果发生，且在第一次帮助柯某英喝农药自杀未果的情况下，又应柯某英的请求第二次帮助她完成自杀行为，对于被害人柯某英的死亡后果，程某才主观上持放任态度。犯罪的客观方面，在被害人柯某英产生自杀意图后，程某才以提供农药帮助的方法，使被害人柯某英得以实现其自杀的意图。全身瘫痪的柯某英如没有程某才的帮助显然无法单独完成自杀行为，程某才的帮助行为与被害人柯某英的死亡后果之间有必然的因果关系。

法条链接

《中华人民共和国刑法》第十三条　一切危害国家主权、领土完整和安全，分裂国家、颠覆人民民主专政的政权和推翻社会主义制度，破坏社会秩序和经济秩序，侵犯国有财产或者劳动群众集体所有的财产，侵犯公民私人所有的财产，侵犯公民的人身权利、民主权利和其他权利，以及其他危害社会的行为，依照法律应当受刑罚处罚的，都是犯罪，但是情节显著轻微危害不大的，不认为是犯罪。

第十四条　明知自己的行为会发生危害社会的结果，并且希望或者放任这种结果发生，因而构成犯罪的，是故意犯罪。

故意犯罪，应当负刑事责任。

案例5　刑事责任能力

案情简介

2019年，江苏警方发布通报称，当地居民杨某（女，37岁）被发现死于家中。公安机关经侦查，将有重大作案嫌疑的邵某（男，13岁，杨某之子）抓获。经查，邵某因不服杨某管教，双方发生激烈冲突，致杨某身亡。2018年，湖南发生一起少年弑母案件，母亲年仅 34 岁，嫌疑人吴某某是小学六年级学生。案发后，警方发现被害母亲身上多处刀伤。2017 年，四川曾发生一起 13 岁初中男生杀害亲生母亲的案件。湖南一名 12 岁男孩弑母之后，一句“我杀的是我妈，又不是别人”，引起舆论震惊。这几起案件有几个共同特点：嫌疑人都未满 14 周岁，都是男生；被害的母亲都对嫌疑人管教严厉；青春期、留守、城乡接合部，是案件中的共同要素。

案例解析

在未成年人犯罪中，我们会接触一个词——刑事责任年龄。刑事责任年龄是法律规定行为人应负刑事责任的年龄，是刑事责任能力的条件之一。刑事责任能力根据人的生理与心理发展成熟度及社会化水平确定。

根据我国刑法的规定，已满 16 周岁的人犯罪，应当负刑事责任。因不满 16 周岁不予刑事处罚的，责令家长或者监护人加以管教；在必要的时候，依法进行专门矫治教育。条文中“必要的时候”含义并不明确。虽然《预防未成年人犯罪法》规定，对有本法规定严重不良行为的未成年人，其父母或者其他监护人和学校应当相互配合，采取措施严加管教，也可以送工读学校进行矫治和接受教育。但同时规定送未成年人去工读学校进行矫治和接受教育，应当由其父母或者其他监护人，或者原所在学校提出申请，经教育行政部门批准。未成年身份似乎成了施暴者肆意妄为、欺凌他人、为非作歹的“护身符”。

针对低龄未成年人犯罪，既不能简单地“一关了之”，也不能“一放了之”，既要考虑未成年犯罪人的特点，也要兼顾被害人和社会的感受。2020 年备受关注的《刑法修正案（十一）》规定，在特定情形下对法定最低刑事责任年龄作个别下调，即“已满 12 周岁不满 14 周岁的人，犯故意杀人、故意伤害罪，致人死亡或者以特别残忍手段致人重伤造成严重残疾，情节恶劣，经最高人民检察院核准追诉的，应当负刑事责任。”

这一规定是针对实践中未成年人犯罪出现的新情况作出的修改。长期以来，我国刑法规定的最低刑事责任年龄是 14 周岁。考虑到 12 岁、13 岁的未成年人犯罪行为与手段极其恶劣，但有的小学还没毕业，因此这次作了非常有限制、有条件的微调，是极其慎重的。我国刑法这一调整，并没有改变我国对未成年人违法犯罪一直以来坚持的“教育、感化、挽救”方针，也没有改变“教育为主、惩罚为辅”原则。《刑法修正案（十一）》明确在特定情形下，经特别程序，对法定最低刑事责任年龄作个别下调，而不是普遍降低刑事责任年龄。对于已满 12 周岁不满 14 周岁的未成年人追究刑事责任，要符合几个条件：（1）犯的罪是故意杀人、故意伤害罪；（2）结果是致人死亡，或者以特别残忍手段致人重伤造成严重残疾；（3）主客观方面综合评价要求情节恶劣；（4）程序上要求经最高人民检察院核准追诉，最后由人民法院依法追究刑事责任。

法条链接

《中华人民共和国刑法》第十七条，已满16周岁的人犯罪，应当负刑事责任。

已满14周岁不满16周岁的人，犯故意杀人、故意伤害致人重伤或者死亡、强奸、抢劫、贩卖毒品、放火、爆炸、投放危险物质罪的，应当负刑事责任。

已满12周岁不满14周岁的人，犯故意杀人、故意伤害罪，致人死亡或者以特别残忍手段致人重伤造成严重残疾，情节恶劣，经最高人民检察院核准追诉的，应当负刑事责任。

对依照前3款规定追究刑事责任的不满18周岁的人，应当从轻或者减轻处罚。

因不满16周岁不予刑事处罚的，责令其父母或者其他监护人加以管教；在必要的时候，依法进行专门矫治教育。

案例6　犯罪的主观方面

案情简介

胡某之妻唐某系四川人，多次与其好友张某（女，22岁，未婚）通信，说河南生活条件好。张某于是也想嫁到河南来，便写信告诉唐某帮她找一合适人家并要胡某到四川接她。胡某在临去四川之前找到邻村青年周某，提出要为他介绍一个四川媳妇，并要求周某提供500元作路费。周某满口答应，给了胡某500元。胡某到四川后，听张某说她表妹陈某（21岁，未婚）也想到河南结婚，问胡某是否可以带陈某一起去，胡某随即应允。回到河南后，胡某将张某介绍给周某为妻，又将陈某介绍给其一个远房亲戚梁某为妻，并以分担路费的名义，向梁某索要现金500元。梁某因胡某为其介绍对象非常感激，要多给胡某200元，但胡某只收了500元。张某、陈某均对婚后生活感到很满意。后胡某被人举报，公诉机关以拐卖妇女罪对胡某提起公诉。对于胡某的行为，法院认为，被告人胡某的行为不符合拐卖妇女罪的构成要件，不应作为犯罪处理。

案例解析

犯罪构成的主观方面是指刑法规定成立犯罪必须具备的犯罪主体对其实施的危害行为及其危害结果所持的心理态度，它包括犯罪故意与犯罪过失、犯罪目的和意外事件等因素。犯罪的主观方面是成立犯罪所必须具备的要件。因此，客观上实施了危害行为，主观上同时具备犯罪主观方面要件时，才可能构成犯罪；如果行为在客观上造成了损害结果，但行为人主观上并不具备犯罪的主观方面要件，则不能构成犯罪。所以，是否具备主观方面的要件，是区分罪与非罪的标准之一。

因拐卖妇女罪要求行为人必须具有出卖妇女牟利的目的，而胡某不具有这一非法目的，其未对妇女实施拐骗贩卖的行为。同样，案件事实也表明，胡某的行为目的是为他人介绍婚姻。尽管胡某在介绍婚姻时索取了他人财物，形式也与拐卖妇女有某些相似之处，但从总体上考察，胡某确属为他人介绍婚姻。此外，他索取的他人财物数量也较小。综上，胡某的行为不符合拐卖妇女罪的构成要件，不应以犯罪论处。

法条链接

《中华人民共和国刑法》第二百四十条　拐卖妇女、儿童的，处5年以上10年以下有期徒刑，并处罚金；有下列情形之一的，处10年以上有期徒刑或者无期徒刑，并处罚金或者没收财产；情节特别严重的，处死刑，并处没收财产：

（一）拐卖妇女、儿童集团的首要分子；

（二）拐卖妇女、儿童三人以上的；

（三）奸淫被拐卖的妇女的；

（四）诱骗、强迫被拐卖的妇女卖淫或者将被拐卖的妇女卖给他人迫使其卖淫的；

（五）以出卖为目的，使用暴力、胁迫或者麻醉方法绑架妇女、儿童的；

（六）以出卖为目的，偷盗婴幼儿的；

（七）造成被拐卖的妇女、儿童或者其亲属重伤、死亡或者其他严重后果的；

（八）将妇女、儿童卖往境外的。

拐卖妇女、儿童是指以出卖为目的，有拐骗、绑架、收买、贩卖、接送、中转妇女、儿童的行为之一的。

案例7　正当防卫

案情简介

陈某，未成年人，某中学学生。因陈某在甲的女朋友的网络空间留言示好，甲纠集乙等人对陈某实施了殴打。又一日中午，甲、乙、丙等6人（均为未成年人）在陈某就读的中学门口守候，见陈某从大门走出，甲、乙、丙等人尾随一段路后拦住陈某，质问陈某为什么向老师告状，陈某解释没有告状，甲、乙、丙等人不肯罢休，抓住并围殴陈某。乙的3位朋友（均为未成年人）正在附近，见状加入一起围殴陈某。其中，有人用膝盖顶击陈某的胸口，有人持石块击打陈某的手臂，有人持钢管击打陈某的背部，其他人对陈某或勒脖子或拳打脚踢。陈某掏出随身携带的折叠式水果刀（刀身长8.5厘米，不属于管制刀具），乱挥乱刺后逃脱。部分围殴人员继续追打并从后投掷石块，击中陈某的背部和腿部。陈某逃进学校，追打人员被学校保安拦住。陈某在反击过程中刺中了甲、乙和丙，经鉴定，该 3 人的损伤程度均构成重伤二级。陈某经人身检查，身体多处软组织损伤。

案发后，陈某所在学校向司法机关提交材料，证实陈某遵守纪律、学习认真、成绩优秀，是一名品学兼优的学生。公安机关以陈某涉嫌故意伤害罪立案侦查，并对其采取刑事拘留强制措施，后提请检察机关批准逮捕。检察机关根据审查认定的事实，依据《中华人民共和国刑法》第二十条第一款的规定，认为陈某的行为属于正当防卫，不负刑事责任，决定不批准逮捕。公安机关将陈某释放同时要求复议。检察机关经复议，维持原决定。

案例解析

近几年，正当防卫问题引发社会广泛关注，明确正当防卫的界限标准，回应民众关切，是当前一项突出和紧迫的任务。陈某的防卫行为有没有明显超过必要限度呢？首先，陈某面临正在进行的不法侵害，反击行为具有防卫性质。任何人面对正在进行的不法侵害，都有予以制止、依法实施防卫的权利。在本案中，甲、乙、丙等人借故拦截陈某并实施围殴，属于正在进行的不法侵害，陈某的反击行为显然具有防卫性质。其次，陈某随身携带刀具，不影响正当防卫的认定。对认定正当防卫有影响的，并不是防卫人携带了可用于自卫的工具，而是防卫人是否有相互斗殴的故意。陈某在事前没有与对方约架斗殴的意图，被拦住后也是先解释退让，最后在遭到对方围打时才被迫还手，其随身携带水果刀，无论是日常携带还是事先有所防备，都不影响对正当防卫作出认定。最后，陈某的防卫措施没有明显超过必要限度，不属于防卫过当。陈某的防卫行为致不法侵害的甲、乙、丙 3 人重伤，客观上造成了重大损害，但防卫措施并没有明显超过必要限度。陈某被 9 人围住殴打，其中有人使用了钢管、石块等工具，双方实力相差悬殊，陈某借助水果刀增强防卫能力，在手段强度上合情合理。并且，对方在陈某逃脱时仍持续追打，共同侵害行为没有停止，所以就制止整体不法侵害的实际需要来看，陈某持刀挥刺也没有不相适应之处。综合来看，陈某的防卫行为虽有致多人重伤的客观后果，但防卫措施没有明显超过必要限度，依法不属于防卫过当。

法条链接

《中华人民共和国刑法》第二十条　为了使国家、公共利益、本人或者他人的人身、财产和其他权利免受正在进行的不法侵害，而采取的制止不法侵害的行为，对不法侵害人造成损害的，属于正当防卫，不负刑事责任。

正当防卫明显超过必要限度造成重大损害的，应当负刑事责任，但是应当减轻或者免除处罚。

对正在进行行凶、杀人、抢劫、强奸、绑架以及其他严重危及人身安全的暴力犯罪，采取防卫行为，造成不法侵害人伤亡的，不属于防卫过当，不负刑事责任。

案例 8　未遂与既遂

案情简介

李某系某厂的现金出纳员，临时居住在该厂财务室。后李某不再从事出纳工作，由王某接任该工作，但李某仍居住在财务室。因李某对财务室的情况了解，于是产生盗窃王某保管的现金的想法，并于某日夜晚，盗窃王某保管的现金 6 000 余元。第二天刚上班，王某发现其保管的现金被盗，当即报案，公安侦查人员即时到达被盗现场，在李某的床下找到现金 6 000 余元。侦查人员对李某进行讯问，李某对其盗窃行为供认不讳。

案例解析

盗窃罪是以非法占有为目的，秘密窃取公私财物，数额较大或多次盗窃的行为。从刑法理论上讲，窃取是将他人合法控制下的财产置于本人的非法控制之下，即在财产所有人或财产保管人的合法控制下，通过窃取行为，使财产的控制状态发生变化。盗窃的目的是非法占有他人财物，只有实际控制了所盗财物，才能视为既遂。如果行为人没有实际控制他人财物，即使财物所有人或保管人丧失对财物的控制，也不能视为犯罪既遂。如行为人在盗窃财物后，还没有来得及离开现场即被抓获，属犯罪未遂。

在本案中，李某主观上具有非法占有他人财物的故意，客观上实施了盗窃他人财物的行为，其行为属犯罪未遂还是既遂，关键要看李某是否实际控制了所盗财物。从李某所盗的 6 000 余元现金来看，虽然现金没有被转移出财务室，但李某的盗窃行为并不同于实施盗窃行为来不及离开被现场抓获的情况。李某属本厂的职工且居住在财务室，有出入该厂财务室的自由，李某盗窃王某保管的现金之后，将所盗取的财物同时放置在他居住的范围内，李某所实施的盗窃行为已达到了实际控制所盗财物的状态，其行为构成盗窃罪的既遂。

法条链接

《中华人民共和国刑法》第二十三条　已经着手实行犯罪，由于犯罪分子意志以外的原因而未得逞的，是犯罪未遂。

对于未遂犯，可以比照既遂犯从轻或者减轻处罚。

案例9 犯罪预备

案情简介

蔡某对广东某地区委副书记邱某久有成见。某日下午上班时，蔡某将家中的一把菜刀携至办公室，向政协工委主任林某表示了对邱某的不满情绪，激动地说要杀死邱某，林某再三劝阻蔡某无效。后蔡某持菜刀来到邱某的宿舍楼附近，将刀接连数次砍在树上发泄，大喊要杀邱某。傍晚下班时，林某发现邱某向宿舍走来，而蔡某此时仍在那里，便将邱某拦阻至区委老办公楼内。蔡某见后，也携菜刀走过来，当行至办公楼中间门厅时，恰遇杨某等人途经此地，杨某即劝走了蔡某。第二天上午，蔡某又携装有旧劈柴刀和铁锤的皮包坐在区委操场边，适逢邱某乘汽车外出途经蔡某身边，蔡某挟包站起，但没有什么举动，邱某安全离去。当天中午，蔡某又坐在区委大院内大喊大叫，被林某等人劝回家。3天后的下午，蔡某主动将旧劈柴刀和铁锤交给区委保卫科的保卫人员。

检察机关以故意杀人罪（预备）对蔡某提起公诉。一审法院经审理后认为，被告人蔡某主观上没有杀人的动机和目的，其客观上实施的一系列行为是为了发泄对邱某的不满，在区委机关内公开他与邱某的矛盾，其行为不属于故意杀人（预备）的犯罪行为。一审法院依法作出了宣告被告人蔡某无罪的刑事判决。

案例解析

犯罪预备是指为了实行犯罪，准备工具、制造条件，但由于行为人意志以外的原因而未能着手实行犯罪的特殊形态。被告人蔡某的行为是不是犯罪（预备）？蔡某对他人扬言要杀邱某，并准备了菜刀、铁锤等工具在公共场合等候邱某的出现，从表面上看其行为既有主观上的杀人故意，又有客观上为了实施杀人行为而准备工具、制造条件的杀人预备行为，其行为已构成了故意杀人罪且属于犯罪预备形态。但进一步深入分析蔡某行为后，就会发现蔡某的“杀人预备行为”具有诸多疑点。其一，既然意图杀害邱某而且也准备了犯罪工具，为何不直接前往邱某的办公地或住宅实行杀人行为，而偏要在人来人往的场合下等候邱某的出现？其二，既然意图杀害邱某而且也准备了犯罪工具，为何当与邱某相遇时，不直接实施杀人行为，而是挟包站起但又没有什么举动，让邱某安全离去呢？其三，既然意图杀害邱某而且也准备了犯罪工具，为何在区委大院内大喊大叫要杀邱某，使区委机关工作人员皆知自己的杀人意图，使区委机关为身为区委副书记的邱某采取保护措施，这不是在给自己的杀人行为制造障碍，使自己的杀人行为无法实施吗？其四，既然意图杀害邱某而且也准备了犯罪工具，为何不实行杀人行为，反而在几天后自愿将旧劈柴刀、铁锤等交到区委机关保卫科，这不是使自己的杀人意图更无法实现了吗？通过对以上被告人蔡某行为疑点的分析，能够得出被告人蔡某主观上没有杀害邱某的故意，其准备铁锤等工具，并扬言要杀死邱某的一系列行为只是为了发泄对邱某的不满，公开其与邱某的矛盾的结论。这种在发泄不满、公开矛盾的主观心理态度下引发的行为，与具有杀人故意而进行的犯罪预备行为是有着明显不同的。

从犯罪预备形态的主观特征来看，行为人准备工具、制造条件是为了犯罪，即为了顺利地着手实施和完成犯罪。只有在为了着手实施和完成犯罪的意图下，准备犯罪工具、制造犯罪条件、排除犯罪障碍等行为才是犯罪预备行为。而本案被告人蔡某的行为恰恰相反，因为他主观上不具备杀死邱某的故意，而是为了发泄对邱某的不满、公开与邱某的矛盾，才会出现扬言要杀害邱某，在区委大院内大喊大叫，并持刀猛砍树干发泄情绪等一系列行为。正是因为被告人蔡某不具有杀人的故意，所以，蔡某的一系列行为不符合犯罪预备形态的主观特征，因而不是犯罪预备行为。

应当指出的是，即使有证据表明蔡某主观上具有杀人故意，其行为仍不能认定是犯罪预备行为。因为在本案中，蔡某向区委机关保卫科交出旧劈柴刀、铁锤等工具是在自愿的情况下交出的，这也不符合犯罪预备形态主观特征中的第二层含义，即行为人是被迫而非自愿在着手实行行为前停止犯罪。也就是说蔡某的犯罪预备行为的停止从主观上看是不违背其意志的，是其主动地、自愿地停止了犯罪预备行为，应当认为是犯罪预备的中止形态。依据《中华人民共和国刑法》第十三条的规定，其行为可以被认为是“情节显著轻微危害不大”，不认为是犯罪。

综上所述，一审法院作出被告人蔡某无罪的刑事判决。

法条链接

《中华人民共和国刑法》第二十二条　为了犯罪，准备工具、制造条件的，是犯罪预备。

对于预备犯，可以比照既遂犯从轻、减轻处罚或者免除处罚。

案例10　犯罪中止

案情简介

宋某与徐某系夫妻关系，两人因在生活中发生矛盾，徐某向宋某提出离婚。身为丈夫的宋某，因不愿与徐某离婚，遂产生两人一起死的想法，并到街上购买了一瓶“敌敌畏”

（系杀虫农药）存放于家中。一天中午，宋某将“敌敌畏”倒在玻璃杯中，逼迫徐某喝下。随后，宋某将徐某从家中背到车上，欲开车到当地桃园丫口（地名）自杀。在此过程中，宋某心生悔意，将徐某送至医院抢救，徐某经抢救脱离生命危险。案发后，宋某亲属支付了徐某在医院住院治疗期间的全部医疗费用，徐某出具谅解书，对宋某的行为表示谅解，请求对其从轻处罚。宋某归案后也如实地供述了犯罪事实。法院审结这起故意杀妻案，一审判处被告人宋某有期徒刑3年。

案例解析

我国刑法规定，在犯罪过程中，自动放弃犯罪或者自动有效地防止犯罪结果发生的，是犯罪中止。犯罪中止存在两种情况：一是在犯罪预备阶段或者在实行行为还没有实行终了的情况下，自动放弃犯罪；二是在实行行为实行终了的情况下，自动有效地防止犯罪结果的发生。

在本案中，被告人宋某不能正确处理婚姻家庭关系，明知喝“敌敌畏”会发生致人死亡的后果，仍然逼迫被害人徐某喝下“敌敌畏”，有非法剥夺被害人徐某生命的故意，其行为构成故意杀人罪，应依法追究刑事责任。被告人宋某在实施犯罪的过程中，自动放弃犯罪并有效地防止了死亡结果的发生，系犯罪中止，依法应当减轻处罚。被告人宋某归案后，如实供述其犯罪事实，依法可以从轻处罚。鉴于本案系婚姻家庭纠纷引发，且被告人宋某亲属支付了被害人徐某住院期间的全部医疗费用，求得了被害人徐某的谅解，可对其酌情从轻处罚。据此，法院依法作出上述判决。

法条链接

《中华人民共和国刑法》第二十四条　在犯罪过程中，自动放弃犯罪或者自动有效地防止犯罪结果发生的，是犯罪中止。

对于中止犯，没有造成损害的，应当免除处罚；造成损害的，应当减轻处罚。

案例 11　主犯与从犯

案情简介

2019年3月26日下午，被告人詹某某（作案时14周岁）在被害人胡某某的小卖部购买零食过程中，看见胡某某挎包内有百元面额的人民币，便邀约黄某某（作案时15周岁）、张某某（作案时15周岁）准备实施抢劫。次日20时许，三被告人进入胡某某店铺后，詹某某趁胡某某不备将其挎包内零钱盗走，随后又与黄某某共同将胡某某弄倒，在张某某协助下，采用扼颈、捂口鼻等手段致胡某某当场死亡，劫取胡某某现金 400 元和手机一部后逃离。3 月 28 日，三被告被公安机关抓获。案发后，三被告人家属及时赔偿被害人亲属丧葬费 4.5 万元。法院审理期间，张某某家属另行赔偿被害人亲属 3 万元，被害人亲属撤回对张某某及其父母的附带民事起诉。因被告人不满 18 周岁，法院依法不公开开庭进行了合并审理。法院认为，本案事实清楚、证据确凿，结合被告人认罪悔罪态度以及主动履行赔偿情况，以抢劫罪判处被告人詹某某无期徒刑，剥夺政治权利终身，没收个人全部财产；以抢劫罪判处被告人黄某某有期徒刑 15 年，剥夺政治权利 5 年，并处罚金人民币 2 万元；以抢劫罪判处被告人张某某有期徒刑 7 年，并处罚金人民币 1 万元。

案例解析

詹某某、黄某某、张某某为劫取钱财，共谋后使用暴力致被害人死亡并劫取其财物，其行为构成抢劫罪；三被告人预谋并实施抢劫犯罪，致被害人死亡，后果特别严重，应依法严惩。在共同犯罪中，詹某某、黄某某在具体谋划并直接实施致被害人死亡的犯罪行为中起主要作用，系主犯，其中詹某某提出犯罪意图并在抢劫前实施盗窃，所起作用明显，依法应予严惩；张某某受詹某某邀约，协助实施抢劫犯罪，属从犯，对其依法可减轻处罚。我国刑法规定，已满 14 周岁不满 16 周岁的人，犯故意杀人、故意伤害致人重伤或者死亡、强奸、抢劫、贩卖毒品、放火、爆炸、投放危险物质罪的，应当负刑事责任；应追究刑事责任的不满 18 周岁的人，应当从轻或者减轻处罚。三被告人犯罪时未满 18 周岁，且到案后如实供述自己罪行，依法可从轻处罚。同时，我国刑法规定，犯罪时不满 18 周岁的人和审判的时候怀孕的妇女，不适用死刑。詹某某、黄某某、张某某作案时均未满 16 岁，属法律规定的“未成年人”，依法不能适用死刑，考虑到被告人的作案方式和作案情节等，法院依法判处詹某某无期徒刑，已属本案中对詹某某应处的最高刑期。

法条链接

《中华人民共和国刑法》第二十五条　共同犯罪是指二人以上共同故意犯罪。

二人以上共同过失犯罪，不以共同犯罪论处；应当负刑事责任的，按照他们所犯的罪分别处罚。

第二十六条　组织、领导犯罪集团进行犯罪活动的或者在共同犯罪中起主要作用的，是主犯。

三人以上为共同实施犯罪而组成的较为固定的犯罪组织，是犯罪集团。

对组织、领导犯罪集团的首要分子，按照集团所犯的全部罪行处罚。

对于第三款规定以外的主犯，应当按照其所参与的或者组织、指挥的全部犯罪处罚。

第二十七条　在共同犯罪中起次要或者辅助作用的，是从犯。

对于从犯，应当从轻、减轻处罚或者免除处罚。

案例 12　教唆犯

案情简介

2019年11月底，刚刚成年不久的男子马某，带着小辉、小杰、小昆三个未成年人，在某乡镇中学外拦住了中学生小奇，用拳打脚踢、强行搜身的方式，要求小奇交付财物，因为小奇没有携带财物，马某的此次抢劫没有任何收获。没有稳定经济来源的马某，在2019年12月中旬，因玩网络游戏“打渔”输钱，遂指使小杰、小昆两人再次去某乡镇中学“搞钱”，小杰和小昆在该中学内，先后将该校学生小钦、小楼、小康带至一间宿舍，强行搜身，从小钦处抢走现金80元，小楼处抢走现金80元，小康处抢走现金20元，共计180元。事后，小杰和小昆回到马某处，将抢劫情况告知马某，并将180元现金交给马某。

案例解析

马某以非法占有为目的，采取暴力、胁迫等手段抢劫他人财物，其行为已构成抢劫罪。在第一起犯罪事实中，马某伙同他人，采取暴力手段抢劫他人财物，因未劫取财物，又未造成他人轻伤以上后果，属抢劫未遂，可以比照既遂犯从轻处罚。在第二起犯罪事实中，马某教唆未满18周岁的未成年人采取威胁手段抢劫他人财物，应当从重处罚。最终，人民法院依法采纳“成年人拉拢、迫使未成年人参与犯罪组织的，一律从严追诉、从重量刑”的司法建议，判决马某犯抢劫罪，判处有期徒刑4年4个月。

法条链接

《中华人民共和国刑法》第二十九条　教唆他人犯罪的，应当按照他在共同犯罪中所起的作用处罚。教唆不满18周岁的人犯罪的，应当从重处罚。

如果被教唆的人没有犯被教唆的罪，对于教唆犯，可以从轻或者减轻处罚。

案例 13　累犯

案情简介

张某某生于1988年，2012年2月因犯盗窃罪，被判处有期徒刑1年，并处罚金人民币2 000元；2013年7月犯盗窃罪，被判处有期徒刑1年3个月，并处罚金人民币8 000元；2014年9月犯故意伤害罪，被判处有期徒刑一年，于2015年3月31日刑满释放。2019年9月9日20时许，张某某在家中饮酒后无证驾驶无牌号皮卡车与赖某某驾驶的货车相遇，因道路狭窄，双方车辆交会困难。经过一番争执后，张某某随即驾车来回顶撞赖某某驾驶的货车，并在货车驾驶员赖某某下车查看车辆受损情况时，用拳头殴打货车驾驶员赖某某的头部。两人在一阵扭打后，被告人张某某从车内取出自制弹弓，用钢珠击打并追击货车驾驶员赖某某及乘车人员卓某某，追打过程中还将路人林某某误伤。经公安机关物证鉴定室鉴定，被告人张某某的上述行为造成被害人赖某某、卓某某、林某某三人受不同程度的轻微伤，并造成赖某某驾驶的货车挡风玻璃破损的后果。

案例解析

张某某酒后为发泄不满情绪随意殴打他人，并用弹弓弹射钢珠的方式击伤他人，破坏社会秩序，致三人轻微伤，情节恶劣。根据我国《刑法》第二百九十三条之规定，破坏社会秩序，有下列行为之一，造成公共场所秩序严重混乱的，构成寻衅滋事罪，处5年以下有期徒刑、拘役或者管制：(1) 随意殴打他人，情节恶劣的；(2) 追逐、拦截、辱骂、恐吓他人，情节恶劣的；(3) 强拿硬要或者任意损毁、占用公私财物，情节严重的；(4) 在公共场所起哄闹事。同时被告人张某某曾多次因故意犯罪被判处有期徒刑以上刑罚，刑罚执行完毕5年内，再犯应当判处有期徒刑以上刑罚之罪，属累犯，应当从重处罚。据此，法院以寻衅滋事罪判处被告人张某某有期徒刑3年。根据《刑法》第七十四条、第八十一条之规定，对于一般累犯，除了应当从重处罚以外，还不能适用缓刑和假释。这是因为累犯的主观恶性大，适用缓刑、假释难以防止其再犯新罪，而且要对其从重处罚，只有通过关押才能有效地对其实行改造，故张某某在本次服刑期间将不能适用缓刑和假释。

法条链接

《中华人民共和国刑法》第六十五条　被判处有期徒刑以上刑罚的犯罪分子，刑罚执行完毕或者赦免以后，在5年以内再犯应当判处有期徒刑以上刑罚之罪的，是累犯，应当从重处罚，但是过失犯罪和不满 18 周岁的人犯罪的除外。

前款规定的期限，对于被假释的犯罪分子，从假释期满之日起计算。

第七十四条　对于累犯和犯罪集团的首要分子，不适用缓刑。

第八十一条　被判处有期徒刑的犯罪分子，执行原判刑期二分之一以上，被判处无期徒刑的犯罪分子，实际执行 13 年以上，如果认真遵守监规，接受教育改造，确有悔改表现，没有再犯罪的危险的，可以假释。如果有特殊情况，经最高人民法院核准，可以不受上述执行刑期的限制。

对累犯以及因故意杀人、强奸、抢劫、绑架、放火、爆炸、投放危险物质或者有组织的暴力性犯罪被判处 10 年以上有期徒刑、无期徒刑的犯罪分子，不得假释。

对犯罪分子决定假释时，应当考虑其假释后对所居住社区的影响。

案例 14　自首

案情简介

陈某盗铁轨（价值 2 400 余元）变卖后得赃款 800 元，买了 1 台收录机。其妻王某追问收录机的来历时，陈某讲述了盗窃事实。王某劝陈某投案自首，陈某一开始坚决不同意，经王某苦劝仍犹豫。最后王某说："你不去投案，我要去告发你，还要和你离婚。"这时陈某勉强同意投案。但出家门不远即返回，不想投案。后在王某的苦苦劝说下，又表示同意投案。王某不放心，陪同他一起到公安机关投案。投案后，陈某如实供述了全部犯罪事实。

案例解析

陈某盗窃了铁轨，价值人民币 2 400 余元，其行为已构成盗窃罪。自首是指犯罪分子在犯罪之后，自动投案并如实供述犯罪事实的行为。根据有关司法解释，自动投案是指犯罪事实或者犯罪嫌疑人未被司法机关发觉，或者是已被发觉，但犯罪嫌疑人尚未受到讯问，或者未被采取强制措施时，主动、直接向公安机关、人民检察院或者人民法院投案。陈某的行为应当成立自首。在司法实践中，对于并非犯罪嫌疑人主动而是经亲友规劝、陪同投案的，也视为自动投案。陈某犯罪后，尽管在是否投案的问题上反反复复、犹豫不决，最后是在其妻子的苦劝和陪同下才去投案，也不影响自首的成立。投案后，陈某如实供述了全部犯罪事实，符合自首的成立条件，应当按自首处理，可以对其从轻或者减轻处罚。

法条链接

《中华人民共和国刑法》第六十七条　犯罪以后自动投案，如实供述自己的罪行的，是自首。对于自首的犯罪分子，可以从轻或者减轻处罚。其中，犯罪较轻的，可以免除处罚。

被采取强制措施的犯罪嫌疑人、被告人和正在服刑的罪犯，如实供述司法机关还未掌握的本人其他罪行的，以自首论。

犯罪嫌疑人虽不具有前两款规定的自首情节，但是如实供述自己罪行的，可以从轻处罚；因其如实供述自己罪行，避免特别严重后果发生的，可以减轻处罚。

案例 15　立功

案情简介

2012 年 1 月 5 日、9 月 19 日，某镇财政所分别将土地征用补偿款 4 293 688 元、564 307 元拨付至身为该镇甲村出纳的被告人刘某开设的银行账户上。同年 12 月 21 日，被告人刘某未经该村干部和村民同意，私自用该村部分土地征用补偿款共计 600 000 元购买银行理财产品。2013 年 2 月 4 日，被告人刘某赎回理财产品并获利 1 693. 64 元，此款未入该村财务账，由被告人占为己有。后被告人刘某将非法所得全部上缴县纪委。

2015 年 2 月 3 日，羁押中的被告人刘某举报称，另案的逃犯陈某最近一段时间常在县城某市场附近出现，县公安局城区派出所于当日晚 9 时许将犯罪嫌疑人陈某当场抓获。但对举报线索来源，刘某陈述不一，一会儿说是听同监号人讲的，一会儿说是放风时听其他犯罪嫌疑人说的。

案例解析

立功一般是指犯罪分子揭发他人犯罪行为，查证属实，或者提供重要线索，帮助司法机关侦破其他案件等情况的行为。犯罪嫌疑人有立功表现的，可以从轻或减轻处罚；有重大立功表现的，可以减轻或者免除处罚；犯罪后自首又有重大立功表现的，应当减轻或者免除处罚。

在本案中，首先，被告人刘某向看守所提供在逃人员藏匿地址的线索，公安机关将涉嫌另案的犯罪嫌疑人陈某当场抓获。其次，虽然被告人刘某对立功线索来源说法不明确，但不属于最高人民法院《关于处理自首和立功若干具体问题的意见》（以下简称《意见》）第四条的规定“犯罪分子通过贿买、暴力、胁迫等非法手段，或者被羁押后与律师、亲友会见过程中违反监管规定，获取他人犯罪线索并‘检举揭发’的，不能认定为有立功表现”之情形，一是因为被告人刘某举报时处于被羁押期间，不可能通过非法手段获取他人犯罪线索；二是因为没有犯罪分子亲友为使犯罪分子“立功”，向司法机关提供他人犯罪线索、协助抓捕其他犯罪嫌疑人的情形。最后，证明立功线索来源的材料不是认定立功的必备条件。根据《意见》第七条关于自首、立功证据材料审查的规定，法院审查的立功证据材料，一般应包括被告人检举揭发材料及证明其来源的材料等。这里的规定只是一般要求，而非必然要求，结合本案，被告人刘某说明了立功线索来源于同监号的人员，只是其害怕报复而未讲清是哪一个具体人而已，故其主观上具有悔罪表现，客观上也为公安机关抓获其他犯罪嫌疑人提供了有效线索，协助公安机关及时将其他犯罪嫌疑人抓捕归案。

综上所述，应当认定被告人刘某协助司法机关抓获其他犯罪嫌疑人的行为为立功。

法条链接

《中华人民共和国刑法》第六十八条　犯罪分子有揭发他人犯罪行为，查证属实的，或者提供重要线索，从而得以侦破其他案件等立功表现的，可以从轻或者减轻处罚；有重大立功表现的，可以减轻或者免除处罚。

案例 16　颠覆国家政权罪

案情简介

被告人翟某通过信息网络接触到“颜色革命”“和平转型”等理念，后经人介绍结识胡某等人，加入胡某主持的地下教会，受胡某等人影响，进一步加深了对上述理念的认同，逐渐产生颠覆国家政权的思想。在颠覆国家政权思想的支配下，2012 年以来，翟某等人密谋策划，组织指挥一些上访人员，通过在公共场所非法聚集滋事、攻击国家法律制度、利用舆论挑起不明真相的一些人仇视政府等方式，炒作一系列热点案事件，混淆视听，攻击政府，煽动不明真相的一些人对抗国家政权机关，实施一系列颠覆国家政权的犯罪活动，严重危害国家安全和社会稳定。

翟某归案后，能够如实供述本人及其他涉案人员的犯罪事实，有坦白情节；检举他人犯罪线索，经查属实，有立功表现；归案后及庭审期间，能够深刻认识自己的行为性质和社会危害，有悔罪表现，宣告缓刑对所居住社区没有重大不良影响。法院依法对翟某颠覆国家政权案进行一审宣判，认定被告人翟某犯颠覆国家政权罪，判处有期徒刑 3 年，缓刑

4 年，剥夺政治权利 4 年。翟某当庭表示认罪服法，不上诉。

案例解析

颠覆国家政权罪是极为严重的危害国家安全的犯罪，因此处罚很重。本罪所指的行为无论有无危害结果，只要查明行为以颠覆国家政权为目的，进行了秘密谋划活动，就构成本罪。本罪主体有首要分子、积极参加者、一般参加者三种类型，着重惩处首要分子，中国人、外国人、无国籍人都可能成为本罪的犯罪主体。在主观上，本罪只能出于颠覆国家政权、推翻社会主义制度为目的的故意。

在本案中，被告人翟某实施一系列颠覆国家政权、推翻社会主义制度的犯罪活动，危害国家安全和社会稳定，其犯罪事实清楚，证据确实、充分。法院对翟某归案后的坦白情节、立功表现以及悔罪表现，经查属实的予以采纳。据此，法院作出上述判决。

法条链接

《中华人民共和国刑法》第一百零五条　组织、策划、实施颠覆国家政权、推翻社会主义制度的，对首要分子或者罪行重大的，处无期徒刑或者 10 年以上有期徒刑；对积极参加的，处 3 年以上 10 年以下有期徒刑；对其他参加的，处 3 年以下有期徒刑、拘役、管制或者剥夺政治权利。

以造谣、诽谤或者其他方式煽动颠覆国家政权、推翻社会主义制度的，处 5 年以下有期徒刑、拘役、管制或者剥夺政治权利；首要分子或者罪行重大的，处 5 年以上有期徒刑。

案例 17　间谍罪

案情简介

黄某毕业后进入一家涉密科研所工作，该单位承担了我国相关密码的研发工作，具有高度保密性。由于黄某能力平平，加上工作态度不端正，5 年中他换了 3 个部门，但业绩始终靠后。按照单位末位淘汰制的规定，黄某被解职。黄某对自己被解职心怀不满，而他选择的报复手段竟然是将国家机密出卖给境外间谍机关。

一天，黄某在网上向一间谍机构留言，很快便收到了境外间谍机关的答复：“收到你给我们的留言，请于某日到某国酒店大堂，到时候就会有人与你前来接头。”按照对方的要求，黄某如约而至，他将 3 份保存在 U 盘的涉密电子文档拷贝给了对方。对方表示黄某提供的资料非常有价值，希望进一步合作，每月工资 5 000 美元，还当场支付给了黄某 1

万美元的奖金。在金钱的诱惑下，黄某成了一名为境外间谍机构效力的间谍。

此后，黄某对外谎称自己在一家深圳公司驻四川办事处工作，每年要常到国外开会，以此掩护自己的间谍身份。在后来的几年里，黄某以每年出国至少2次的频率，陆续将窃取的机密卖给了境外间谍机关。通过出卖情报，黄某获得大笔间谍经费。

在不断向境外间谍机关提供秘密情报后，黄某离职时的“存货”已经基本没有了。为了达到长期为境外组织提供情报的目的，黄某迫切需要寻找新的秘密情报。过去的老同事闻某成了他的目标。黄某前后3次试图策反闻某，但都遭到拒绝。不过，闻某并没有及时向上级领导汇报这件事，而是选择了明哲保身。于是，饥不择食的黄某又把手伸向了自己的妻子唐某。唐某在另一家涉密单位工作，与黄某同属一个系统。由于她是资料管理员，经常接触涉密材料，黄某提醒过妻子要把资料备份起来。有一天趁妻子不在家，黄某复制了资料光盘。成功得手后，黄某并未善罢甘休。很快，他的姐夫谭某也成为其猎物。谭某曾与黄某在同一单位供职，他习惯将单位的资料拷贝到笔记本电脑上，带回家留作备份，这让黄某觊觎已久。终于有一天谭某家中的电脑坏了，叫黄某前来帮忙修理。黄某趁姐夫不备，用间谍U盘偷偷拷贝了电脑里的保密文档。在向亲属下手后，黄某仍不满足，他利用在原单位的关系，窃取同事电脑上的资料，向好友郑某等人打探科研所动态消息，并利用他们窃取科研所内部刊物。而所有这些材料，最后都被黄某卖给了境外间谍机关。

为了泄私愤和满足物质上的欲望，黄某在被抓获前的1年时间里，主动向境外间谍机关提供15万余份资料，其中绝密级国家秘密90项，机密级国家秘密292项，秘密级国家秘密1 674项，对我国党、政、军、金融等多个部门的密码通信安全造成难以估量的损失。黄某因“间谍罪”被依法判处死刑，剥夺政治权利终身，并收缴间谍经费。

黄某间谍案告破后，他原来就职的单位有29人受到不同程度的处分。黄某的妻子唐某、姐夫谭某也因“过失泄露国家机密罪”被分别判处5年、3年有期徒刑。

案例解析

间谍罪是指参加间谍组织、接受间谍组织及其代理人的任务，或者为敌人指示轰击目标的行为。根据刑法的规定，间谍罪并不以实际上发生法定的危害结果作为犯罪成立的要件，只要实施了间谍行为，即构成本罪。本罪所侵害的客体，是中华人民共和国的国家安全。国家安全是主权国家独立自主地生存和发展的保障，是关系国家存亡的大事，世界上无论哪一个国家，都是将维护国家安全摆在首位。随着我国国家地位在国际上的不断提升，境外间谍情报机关对我国政治、军事、文化的关注程度越来越高，为了获取情报，他们千方百计渗透到我国各个领域，搜寻各种有价值的信息，细致入微地开展对华情报工作。

在本案中，黄某为了泄私愤和满足物质上的欲望，甘心沦为一名为境外间谍机关效力的间谍，向对方提供了我国密码领域大量机密情报。依据我国相关法律规定，国家秘密的密级分为绝密、机密、秘密三级。绝密级国家秘密是最重要的国家秘密，泄露会使国家安全和利益遭受特别严重的损害；机密级国家秘密是重要的国家秘密，泄露会使国家安全和利益遭受严重的损害；秘密级国家秘密是一般的国家秘密，泄露会使国家安全和利益遭受损害。黄某从开始主动向境外间谍机关出卖情报，直至1年后才被抓获，其出卖秘密时间之长、数量之多、范围之广、程度之深，令人震惊，对我国党、政、军等核心要害部门的密码通信安全构成了重大威胁，对国家安全造成了极其严重的影响。

法条链接

《中华人民共和国刑法》第一百一十条　有下列间谍行为之一，危害国家安全的，处10年以上有期徒刑或者无期徒刑；情节较轻的，处3年以上10年以下有期徒刑：

（一）参加间谍组织或者接受间谍组织及其代理人的任务的；

（二）为敌人指示轰击目标的。

案例18　放火罪

案情简介

李某因下岗对生活失去信心，一日，他在家中放火焚烧自己的木结构房屋借此自杀。因李某住在老城区，木结构的房子较多且不少房子连在一起。火势蔓延，幸亏邻居及时察觉，将火扑灭，才未酿成严重后果。

案例解析

李某的行为已构成放火罪。放火罪，是指故意引起火灾，危害公共安全的行为。其构成要件为：实施放火行为，危害公共安全。关键在于使对象物燃烧的行为是否属于放火行为，是否危害公共安全，这需要根据具体情况判断。在本案中，李某在主观方面出于故意。作为一个正常人，他明知焚烧自己的木结构房屋必然会殃及邻居的木结构房屋，危害公共安全，但放任危害公共安全的后果发生。在客观方面，李某实施了放火行为。放火是一种严重危害公共安全的犯罪行为，对社会和公共安全的实际危害后果不尽相同。李某放火虽未酿成严重后果，但其放火行为却足以危害公共安全，因此构成犯罪的既遂。在客体方面，李某虽然放火焚烧的是自己的财物，但却是以不特定多数人的生命、健康和公私财产的安全为侵犯的客体，即侵犯的客体是公共安全。在主体方面，李某符合放火罪的主体特征。综上所述，李某的行为构成了放火罪。

法条链接

《中华人民共和国刑法》第一百一十四条　放火、决水、爆炸以及投放毒害性、放射性、传染病病原体等物质或者以其他危险方法危害公共安全，尚未造成严重后果的，处3年以上10年以下有期徒刑。

第一百一十五条　放火、决水、爆炸以及投放毒害性、放射性、传染病病原体等物质或者以其他危险方法致人重伤、死亡或者使公私财产遭受重大损失的，处10年以上有期徒刑、无期徒刑或者死刑。

过失犯前款罪的，处3年以上7年以下有期徒刑；情节较轻的，处3年以下有期徒刑或者拘役。

案例19　过失以危险方法危害公共安全罪

案情简介

2016年2月，湖南澧县男子戴某准备用拉电网的方式去捕猎野兔。自行安装调试后，戴某用自己喂养的狗做实验，发现狗并无大事，自己用手触碰了设备也只有麻感，心想快过年了不会有人到山上去，便认为不会发生安全事故。2月6日下午，戴某在山上拉好电网准备捕猎野兔。当日下午18时许，村民李某因自家喂养的牛丢失，到山上找牛，被戴某私设在山上的电网电击死亡。

案例解析

对戴某行为进行评价的关键点在于其主观意愿及行为侵犯的客体。就本案而言，戴某为捕野味过年，事先拿狗做实验、自己也触碰电网，都未造成危险；戴某认为快过年了无人去山上，存在侥幸心理。他具备防止危害结果发生的主观意愿，李某触电身亡的结果违背其主观意愿，属于过失犯罪。戴某架设电网的位置选择在山上，由于农村地区有不少农户放养牛羊，且仍有人上山砍柴，何时何人途径该山具有不确定性。所以，此位置形成了特殊形态的公共场所。因此，戴某的行为针对的是不特定多数人的生命安全，应认定为过失以危险方法危害公共安全罪。

法条链接

《中华人民共和国刑法》第一百一十四条　放火、决水、爆炸以及投放毒害性、放射性、传染病病原体等物质或者以其他危险方法危害公共安全，尚未造成严重后果的，处3

年以上10年以下有期徒刑。

第一百一十五条　放火、决水、爆炸以及投放毒害性、放射性、传染病病原体等物质或者以其他危险方法致人重伤、死亡或者使公私财产遭受重大损失的，处10年以上有期徒刑、无期徒刑或者死刑。

过失犯前款罪的，处3年以上7年以下有期徒刑；情节较轻的，处3年以下有期徒刑或者拘役。

案例20　交通肇事罪

案情简介

某开放小区一名64岁老人散步时，突然被一辆正在飞快倒车的轿车撞倒，小区监控录像清晰显示，该车反复碾轧老人后肇事司机才下了车，察看伤者的情况。事发约3分钟后，肇事司机报了警。伤者在被送进医院后不治身亡。

肇事司机在交警队第一次做笔录时，说自己以为倒车时撞的是垃圾桶，不知道撞的是人。当时，交警没有得到小区监控录像资料，因此只作为普通交通事故处理，司机在交了8万元押金后就离开了交警队，后交警再次通知其核实情况时发现该司机失踪。

案例解析

交通肇事罪，是指违反交通运输管理法规，因而发生重大事故，致人重伤、死亡或者使公共财产遭受重大损失的行为。交通肇事罪的主观方面为过失，即行为人明知自己的行为会发生危害社会的结果，因为疏忽大意而没有预见，或虽已预见但轻信能够避免。在本案中，司机快速倒车将老人撞倒，主观上属于过失，司机应当预见其车速、当时环境等因素会导致危害结果的发生，客观上也造成了危害结果，其行为应构成交通肇事罪。如果发生了交通肇事后，为了杀人灭口而故意将伤者撞死，则可能构成故意杀人罪。如果调查后情况属实，应对司机以交通肇事罪和故意杀人罪合并处罚。

肇事司机主动报警，不能认定为自首。自首要求犯罪人如实供述自己的犯罪事实，并自愿置于有关机关或个人控制之下等待进一步交代犯罪事实，接受国家司法机关的审查和裁判。本案肇事司机报警后失踪了，就不能认定为自首。当然，假设其确实犯了故意杀人罪并且没有失踪，而是安稳等待审判，也不能构成对故意杀人罪的自首。因为嫌疑人没有如实供述杀人动机，其已交代的情况是从根本上否定杀人的事实。

法条链接

《中华人民共和国刑法》第一百三十三条　违反交通运输管理法规，因而发生重大事故，致人重伤、死亡或者使公私财产遭受重大损失的，处3年以下有期徒刑或者拘役；交通运输肇事后逃逸或者有其他特别恶劣情节的，处3年以上7年以下有期徒刑；因逃逸致人死亡的，处7年以上有期徒刑。

案例21　假冒注册商标罪及销售假冒注册商标的商品罪

案情简介

李某通过对奢侈品市场的研究，在淘宝上开了一家网店，主要销售假冒国际大牌产品，如路易威登、香奈儿、普拉达等。经过一段时间的经营，网店已达到三蓝冠级别。

李某不仅指挥位于广东的几个厂家制造仿冒的国际品牌，自己还会根据某个大牌的设计理念和用料，生造出这个品牌根本没有的款式，然后以某品牌的名义进行销售。在销售过程中，李某知道售假不对，所以她从来不直接标明品牌名称，而是注明买卖双方彼此心照不宣的昵称。仿品的照片上不可避免地会出现大牌的标识，她就打上薄薄的马赛克，有时候还故意在标牌上剪个不大的洞，但肯定都能让买家一眼认出这是什么牌子。李某还交代网店客服，当买家问起这是不是真货一类的问题，绝对不能回答真假，而只能回答这是原单或者尾单。

经侦查部门调查，李某的网店最近6个月的销售额就高达2 000万元，非法获利巨大。

案例解析

根据我国刑法规定，李某未经国际品牌注册商标所有人许可，在同一种商品上使用与其注册商标相同的商标，已经构成了假冒注册商标罪。李某在明知其商标是假冒注册商标的情况下，仍违反商标管理法规，销售明知是假冒注册商标的商品，并且销售金额在6个月内就已高达2 000万元，违法所得数额巨大又构成刑法上的销售假冒注册商标的商品罪，属于情节特别严重，应当依法被追究刑事责任。

法条链接

《中华人民共和国刑法》第二百一十三条　未经注册商标所有人许可，在同一种商品、服务上使用与其注册商标相同的商标，情节严重的，处3年以下有期徒刑，并处或者单处罚金；情节特别严重的，处3年以上10年以下有期徒刑，并处罚金。

第二百一十四条 销售明知是假冒注册商标的商品，违法所得数额较大或者有其他严重情节的，处3年以下有期徒刑，并处或者单处罚金；违法所得数额巨大或者有其他特别严重情节的，处3年以上10年以下有期徒刑，并处罚金。

案例22 生产、销售伪劣产品罪

案情简介

被告人邱某、宫某在山东省泰安市经济开发区某村委会东一仓库内，伙同被告人吴某、邹某、王某、程某、邵某、蓝某等人，将购进的即将过期的罐装青岛啤酒罐底原生产日期利用丙酮涂抹掉，再用打码机打印上新的生产日期后，由被告人吴某、邹某、程某等人分别向城阳、崂山等地的超市进行销售。截至案发，共销售涂改生产日期的青岛啤酒1 049箱，价值66 900余元。

后经群众举报，泰安市公安局民警在仓库内将被告人宫某、吴某、邹某、王某、程某、邵某、蓝某等人当场抓获，现场查扣已涂改生产日期尚未销售的青岛啤酒590余箱，价值5万余元。被告人邱某之后到公安机关投案自首。法院审理后，以生产、销售伪劣产品罪分别判处邱某、宫某等8人有期徒刑1年，缓刑1年，并处1万~12万元不等的罚金。

案例解析

生产、销售伪劣产品罪，是指生产者、销售者故意在产品中掺杂、掺假，以假充真，以次充好或者以不合格产品冒充合格产品，销售金额达5万元以上的行为。

本案这种“新瓶装旧酒”的行为直接危害消费者的身体健康，是执法机关从快、从严打击的犯罪类型。在生活中，消费者要尽量去正规商店购买商品，不要贪图便宜，购买来源渠道可疑的商品。同时，遇到类似事件也要积极举报，使违法犯罪者无处遁形。

法条链接

《中华人民共和国刑法》第一百四十条 生产者、销售者在产品中掺杂、掺假，以假充真，以次充好或者以不合格产品冒充合格产品，销售金额5万元以上不满20万元的，处2年以下有期徒刑或者拘役，并处或者单处销售金额50%以上2倍以下罚金；销售金额20万元以上不满50万元的，处2年以上7年以下有期徒刑，并处销售金额50%以上2倍以下罚金；销售金额50万元以上不满200万元的，处7年以上有期徒刑，并处销售金额50%以上2倍以下罚金；销售金额200万元以上的，处15年有期徒刑或者无期徒刑，并处销售金额50%以上2倍以下罚金或者没收财产。

案例23 妨害信用卡管理罪

案情简介

毛某在湖南老家和妻子吵架后离家出走，来到江苏省徐州市找工作。下车后，毛某在路上漫无目的地闲逛，却意外在人行道上捡到了一张身份证。毛某仔细一看，身份证的主人姓欧，家庭住址就是徐州本地。

毛某曾经在网上看到过收购银行卡的信息，一张普通的银行借记卡可以在网上卖到200元左右。正愁吃住没有着落的毛某打算拿着这张捡来的身份证去银行申领借记卡。让他没有想到的是，领卡的过程异常顺利，当他把身份证和相关表格从窗口递进去后，柜台后的工作人员连头都没抬便把崭新的借记卡办好了。毛某见办得如此顺利，胆子也越来越大，在多家银行网点共申领到13张银行卡。

公诉机关以毛某涉嫌犯妨害信用卡管理罪为由提起公诉。法庭上，毛某当庭自愿认罪，对公诉机关指控的内容没有异议。徐州市铜山区人民法院审理后认为，毛某犯罪事实清楚，证据确实充分，公诉机关指控的罪名成立。法院当庭一审判决毛某犯妨害信用卡管理罪，判处有期徒刑3年，并处罚金2万元。

案例解析

妨害信用卡管理罪是指违反国家信用卡管理法规，在信用卡的发行、使用等过程中，妨害国家对信用卡的管理活动，破坏信用卡管理秩序的行为。

妨害信用卡管理罪客观方面的表现，可以分为4种类型：一是明知是伪造的信用卡而持有、运输的，或者明知是伪造的空白信用卡而持有、运输，数量较大的；二是非法持有他人信用卡，数量较大的；三是使用虚假的身份证明骗领信用卡的；四是出售、购买、为他人提供伪造的信用卡或者以虚假的身份证明骗领的信用卡的。本罪的4种类型均只能由故意构成。

在本案中，毛某明明办理的是借记卡，为什么公诉机关会以妨害信用卡管理罪起诉他呢？妨害信用卡管理罪中所指的信用卡，与群众平时口中的信用卡不同。我国刑法规定的信用卡是指由商业银行或其他金融机构发行的具有消费支付、信用借贷、转账结算、存取现金等全部功能或部分功能的电子支付卡。所以，借记卡是刑法所规定的信用卡的一种，而毛某的所作所为属于使用虚假的身份证明骗领信用卡的情形，依法应当以妨害信用卡管理罪追究刑事责任。

法条链接

《中华人民共和国刑法》第一百七十七条之一　有下列情形之一，妨害信用卡管理的，处3年以下有期徒刑或者拘役，并处或者单处1万元以上10万元以下罚金；数量巨大或者有其他严重情节的，处3年以上10年以下有期徒刑，并处2万元以上20万元以下罚金：

（一）明知是伪造的信用卡而持有、运输的，或者明知是伪造的空白信用卡而持有、运输，数量较大的；

（二）非法持有他人信用卡，数量较大的；

（三）使用虚假的身份证明骗领信用卡的；

（四）出售、购买、为他人提供伪造的信用卡或者以虚假的身份证明骗领的信用卡的。

窃取、收买或者非法提供他人信用卡信息资料的，依照前款规定处罚。

银行或者其他金融机构的工作人员利用职务上的便利，犯第二款罪的，从重处罚。

案例24　非法经营罪

案情简介

2020年春，一场突如其来的新冠肺炎疫情波及全国。在疫情期间，因为多数企业停工停产，物价也有一定幅度的增长，企业可以在一定限度内对所售卖的产品进行涨价，但若是企业定价超过法律所规定的限度，便是破坏市场经济、扰乱市场秩序的行为。那么，企业该如何确定涨价幅度呢？超过幅度后企业的违法行为触及刑法的界限又应如何处理呢？犯罪嫌疑人张某、贾某系某大药房连锁公司的实际控制人，犯罪嫌疑人苏某、王某分别系该公司下属药店的店长。2020年1月21日，张某、贾某决定提高公司下属药店所售疫情防护用品、药品的价格，趁疫情防控之机牟取暴利，并通知各店店长执行。随后，该公司下属7家药店，大幅提高20余种疫情防护用品、药品的价格并对公众销售，其中将进价12元的口罩提价至128元，将疫情发生前售价2元的84消毒液提价至38元。从1月21日至1月27日仅6天时间内，非法经营额达100余万元，严重扰乱了当地的防疫秩序。

案例解析

在新冠肺炎疫情防控期间，违反国家有关市场经营、价格管理等规定，囤积居奇，哄抬疫情防控急需的口罩、护目镜、防护服、消毒液等防护用品、药品或者其他涉及民生的物品价格，牟取暴利，违法所得数额较大或者有其他严重情节，严重扰乱市场秩序，可以依照《中华人民共和国刑法》第二百二十五条第四项的规定，以非法经营罪定罪处罚。疫情防控期间，由于物资短缺，商家适当抬价本无可厚非，但在本案中，张某、贾某等人将12元的口罩提价至128元，将疫情发生前售价2元的84消毒液提价至38元，哄抬的比例达到了十几倍，数额甚大，远超于一般物品进价售价的抬价比例，仅在6天时间中非法经营额就超过100余万元。被告单位某大药房连锁公司和被告人张某、贾某等人在新冠肺炎疫情防控期间，违反国家有关市场经营、价格管理等规定，哄抬口罩价格，牟取暴利，扰乱市场秩序，情节严重，其行为均构成非法经营罪，应依法从严惩处。

法条链接

《中华人民共和国刑法》第二百二十五条　违反国家规定，有下列非法经营行为之一，扰乱市场秩序，情节严重的，处5年以下有期徒刑或者拘役，并处或者单处违法所得1倍以上5倍以下罚金；情节特别严重的，处5年以上有期徒刑，并处违法所得1倍以上5倍以下罚金或者没收财产：

（一）未经许可经营法律、行政法规规定的专营、专卖物品或者其他限制买卖的物品的；

（二）买卖进出口许可证、进出口原产地证明以及其他法律、行政法规规定的经营许可证或者批准文件的；

（三）未经国家有关主管部门批准非法经营证券、期货、保险业务的，或者非法从事资金支付结算业务的；

（四）其他严重扰乱市场秩序的非法经营行为。

案例25　故意伤害罪

案情简介

被告人黄某、林某甲、林某乙与同案人庄某甲、庄某乙、林某丙、林某丁（4名同案人均不满14周岁）及被害人陈某均系某校学生。其中，被告人与被害人均已满14周岁不满16周岁。某日下午，在该校一教室内，庄某甲与同班同学陈某（被害人）因互相涂笔油而发生纠纷。庄某甲为泄愤，与被告人黄某、林某甲、林某乙和同案人庄某乙、林某丙、林某丁在教室外走廊共同殴打陈某。后林某甲走进教室，乘陈某不备，从背后用陈某衣服上的帽子盖住陈某头部，并用力将陈某压在课桌上，林某乙、黄某与庄某乙、林某丙冲上前用拳头对陈某的后背部等处乱打后跑出教室。陈某被殴打后晕倒在地，黄某、林某甲、林某乙与同案人庄某乙、林某丙等人返回教室将陈某扶起，但发现陈某已无法坐立。之后，闻讯赶到教室的学校老师将陈某送往医院抢救。经抢救无效，陈某于第二日凌晨死亡。

案例解析

故意伤害罪，是指故意非法伤害他人身体并达到一定的严重程度、应受法律处罚的犯罪行为。该罪在客观方面表现为实施了非法损害他人身体的行为。损害他人身体的行为必须已造成了他人身体一定程度的损害，才能构成故意伤害罪。损害的严重程度有三种，即轻伤、重伤或死亡。如果没有达到伤害等级，则不能以故意伤害罪论处。伤害等级需要由有关侦查机关对被害人进行伤情鉴定才可以确定。

在本案中，黄某、林某甲、林某乙与庄某乙、林某丙共同殴打陈某，主要是用拳头打击陈某的后背部等处，从打击部位来看，这里并非要害部位。同时，该案的起因是同学之间互相涂笔油而产生的纠纷，黄某等人打陈某只是为了帮庄某甲泄愤而已，并非有杀人故意，最终由于打击过重发生了陈某致死的后果。法院经审理后认为，被告人黄某、林某甲、林某乙的行为已构成故意伤害罪，依法均应予以惩处。鉴于本案的死亡后果系 3 名被告人与 4 名同案人的加害行为与被害人自身的特殊体质相结合所致，系多因一果；3 名被告人犯罪时均已满 14 周岁不满 16 周岁，且归案后均能如实供述自己的罪行；3 名被告人的家属积极对被害人的家属进行赔偿，与被害人的家属达成调解协议，取得被害人家属的谅解；3 名被告人案发时均系在校学生，处于义务教育阶段，且系初犯、偶犯；3 名被告人归案后均有悔罪表现。法院依法减轻处罚，以故意伤害罪判处 3 名被告人有期徒刑 3 年，均宣告缓刑。

法条链接

《中华人民共和国刑法》第二百三十四条　故意伤害他人身体的，处 3 年以下有期徒刑、拘役或者管制。

犯前款罪，致人重伤的，处 3 年以上 10 年以下有期徒刑；致人死亡或者以特别残忍手段致人重伤造成严重残疾的，处 10 年以上有期徒刑、无期徒刑或者死刑。本法另有规定的，依照规定。

案例 26　非法拘禁罪

案情简介

一天，小汪出门闲逛遇到几个朋友，他们正要去找陈某讨债，好奇的他没有多想就兴冲冲地跟去了。几个人找到陈某后想尽办法也没有拿到钱，气急败坏之下对陈某拳脚相加。小汪看大家都动手了，觉得自己不打说不过去，也踹了陈某几脚。

为了逼迫陈某尽快还钱，当晚他们安排陈某住进宾馆，并叫小汪与另一名青年一起看住他，之后其他人就离开了。第二天一早，小汪起床才发现陈某已经逃走，但到此时他还没有意识到自己的行为已经触犯法律，仍然和朋友一起来到陈某岳父家寻找陈某继续要钱。陈某岳父当即报警，派出所民警赶到将小汪等人带走。

经鉴定，被害人陈某的损伤属人体轻微伤，小汪因非法拘禁他人被提起公诉。在审理过程中，法院少年庭的法官考虑到小汪在犯罪时已满 16 周岁未满 18 周岁，是一名在读学生，判决实刑可能会对他的学业及前途造成影响，并且其主观恶性较小，本着惩罚与教育相结合的原则，法院判处小汪拘役 5 个月，缓刑 6 个月。“当时没有事情做，就想一起去看看而已”，谈起自己的犯罪经过，站在被告席上的小汪后悔地低下了头，他想不到自己的一次“帮忙”，竟然有这么严重的后果。

案例解析

我国宪法规定，中华人民共和国公民的人身自由不受侵犯。任何公民，非经人民检察院批准或者决定，或者人民法院决定，并由公安机关执行，不受逮捕。禁止非法拘禁和以其他方法非法剥夺或者限制公民的人身自由。

非法拘禁罪，是指以拘押、禁闭或者其他强制方法，非法剥夺他人人身自由的犯罪行为。非法拘禁罪侵犯的客体是他人的身体自由权。所谓身体自由权，是指以身体的动静举止不受非法干预为内容的人格权，即在法律范围内按照自己的意志决定自己身体行动的自由权利。公民的身体自由，是公民正常工作、生产、生活和学习的保证，失去身体自由，就失去了从事一切正常活动的可能。

非法拘禁罪客观上表现为以拘押、禁闭或其他强制方法非法剥夺他人身体自由的行为。概括起来可分为两类：一类是直接拘束人的身体，剥夺其身体活动自由，如捆绑；另一类是间接拘束人的身体，剥夺其身体活动自由，即将人监禁于一定场所，使其不能或明显难以离开、逃出。

非法剥夺他人人身自由是一种持续行为，即该行为在一定时间内处于继续状态，使他人在一定时间内失去身体自由。时间持续的长短不影响非法拘禁罪的成立，只影响量刑。但时间过短、瞬间性的剥夺人身自由的行为，则难以被认定为非法拘禁罪。

在本案中，为索要高利贷，小汪伙同他人共同非法剥夺陈某人身自由并具有殴打情节，其行为已构成非法拘禁罪。法院结合相关的量刑情节后判处小汪拘役 5 个月，缓刑 6 个月。

法条链接

《中华人民共和国刑法》第二百三十八条　非法拘禁他人或者以其他方法非法剥夺他人人身自由的，处3年以下有期徒刑、拘役、管制或者剥夺政治权利。具有殴打、侮辱情节的，从重处罚。

犯前款罪，致人重伤的，处3年以上10年以下有期徒刑；致人死亡的，处10年以上有期徒刑。使用暴力致人伤残、死亡的，依照本法第二百三十四条、第二百三十二条的规定定罪处罚。

为索取债务非法扣押、拘禁他人的，依照前两款的规定处罚。

国家机关工作人员利用职权犯前三款罪的，依照前三款的规定从重处罚。

案例27　侵犯公民个人信息罪

案情简介

2016年年初，被告人章某来到广东省河源市，通过互联网非法购买了学生个人信息12 555条。2016年3月至4月，被告人章某先后雇用被告人汪某等3人，在出租房内通过拨打章某事先从网上购买的学生个人信息上的家长联系电话，冒充“学校教务处”“教育局”工作人员，以获取国家教育补贴款为由，诱骗学生家长持银行卡到ATM机上将钱转账至章某掌控的银行账户。至章某等人被查获时，他们共拨打诈骗电话4 392人次，骗取11.62万元。2016年4月期间，被告人章某还伙同他人利用同样的手段实施诈骗行为，至被查获时，共拨打诈骗电话807人次，骗取他人钱财近3 000元。检察院于2016年6月3日以涉嫌诈骗罪、侵犯公民个人信息罪对章某、汪某等人批准逮捕。此案提起公诉后，2016年12月14日，法院作出一审判决，以诈骗罪、侵犯公民个人信息罪判处被告人章某有期徒刑5年，并处罚金人民币3.8万元；其他3名被告人以诈骗罪分别被判处2年零9个月至1年不等有期徒刑，并处罚金。

案例解析

随着现代通信技术和互联网技术的快速发展，公民个人信息在传播时往往被不法分子大量窃取、利用，催生电信网络诈骗等关联犯罪，严重威胁公民人身安全、财产安全和社会管理秩序。侵犯公民个人信息罪的行为对象是公民个人信息，包括公民的姓名、年龄、有效证件号码、婚姻状况、工作单位、学历、履历、家庭住址、电话号码等能够识别公民个人身份或者涉及公民个人隐私的信息、数据资料。侵犯公民个人信息罪包括三种行为类型：第一种类型是违反国家有关规定，向他人出售或者提供公民个人信息；第二种类型是违反国家有关规定，将在履行职责或者提供服务过程中获得的公民个人信息，出售或者提供给他人；第三种类型是窃取或者以其他方法非法获取公民个人信息。凡是非法获得公民个人信息的行为，均属于“以其他方法非法获取”，如购得、骗取、夺取等。上述三种类型的行为，均要求情节严重。如对于将获得的公民个人信息出售或者非法提供给他人，被他人用以实施犯罪，造成被害人人身伤害或者死亡，或者造成重大经济损失、恶劣社会影响的；出售、非法提供公民个人信息数量较大，或者违法所得数额较大的；窃取或者以购买等方法获取公民个人信息数量较大，或者违法所得数额较大，或者造成其他严重后果的，均应当认定为情节严重。

在本案中，章某等人通过互联网购买学生个人信息，冒充学校及教育局工作人员拨打学生家长电话，以获取国家教育补贴款为幌子，骗取家长钱财，这不仅侵犯了学生及其家长的个人信息安全和财产安全，还破坏了学校的正常教学秩序和教育部门的声誉，社会危害极大。因此，国家对该类侵犯公民个人信息的行为予以打击是非常及时且必要的。

法条链接

《中华人民共和国刑法》第二百五十三条之一　违反国家有关规定，向他人出售或者提供公民个人信息，情节严重的，处3年以下有期徒刑或者拘役，并处或者单处罚金；情节特别严重的，处3年以上7年以下有期徒刑，并处罚金。

违反国家有关规定，将在履行职责或者提供服务过程中获得的公民个人信息，出售或者提供给他人的，依照前款的规定从重处罚。

窃取或者以其他方法非法获取公民个人信息的，依照第一款的规定处罚。

单位犯前三款罪的，对单位判处罚金，并对其直接负责的主管人员和其他直接责任人员，依照各该款的规定处罚。

案例28　入户抢劫

案情简介

被告人李某、王某为谋财，于某日晚携带水果刀及绳索等作案工具，窜至某镇一便利店。进入便利店后，李某使用随身携带的水果刀割伤被害人魏某的左前颈部，后两被告人合力将魏某摁倒在地。当见魏某逐渐失去反抗能力但仍有气息时，两被告人又找来胶带并由王某用胶带捆扎封堵住魏某的口鼻部，致其窒息死亡。在此过程中，李某对该便利店内的房间逐一进行搜索，搜到现金1万多元。之后，两被告人清扫现场，并将被害人沉尸于便利店后的池塘中，然后逃离现场。

法院经审理后认为，被告人李某、王某的行为均已构成抢劫罪，且系入户抢劫，并造成了受害人死亡的严重后果，依法均应予以惩罚。同时鉴于被告人李某犯罪时已满14周岁不满16周岁，被告人王某犯罪时已满16周岁不满18周岁，且归案后均能如实供述自己的罪行，均依法予以从轻处罚。最终，法院依法以抢劫罪分别判处李某、王某有期徒刑15年，并处罚金2 000元。

案例解析

抢劫罪，是以非法占有为目的，对财物的所有人、保管人当场使用暴力、胁迫或其他方法，强行将公私财物抢走的行为。抢劫罪虽然是侵犯财产的犯罪，但同时具有侵害他人生命、身体、自由的性质。这既是抢劫罪区别于其他财产犯罪的重要标志，又使抢劫罪成为财产罪中最严重的犯罪。

抢劫罪的构成要件是当场使用暴力、胁迫或者其他强制方法，强取公私财物。所谓暴力方法，是指行为人对被害人的身体施以打击或强制，借以排除被害人的反抗，从而劫取他人财物的行为。如殴打、捆绑、伤害、禁闭等，只要行为足以压制受害人的反抗即可。所谓胁迫方法，是指行为人对被害人以当场实施暴力相威胁，进行精神强制，从而使其产生恐惧而不敢反抗，任由行为人抢走财物或者被迫交出财物的行为。其他方法，是指暴力、胁迫以外的造成被害人不能反抗的强制方法。最典型的是行为人采用药物、酒精使被害人暂时丧失自由意志，然后劫走财物。抢劫罪的主观方面表现为直接故意，并具有非法占有公私财物的目的。

在本案中，李某、王某合谋以非法占有为目的，进入他人的封闭空间——便利店，当场采用暴力手段强取他人财物致人死亡，其行为构成了抢劫罪的共同犯罪，且系入户抢劫。

法条链接

《中华人民共和国刑法》第二百六十三条　以暴力、胁迫或者其他方法抢劫公私财物的，处3年以上10年以下有期徒刑，并处罚金；

有下列情形之一的，处10年以上有期徒刑、无期徒刑或者死刑，并处罚金或者没收财产：

（一）入户抢劫的；

（二）在公共交通工具上抢劫的；

（三）抢劫银行或者其他金融机构的；

（四）多次抢劫或者抢劫数额巨大的；

（五）抢劫致人重伤、死亡的；

（六）冒充军警人员抢劫的；

（七）持枪抢劫的；

（八）抢劫军用物资或者抢险、救灾、救济物资的。

案例 29　猥亵儿童罪

案情简介

被告人骆某使用化名，通过 QQ 软件将 13 岁女童小羽加为好友。聊天中得知小羽系初二学生后，骆某仍通过言语恐吓，向其索要裸照。在被害人拒绝并在 QQ 好友中将其删除后，骆某又通过小羽的校友周某对其施加压力，再次将小羽加为好友。同时骆某还虚构“李某”的身份，注册另一 QQ 号并添加小羽为好友。之后，骆某利用“李某”的身份在 QQ 聊天中对小羽进行威胁恐吓，同时利用周某继续施压。小羽被迫按照要求自拍裸照 10 张，通过 QQ 软件传送给骆某观看。后骆某又以在网络上公布小羽裸照相威胁，要求与其见面并在宾馆开房，企图实施猥亵行为。小羽向公安机关报案，骆某在依约前往宾馆途中被抓获。

案例解析

猥亵儿童罪，是指以淫秽下流的手段猥亵不满 14 周岁儿童的行为。刑法没有对猥亵儿童的具体方式作出列举，只要行为人主观上以满足性刺激为目的，客观上实施了猥亵儿童的行为，侵害了特定儿童人格尊严和身心健康的，即应当认定构成猥亵儿童罪。在网络环境下，以满足性刺激为目的，虽未直接与被害儿童进行身体接触，但是通过 QQ、微信等网络软件，以诱骗、强迫或者其他方法要求儿童拍摄、传送暴露身体的不雅照片、视频，行为人通过画面看到被害儿童裸体、敏感部位的，是对儿童人格尊严和心理健康的严重侵害，与实际接触儿童身体的猥亵行为具有相同的社会危害性，应当认定构成猥亵儿童罪。法院经审理认为，被告人骆某以寻求性刺激为目的，通过网络聊天对不满 14 周岁的女童进行言语威胁，强迫被害人按照要求自拍裸照供其观看，已构成猥亵儿童罪（既遂），依法判决认定被告人骆某犯猥亵儿童罪，判处有期徒刑 2 年。

法条链接

《中华人民共和国刑法》第二百三十七条　以暴力、胁迫或者其他方法强制猥亵他人或者侮辱妇女的，处5年以下有期徒刑或者拘役。

聚众或者在公共场所当众犯前款罪的，或者有其他恶劣情节的，处5年以上有期徒刑。

猥亵儿童的，处5年以下有期徒刑；有下列情形之一的，处5年以上有期徒刑：

（一）猥亵儿童多人或者多次的；

（二）聚众猥亵儿童的，或者在公共场所当众猥亵儿童，情节恶劣的；

（三）造成儿童伤害或者其他严重后果的；

（四）猥亵手段恶劣或者有其他恶劣情节的。

案例30　代替考试罪

案情简介

2015年12月26日，2016年全国硕士研究生考试上海东华大学考点内，监考人员在核对考生身份信息时，发现考生“余某”的相貌与其提供的身份证照片不相符，便将此情况通知了学校考务办。在上午场考试结束后，当监考老师再次质疑“余某”的身份时，忐忑不安的李某因无法说清“余某”的基本情况，承认自己是替考的“枪手”。

考务办遂将李某交由公安机关处理。经查，替考者李某与被替考者余某素未谋面，两人是通过中间人张某达成了此笔“交易”。原来，张某的亲戚余某想让自己的孩子在上海求学，但因为居住证积分的问题需要学位，便想着参加全国硕士研究生考试，可是余某本人又不愿去考。为了帮亲戚的忙，张某找到硕士毕业的李某，游说其代替余某参加2016年全国硕士研究生考试，并承诺事成后给予其好处费2 000元。李某答应了张某的要求，在规定时间内至考试指定地点确认了身份信息并拍了照片，并在互联网上将印有李某照片的准考证打印出来。然而，考试当天，替考的事实终究还是败露了。法院鉴于李某主动投案且如实供述自己的罪行，系自首，依法可从轻处罚。结合本案的犯罪情节、被告人的犯罪情节及认罪悔罪态度，法院认为李某可适用缓刑。最终法院作出一审判决，判处被告人李某拘役2个月，缓刑2个月，并处罚金5 000元。

案例解析

替考是一种冒充他人身份代替他人参加考试、弄虚作假的行为。替考行为破坏了考试的公平竞争规则，与考试的宗旨和功能相违背，严重违反了国家相关考试管理制度，破坏了社会公平诚信的基本原则，使国家教育考试制度形同虚设，属于一种严重妨害社会管理秩序的行为，必须坚决杜绝和予以严惩。以往对于考试作弊，最多只能依法给予一定行政处罚，不足以形成有效打击和震慑效果。2015年《刑法修正案（九）》将“组织考生作弊”和“替考”等考试作弊行为作为犯罪规定到刑法之中，在《中华人民共和国刑法》第二百八十四条后面增加了“第二百八十四条之一”规定，新增加了“组织考试作弊罪”“代替考试罪”等罪名。依据这条规定，代替考试罪的犯罪主体包括代替他人考试者和让他人代替自己参加考试者两大类，替考者和被替考者都可以成为该罪的犯罪主体。本罪的行为内容包括替考者冒充身份代他人考试的行为，也包括要考试者让他人冒充自己身份替代考试的行为。即无论是“枪手”的替考行为，还是本要参加考试者让他人替考的行为，都属于我国刑法要处罚的代替考试犯罪行为。本罪的法定刑为拘役或者管制，并处或者单处罚金，即最高可以判处拘役6个月并处罚金的刑罚。由于我国《刑法修正案（九）》于2015年11月1日正式开始实施。所以，只有从2015年11月1日以后实施的替考行为，才应该作为犯罪处理。

在本案中，李某代替考试案案发于2015年12月，属于《刑法修正案（九）》施行后应当依法定罪量刑的行为。其代替他人参加法律规定的国家考试，行为已经触犯刑律，构成代替考试罪，遂被依法追究刑事责任。

法条链接

《中华人民共和国刑法》第二百八十四条　在法律规定的国家考试中，组织作弊的，处3年以下有期徒刑或者拘役，并处或者单处罚金；情节严重的，处3年以上7年以下有期徒刑，并处罚金。

为他人实施前款犯罪提供作弊器材或者其他帮助的，依照前款的规定处罚。

为实施考试作弊行为，向他人非法出售或者提供第一款规定的考试的试题、答案的，依照第一款的规定处罚。

代替他人或者让他人代替自己参加第一款规定的考试的，处拘役或者管制，并处或者单处罚金。

案例31　帮助信息网络犯罪活动罪

案情简介

被告人高某在校期间通过微信自助解封功能帮助他人解封微信账号兼职赚钱，并于2019年11月成立“工作室”，专门帮助他人解封微信账号。刚开始，高某按照客户要求添加对方微信，过了一段时间，对方要求其解封该微信账号，在操作中，系统提示该微信号涉嫌诈骗，虽然他当时有顾虑，但还是进行了解封操作，并收到了人生“第一桶金”，让他欣喜不已。随后，高某用于解封微信账号收款的银行卡因涉嫌诈骗被查封，他才意识到自己可能违法，但仍抱着侥幸心理，后来还成立了“工作室”，招募了许多在校大学生、高中生，包括其女朋友张某，专门帮助他人解封微信账号。高某伙同女友张某在明知他人利用微信进行诈骗等犯罪活动的情况下，仍指使“工作室”成员以“预加好友”和“人脸解封”的方式先后多次为多名诈骗犯罪嫌疑人提供微信账户解封帮助。截至案发，“工作室”相继解封了 3 315 个诈骗微信账号，这些微信号涉及诈骗案件 300 多个，其中有立案的 12 起诈骗案件被害人被骗总金额高达 96 万余元。法院最终以帮助信息网络犯罪活动罪判处被告人高某有期徒刑 1 年 6 个月并处罚金 1 万元，被告人张某有期徒刑 1 年 2 个月并处罚金 1 万元。

案例解析

互联网的迅猛发展为人们的生活带来了便利，同时信息网络犯罪也大肆猖獗。帮助信息网络犯罪活动罪作为一种新类型犯罪，案件受理数量呈上升趋势。犯罪嫌疑人往往有这样的侥幸心理：我仅仅是做创业或者兼职的，并没有参与到直接犯罪中去，不会触犯法律。然而这种狡辩，无法为其“助纣为虐”的行为脱罪。高某明知他人利用信息网络实施犯罪，仍伙同女友为他人犯罪提供技术支持等帮助，情节严重，已构成帮助信息网络犯罪活动罪。

高某的女友张某因为盲目的“爱情”走上了犯罪道路。如今不仅学业将被终止，自己的“教师梦”也被自己亲手毁灭，父母还要为自己的过错进行赔偿，值得所有青年学生反思。

法条链接

《中华人民共和国刑法》第二百八十七条第二款　明知他人利用信息网络实施犯罪，为其犯罪提供互联网接入、服务器托管、网络存储、通讯传输等技术支持，或者提供广告推广、支付结算等帮助，情节严重的，处 3 年以下有期徒刑或者拘役，并处或者单处罚金。

案例 32　编造虚假恐怖信息罪

案情简介

2014 年 2 月 12 日凌晨 2 时许，被告人张某与父亲发生争吵，为发泄对父亲的不满情绪，在网吧编造了“明天上午 12 点上海南站将会有颗炸弹爆炸”的虚假信息，并通过电子邮件的方式将该虚假信息发送至上海市公安局网上报警平台局长信箱。同日16时许，被告人张某又拨打上海市公安局“110”指挥中心的电话，再次编造“上海南站有炸弹，今晚会爆炸”的虚假信息，导致公安机关出动大批警力，在上海南站范围内开展排查，紧急疏散旅客600余人次，严重扰乱了公共秩序。

被告人张某编造爆炸威胁等虚假恐怖信息，严重扰乱社会秩序，其行为已构成编造虚假恐怖信息罪。被告人张某犯罪时已满16周岁不满18周岁，且张某到案后如实供述自己的罪行，依法应当从轻处罚。依照刑法有关规定，法院认定被告人张某犯编造虚假恐怖信息罪，判处其有期徒刑1年，缓刑1年。

案例解析

编造虚假恐怖信息罪在客观方面表现为编造爆炸威胁、生化威胁、放射威胁等恐怖信息，或者明知是编造的恐怖信息而故意传播，严重扰乱社会秩序的行为。所谓编造，是指凭空捏造、胡编乱造，其结果是产生虚假的即与事实不符的信息。所谓传播，是指采取各种方式将恐怖信息广泛加以宣扬、散布，以让公众知道。如只是在个别亲友之间加以议论，没有广泛宣扬、散布的，则不能构成本罪。至于编造、传播方式，可多种多样。有的采取口头方式，有的采取书面方式，如报纸、书籍、杂志、布告、标语、广告、信件等，有的采用电话、电视、电影、录音、录像、互联网、手机短信、传真等信息传播手段。无论其方式如何，只要是将并不存在的恐怖信息编造出来或者传播出去，让不特定的公众知道，引起了恐慌，扰乱了社会秩序，即可构成本罪。

法条链接

《中华人民共和国刑法》第二百九十一条之一　投放虚假的爆炸性、毒害性、放射性、传染病病原体等物质，或者编造爆炸威胁、生化威胁、放射威胁等恐怖信息，或者明知是编造的恐怖信息而故意传播，严重扰乱社会秩序的，处5年以下有期徒刑、拘役或者管制；造成严重后果的，处5年以上有期徒刑。

编造虚假的险情、疫情、灾情、警情，在信息网络或者其他媒体上传播，或者明知是上述虚假信息，故意在信息网络或者其他媒体上传播，严重扰乱社会秩序的，处3年以下有期徒刑、拘役或者管制；造成严重后果的，处3年以上7年以下有期徒刑。

《最高人民法院关于审理编造、故意传播虚假恐怖信息刑事案件适用法律若干问题的解释》第一条　编造恐怖信息，传播或者放任传播，严重扰乱社会秩序的，依照刑法第二百九十一条之一的规定，应认定为编造虚假恐怖信息罪。

明知是他人编造的恐怖信息而故意传播，严重扰乱社会秩序的，依照刑法第二百九十一条之一的规定，应认定为故意传播虚假恐怖信息罪。

第二条　编造、故意传播虚假恐怖信息，具有下列情形之一的，应当认定为刑法第二百九十一条之一的“严重扰乱社会秩序”：

（一）致使机场、车站、码头、商场、影剧院、运动场馆等人员密集场所秩序混乱，或者采取紧急疏散措施的；

（二）影响航空器、列车、船舶等大型客运交通工具正常运行的；

（三）致使国家机关、学校、医院、厂矿企业等单位的工作、生产、经营、教学、科研等活动中断的；

（四）造成行政村或者社区居民生活秩序严重混乱的；

（五）致使公安、武警、消防、卫生检疫等职能部门采取紧急应对措施的；

（六）其他严重扰乱社会秩序的。

案例 33　聚众斗殴罪

案情简介

被告人孙某（某校高一学生）的朋友马某（某职业学校一年级学生）与同班同学李某因琐事发生矛盾。某日下午，被告人孙某与李某电话，要求李某向马某赔礼道歉，双方言语不和，进而在电话中约定于当日 17 时 30 分在某职业学校附近斗殴。当日 18 时许，孙某及其纠集的多名同学在该职业学校宿舍区附近，与李某及其纠集的多名同学持械斗殴。其间，孙某持皮带、一人持刀并有多人持棍将李某等人打伤，致李某轻伤，另 6 人轻微伤。随后孙某被公安机关抓获。在诉讼过程中，经法院调解，被告人孙某及其法定代理人与本案各被害人自愿达成调解协议，孙某赔偿李某等被害人医疗费、护理费、后续治疗费等各项经济损失共计人民币 34 800 元，各被害人对孙某均表示谅解。鉴于被告人孙某犯罪时未成年，系初犯，积极赔偿被害人的经济损失，并得到被害人的谅解，且如实供述犯罪事实，认罪态度较好，法院对其依法减轻处罚并适用缓刑，判决其犯聚众斗殴罪，判处其有期徒刑 2 年 6 个月，缓刑 3 年。

案例解析

扰乱社会秩序犯罪是未成年人犯罪的主要类型之一，主要有聚众斗殴罪和寻衅滋事罪两种。聚众斗殴罪的客观方面表现为纠集众人结伙殴斗的行为。聚众斗殴主要是指出于私仇、争霸或者其他不正当目的而成伙结帮地殴斗。聚众一般是指人数众多，至少不得少于 3 人；斗殴，是指采用暴力相互搏斗，但使用暴力的方式各有所别。聚众斗殴多表现为流氓团伙之间互相殴斗，或为争夺势力范围，或为哥们“出气”，或为争夺女朋友，等等。

总之是要显示自己一伙人的“威风”“煞气”，压倒对方，置公共秩序于不顾。他们少则几人、十几人，多则几十人、上百人，往往约定时间、地点，拿刀动棒，大打出手，而且往往造成伤亡和社会秩序的混乱，是一种严重影响社会公共秩序的恶劣的犯罪行为。

在本案中，被告人孙某在公共场所纠集多人持械斗殴且系首要分子，其行为已构成聚众斗殴罪，因此法院依法对其予以惩处。

法条链接

《中华人民共和国刑法》第二百九十二条　聚众斗殴的，对首要分子和其他积极参加的，处3年以下有期徒刑、拘役或者管制；有下列情形之一的，对首要分子和其他积极参加的，处3年以上10年以下有期徒刑：

（一）多次聚众斗殴的；

（二）聚众斗殴人数多，规模大，社会影响恶劣的；

（三）在公共场所或者交通要道聚众斗殴，造成社会秩序严重混乱的；

（四）持械聚众斗殴的。

聚众斗殴，致人重伤、死亡的，依照本法第二百三十四条、第二百三十二条的规定定罪处罚。

案例34　寻衅滋事罪

案情简介

2017年2月28日15时至22时期间，某职业学院的女生朱某伙同另外4名女生在学校女生宿舍楼内，采取恶劣手段，无故殴打、辱骂2名女生。其间，5名女被告人还脱掉1名被欺凌女同学的衣服予以羞辱，并用手机拍摄了羞辱、殴打视频，事后在自己的微信群内小范围传播。其中1名被害人，当天先后被殴打了3次。经鉴定，2名被害人均构成轻微伤，其中1名被害人精神抑郁，无法正常生活、学习。2017年11月2日，法院对这起校园欺凌案进行宣判。鉴于5名被告人实施犯罪时均未满18周岁，在被羁押后均能如实供述自己罪行，5名被告人的父母积极赔偿被害人的经济损失，且取得了被害人的谅解，法院依法对5名被告人从轻处罚。被告人朱某犯寻衅滋事罪，判处有期徒刑1年；其他4名被告人亦犯寻衅滋事罪，分别判处有期徒刑11个月。

案例解析

校园欺凌是一个严肃且严重的社会问题，它和学生之间开玩笑、闹矛盾是不同的。欺凌者的欺凌行为具有长期性、隐秘性、双方强弱关系不对等等主要特征。直接欺凌表现为语言、肢体等方式的攻击，而间接欺凌则表现为排斥、孤立、散布谣言等。欺凌行为不同于普通的打架，它是恶性的、恶意的，出发点就是以强凌弱、以大欺小，使欺凌者从中得到一些快感。寻衅滋事罪，是指肆意挑衅，随意殴打、骚扰他人，任意损毁、占用公私财物，在公共场所起哄闹事等严重破坏社会秩序的行为。寻衅滋事犯罪多发生在公共场所，常常给公民的人身、人格或公私财产造成损害。本案属于较为典型的未成年人寻衅滋事犯罪案件，具有偶然性与随意性、团伙化与组织化等特点，被告人朱某伙同另外 4 名被告人无故随意殴打他人、辱骂他人，情节恶劣，造成 2 名被害人轻微伤，其中 1 名被害人精神抑郁。5 名被告人的行为已经侵犯了公民的人身权利，严重影响公民的正常生活，破坏了社会秩序，构成寻衅滋事罪，且系共同犯罪，依法应予惩处。

法条链接

《中华人民共和国刑法》第二百九十三条　有下列寻衅滋事行为之一，破坏社会秩序的，处 5 年以下有期徒刑、拘役或者管制：

（一）随意殴打他人，情节恶劣的；

（二）追逐、拦截、辱骂、恐吓他人，情节恶劣的；

（三）强拿硬要或者任意损毁、占用公私财物，情节严重的；

（四）在公共场所起哄闹事，造成公共场所秩序严重混乱的。

纠集他人多次实施前款行为，严重破坏社会秩序的，处 5 年以上 10 年以下有期徒刑，可以并处罚金。

案例 35　参加黑社会性质组织罪

案情简介

被告人蔡某纠集被告人蓝某、被告人黄某、被告人何某带领各自势力范围的人员共 12 人（12 人均不满 18 周岁）联合组成“联盟”，通过替人打架及在多所中学收取保护费的方式获取经济来源，长期实施聚众斗殴、寻衅滋事、敲诈勒索等违法犯罪活动，逐渐形成了组织成员较为固定、称霸一方的黑社会性质组织。蔡某、蓝某为该黑社会性质组织领导者，陆某等多名未成年人为参加者。参加成员相对固定、层级明确，沟通由上到下、犯罪分工默契，互为纠合、互为支撑，违法犯罪活动范围相对集中，犯罪指向对象相对明确，即拉拢、强迫在校学生加入组织、交纳保护费用，有组织、有准备地进行聚众斗殴、寻衅滋事、故意伤害、敲诈勒索等违法活动，严重扰乱社会治安及校园安全，造成恶劣的社会影响。法院根据各被告人在组织中的地位、作用，同时考虑到陆某等12人犯罪时均不满18周岁，分别判处12名被告人8个月至2年3个月不等的有期徒刑，并处罚金。

案例解析

未成年人涉黑犯罪作为一种特殊的有组织犯罪形式，其社会危害大、持续时间长、涉及范围广泛，对家庭生活、社会秩序及国家健康发展有着更深、更远的损害。

根据《刑法修正案（八）》，黑社会性质组织应当同时具备以下特征：一是形成较稳定的犯罪组织，人数较多，有明确的组织者、领导者，骨干成员基本固定；二是有组织地通过违法犯罪活动或者其他手段获取经济利益，具有一定的经济实力，以支持该组织的活动；三是以暴力、威胁或者其他手段，有组织地多次进行违法犯罪活动，为非作恶，欺压、残害群众；四是通过实施违法犯罪活动，或者利用国家工作人员的包庇或者纵容，称霸一方，在一定区域或者行业内，形成非法控制或者重大影响，严重破坏经济、社会生活秩序。未成年涉黑犯罪主要是从事敲诈勒索、寻衅滋事、聚众斗殴等违法犯罪活动。

本案中的“联盟”就符合黑社会性质组织的特征，被告人的行为均已构成参加黑社会性质组织罪、寻衅滋事罪、故意伤害罪以及敲诈勒索罪。

法条链接

《中华人民共和国刑法》第二百九十四条　组织、领导黑社会性质的组织的，处7年以上有期徒刑，并处没收财产；积极参加的，处3年以上7年以下有期徒刑，可以并处罚金或者没收财产；其他参加的，处3年以下有期徒刑、拘役、管制或者剥夺政治权利，可以并处罚金。第四款规定，犯前三款罪又有其他犯罪行为的，依照数罪并罚的规定处罚。

《最高人民法院关于审理黑社会性质组织犯罪的案件具体应用法律若干问题的解释》第三条　组织、领导、参加黑社会性质的组织又有其他犯罪行为的，根据刑法第二百九十四条第三款的规定，依照数罪并罚的规定处罚；对于黑社会性质组织的组织者、领导者，应当按照其所组织、领导的黑社会性质组织所犯的全部罪行处罚；对于黑社会性质组织的参加者，应当按照其所参与的犯罪处罚。

对于参加黑社会性质的组织，没有实施其他违法犯罪活动的，或者受蒙蔽、胁迫参加黑社会性质的组织，情节轻微的，可以不作为犯罪处理。

案例36 贩卖、运输毒品罪

 案情简介

被告人郭某荣（17周岁）经被告人郭某辉（17周岁）介绍，一同乘车至福建省惠安县一KTV附近。郭某荣以500元的价格向他人购买1包重约16克的氯胺酮（俗称“K粉”），并与郭某辉一同带至泉州市泉港区。途中，郭某荣从购买的氯胺酮中取出一小部分供郭某辉吸食。后郭某荣将氯胺酮分成80小包，并将其中的50小包分别售卖，共得人民币900元。6日后，郭某荣被抓获，公安机关在其乘坐的轿车上扣押氯胺酮11包（共2.16克）及人民币187元。

法院经审理后认为，郭某辉明知郭某荣在贩卖毒品，仍居间介绍其购买并共同运输氯胺酮16克，而郭某荣则将其中部分氯胺酮多次贩卖给他人，郭某荣、郭某辉的行为均已构成贩卖、运输毒品罪，系共同犯罪，且郭某荣的行为属情节严重。郭某荣、郭某辉犯罪时已满16周岁未满18周岁，依法应当从轻或减轻处罚。郭某荣、郭某辉如实供述自己的罪行且自愿认罪，依法可以从轻处罚。郭某荣家属代为退回违法所得，可酌情对郭某荣从轻处罚。法院依照刑法有关规定，判决被告人郭某荣犯贩卖、运输毒品罪，判处有期徒刑1年6个月，缓刑2年，并处罚金人民币1 000元；被告人郭某辉犯贩卖、运输毒品罪，判处有期徒刑7个月，缓刑1年，并处罚金人民币500元。

? 案例解析

近年来，一些在读的学生因交友不慎误吸毒品，或出于好奇吸食毒品，从而染上毒瘾。由于缺少稳定的资金来源，在生活费花完后，他们容易铤而走险去筹集资金，想方设法获取毒品，最终走上犯罪道路。

走私、贩卖、运输、制造毒品罪，是指明知是毒品而故意实施走私、贩卖、运输、制造的行为。本罪的对象是毒品。根据法律规定，毒品是指鸦片、海洛因、甲基苯丙胺（冰毒）、吗啡、大麻、可卡因以及国务院规定管制的其他能够使人形成瘾癖的麻醉药品和精神药品。本罪的主体是一般主体，已满14周岁未满16周岁的未成年人贩卖毒品的，应当负刑事责任；对于走私、运输、制造毒品犯罪，只有达到16周岁才负刑事责任；对于被利用、教唆、胁迫参加贩卖毒品犯罪活动的已满14周岁不满16周岁的人，一般可以不追究其刑事责任。

在本案中，郭某辉明知郭某荣在贩卖毒品，仍居间介绍其购买并共同运输氯胺酮16克，且郭某荣将其中部分氯胺酮多次贩卖给他人，郭某荣、郭某辉的行为均已构成贩卖、

运输毒品罪。

法条链接

《中华人民共和国刑法》第三百四十七条　走私、贩卖、运输、制造毒品，无论数量多少，都应当追究刑事责任，予以刑事处罚。

走私、贩卖、运输、制造毒品，有下列情形之一的，处15年有期徒刑、无期徒刑或者死刑，并处没收财产：

（一）走私、贩卖、运输、制造鸦片1千克以上、海洛因或者甲基苯丙胺50克以上或者其他毒品数量大的；

（二）走私、贩卖、运输、制造毒品集团的首要分子；

（三）武装掩护走私、贩卖、运输、制造毒品的；

（四）以暴力抗拒检查、拘留、逮捕，情节严重的；

（五）参与有组织的国际贩毒活动的。

走私、贩卖、运输、制造鸦片200克以上不满1千克、海洛因或者甲基苯丙胺10克以上不满50克或者其他毒品数量较大的，处7年以上有期徒刑，并处罚金。

走私、贩卖、运输、制造鸦片不满200克、海洛因或者甲基苯丙胺不满10克或者其他少量毒品的，处3年以下有期徒刑、拘役或者管制，并处罚金；情节严重的，处3年以上7年以下有期徒刑，并处罚金。

单位犯第二款、第三款、第四款罪的，对单位判处罚金，并对其直接负责的主管人员和其他直接责任人员，依照各该款的规定处罚。

利用、教唆未成年人走私、贩卖、运输、制造毒品，或者向未成年人出售毒品的，从重处罚。

对多次走私、贩卖、运输、制造毒品，未经处理的，毒品数量累计计算。

案例37　容留他人吸毒罪

案情简介

小丽、小馨和小红是很要好的朋友，3人都没有正式职业。小丽的生日那天，为了能让生日过得刺激、够酷，小丽和姐妹们竟想出了用吸食毒品来庆祝生日的方式，她们还邀请了3个男孩一起来“分享”毒品。其间，6个人一起吸食了冰毒。第二天凌晨，小丽被公安机关抓获，小馨和小红也很快落网。据小丽交代，吸食冰毒是她们早就计划好的庆贺生日的方式。几人以前也偶尔吸食毒品，这次过生日，“分享”毒品更是不可或缺的一种“交流方式”，也是一种“酷”的表现。检察院以容留他人吸毒罪，对3人提起公诉。该案承办检察官呼吁，青少年需要社会和家长给予正确的引导和教育，树立正确的行为方式和生活观念，让他们认识到哪些行为和生活方式是有害的。特别是吸毒，对人体危害巨大，是不能和“酷”“拽”相联系的。本案经法院审理，3名被告人容留他人吸毒罪成立，分别判处拘役5个月。

案例解析

吸毒也称“药物滥用”，是指出于非医疗目的，通过注射、口服、鼻吸或其他方式将毒品摄入人体的行为。青少年正处于生理、心理发育时期，心理防线较弱、好奇心强，是非判断能力、行为自控能力有待进一步提高，受同伴影响大。不法分子利用青少年的特点，常采用引诱、胁迫等手段，利用不良信息刺激，促使青少年盲目模仿。对毒品的危害性和吸毒的违法性缺乏认识，使得青少年成为易受毒品侵袭的人群。

我国刑法规定了走私、贩卖、运输、制造毒品罪，没有规定吸毒罪，根据《中华人民共和国治安管理处罚法》第七十二条之规定，吸食、注射毒品的，处10日以上15日以下拘留，可以并处2 000元以下罚款；情节较轻的，处5日以下拘留或者500元以下罚款。但是如果吸毒时持有毒品超过了一定数量（非法持有鸦片200克以上、海洛因或者甲基苯丙胺10克以上），吸毒者的行为即构成非法持有毒品罪。吸毒者同时容留他人吸毒，或者引诱、教唆、欺骗他人吸毒也构成犯罪。

容留他人吸毒罪，是指为他人吸食、注射毒品提供场所的行为。本罪在客观方面表现为行为人实施了容留他人吸毒的行为，即为吸毒者提供吸毒的场所。此场所既可以是行为人主动提供，也可以是在吸毒者的要求下或主动前来时被动提供；既可以是有偿提供，也可以是无偿提供；既可以是自己的住所，也可以是亲戚朋友的住所或其他隐蔽的场所。例如，利用住宅、居所或租赁他人房屋让他人吸毒，饭店、宾馆、咖啡馆、酒吧、舞厅等营业性场所的经营、服务人员利用经营性场所容留他人吸毒；航空器、轮船、火车、汽车的司机或管理人员利用交通工具让他人吸毒，等等。至于为他人提供吸毒场所的次数、人数以及提供时间的长短，均对本罪的构成没有影响，即不论容留几人，也不论容留了几次，以及多长时间，都可构成本罪。

法条链接

《中华人民共和国刑法》第三百五十四条　容留他人吸食、注射毒品的，处3年以下有期徒刑、拘役或者管制，并处罚金。

《最高人民法院关于审理毒品犯罪案件适用法律若干问题的解释》第十二条　容留他

人吸食、注射毒品，具有下列情形之一的，应当依照刑法第三百五十四条的规定，以容留他人吸毒罪定罪处罚：

（一）一次容留多人吸食、注射毒品的；

（二）2年内多次容留他人吸食、注射毒品的；

（三）2年内曾因容留他人吸食、注射毒品受过行政处罚的；

（四）容留未成年人吸食、注射毒品的；

（五）以牟利为目的容留他人吸食、注射毒品的；

（六）容留他人吸食、注射毒品造成严重后果的；

（七）其他应当追究刑事责任的情形。

向他人贩卖毒品后又容留其吸食、注射毒品，或者容留他人吸食、注射毒品并向其贩卖毒品，符合前款规定的容留他人吸毒罪的定罪条件的，以贩卖毒品罪和容留他人吸毒罪数罪并罚。

容留近亲属吸食、注射毒品，情节显著轻微危害不大的，不作为犯罪处理；需要追究刑事责任的，可以酌情从宽处罚。

案例38　贪污罪

案情简介

2004年10月至2015年6月期间，被告人李某利用担任广西某医院财务会计的职务便利，与时任湖北某医药有限公司在广西的中间商即被告人蔡某共同商谋，由李某负责在每月制作应付药品款清单时，加大或者虚列应付给湖北某医药有限公司的药品款，蔡某则负责与公司进行联系，将多转的金额在扣除一定比例的手续费后转回其本人账户，再与李某进行分配。多年以来，广西某医院将超出实际业务发生额的共计29 736 279.28元转入湖北某医药有限公司账户。

根据李某、蔡某犯罪的事实、性质、情节及对社会的危害程度，法院一审依法以贪污罪分别判处被告人李某有期徒刑15年，并处没收个人财产人民币300万元；判处被告人蔡某有期徒刑13年零6个月，并处没收个人财产人民币200万元。

案例解析

贪污罪，是指国家工作人员利用职务上的便利，侵吞、窃取、骗取或者以其他手段非法占有公共财物的行为。其行为主体应是国家工作人员；客观行为与结果为利用职务上的便利，侵吞、窃取、骗取或者以其他手段非法占有公共财物；主观要件为故意，并具有非法占有目的。

在本案中，被告人李某身为国家工作人员，利用职务上的便利，伙同被告人蔡某骗取公款共计人民币约 2 974 万元，数额特别巨大。根据《中华人民共和国刑法》第三百八十二条的规定，二人的行为均已构成贪污罪。在共同犯罪中，两人积极参与、相互配合，均应认定为主犯，按照其所参与的全部犯罪处罚。蔡某系作用相对较小的主犯；李某归案后，如实供述主要犯罪事实，积极退赃；蔡某归案后如实供述自己的罪行，认罪态度较好，退回部分赃款。综合上述情节，法院对其二人予以从轻处罚。

法条链接

《中华人民共和国刑法》第三百八十二条　国家工作人员利用职务上的便利，侵吞、窃取、骗取或者以其他手段非法占有公共财物的，是贪污罪。

受国家机关、国有公司、企业、事业单位、人民团体委托管理、经营国有财产的人员，利用职务上的便利，侵吞、窃取、骗取或者以其他手段非法占有国有财物的，以贪污论。

与前两款所列人员勾结，伙同贪污的，以共犯论处。

案例 39　受贿罪

案情简介

被告人李某与被告人程某系夫妻关系。被告人李某先后担任重庆某高速公路有限公司董事长、重庆高速公路发展有限公司某分公司总经理、重庆市某投资有限公司总经理。在此期间，两被告人共同利用李某的职务之便，在高速公路及其相关绿化工程的建设过程中，为工程承建单位及个人谋取利益，共同收受工程承建单位、个人给予的好处费共计 880 万元。此外，被告人李某还单独收受工程承建单位及个人给予的好处费共计 34.6 万元和价值 12.25 万元的金条 1 根。案发后，被告人李某、程某主动供述了司法机关尚未掌握的大部分受贿事实，并退缴共计 300 余万元案款以及金条等物品。

案例解析

受贿罪，是指国家工作人员利用职务上的便利，索取他人财物，或者非法收受他人财物，为他人谋取利益的行为。国家工作人员的特定身份是受贿罪犯罪构成的必备要件，这种特定身份是基于法律的赋予而形成，具有不可替代性和不可转让性。非国家工作人员由于不具备特定身份，缺乏受贿罪的主体基础，不能与国家工作人员共同实施受贿罪的实行行为，只能实施受贿罪的教唆行为和帮助行为，构成受贿罪的教唆犯和帮助犯。因此，在家庭型共同受贿犯罪中，家属参与贿赂的行为不是实行行为，只能是教唆行为和帮助行为。

在本案中，被告人李某身为国家工作人员，与被告人程某共同利用自己的职务之便，在工程的建设过程中为工程承建单位及个人提供支持、帮助，共同收受好处费共计 880 万元；此外，被告人李某还单独收受好处费 34.6 万元以及金条 1 根。两被告人的行为均已构成受贿罪，属于共同犯罪。法院根据两被告人的犯罪事实、情节、社会的危害程度以及认罪、悔罪态度、积极退缴部分受贿款等法定、酌定从轻处罚等情节，依法作出判决：被告人李某犯受贿罪，判处死刑，缓刑 2 年执行，剥夺政治权利终身，没收个人全部财产；被告人程某犯受贿罪，判处有期徒刑 15 年，没收财产 100 万元；两被告人受贿所得予以追缴。

法条链接

《中华人民共和国刑法》第三百八十五条　国家工作人员利用职务上的便利，索取他人财物的，或者非法收受他人财物，为他人谋取利益的，是受贿罪。

国家工作人员在经济往来中，违反国家规定，收受各种名义的回扣、手续费，归个人所有的，以受贿论处。

第三百八十八条　国家工作人员利用本人职权或者地位形成的便利条件，通过其他国家工作人员职务上的行为，为请托人谋取不正当利益，索取请托人财物或者收受请托人财物的，以受贿论处。

国家工作人员的近亲属或者其他与该国家工作人员关系密切的人，通过该国家工作人员职务上的行为，或者利用该国家工作人员职权或者地位形成的便利条件，通过其他国家工作人员职务上的行为，为请托人谋取不正当利益，索取请托人财物或者收受请托人财物，数额较大或者有其他较重情节的，处 3 年以下有期徒刑或者拘役，并处罚金；数额巨大或者有其他严重情节的，处 3 年以上 7 年以下有期徒刑，并处罚金；数额特别巨大或者有其他特别严重情节的，处 7 年以上有期徒刑，并处罚金或者没收财产。

离职的国家工作人员或者其近亲属以及其他与其关系密切的人，利用该离职的国家工作人员原职权或者地位形成的便利条件实施前款行为的，依照前款的规定定罪处罚。

案例 40　玩忽职守罪

案情简介

被告人舒某某由某公安局招录为 CK 红外线自动报警系统接警员，在某公安局 110 指挥中心大厅负责 CK 红外线自动报警系统管理和日常报警处理等工作。主要工作职责是：接收 CK 报警器发送到 110 指挥中心电脑上的报警信号后，根据报警情况发出指令，电话联系业主或指派当地派出所出警。案发当日，正好被告人舒某某值班，励某某（另案已判决）潜入一珠宝店实施盗窃，该店内 CK 红外线自动报警系统连续响了 2 次。被告人舒某某主观认为是误报，就把报警声音按掉了，没有去处理。后来过了几分钟，她刚好在接电话的时候，CK 系统又报警了，她又把报警声音给按掉了。等她接完电话，就把这个事情给忘记了，既没有给业主打个电话确认一下，也没有发出指令，下派警单通知派出所及时出警。当日励某某破坏该珠宝店报警系统后，窃得价值人民币 90 余万元的黄金饰品离去。

案例解析

玩忽职守罪是指国家机关工作人员严重不负责任，不履行或不正确地履行自己的工作职责，致使公共财产、国家和人民利益遭受重大损失的行为。构成玩忽职守罪需具备以下条件：（1）犯罪主体必须是国家工作人员；（2）主观上出于行为人职务上的过失，如疏忽大意、过于自信、擅离职守等；（3）客观上表现为因行为人不履行或不正确履行应负的职责，致使公共财产、国家和人民利益造成重大损失。本案被告系国家机关中从事公务的人员，按照 CK 接警员工作职责，被告在值机日一旦发现报警，应迅速处置，及时与用户取得联系，如遇真实报警，立即通知用户尽快赶赴报警地点的同时，还应在第一时间内向 110 值机民警报告情况，但被告因过于自信而不正确履行职责，致使他人财产利益遭受重大损失，其行为已构成玩忽职守罪。

法条链接

《中华人民共和国刑法》第三百九十七条　国家机关工作人员滥用职权或者玩忽职守，致使公共财产、国家和人民利益遭受重大损失的，处 3 年以下有期徒刑或者拘役；情节特别严重的，处 3 年以上 7 年以下有期徒刑。本法另有规定的，依照规定。

国家机关工作人员徇私舞弊，犯前款罪的，处 5 年以下有期徒刑或者拘役；情节特别严重的，处 5 年以上 10 年以下有期徒刑。本法另有规定的，依照规定。

案例 41　徇私枉法罪

案情简介

霍某因走私货物被抓并被关押于某县看守所，被告人朱某系该看守所民警。霍某为求轻判，收买朱某为其伪造立功材料。朱某接受其同事吴某（另案处理）及霍某亲属殷某（另案处理）的请吃和委托，伙同他人通过伪造书证、辨认笔录等证据，共同虚构霍某提供线索抓获闫某现金被抢劫一案在逃犯罪嫌疑人杨某的事实，并以此为由为霍某制作了虚假的立功证明材料。两年后，省人民检察院审查核实霍某的立功材料时，发现了上述材料系伪造的事实。鉴于被告人朱某归案后能如实供述自己的犯罪事实，有坦白情节，依法予以从轻处罚。法院以徇私枉法罪判处朱某有期徒刑1年零2个月，霍某减刑之事也因此落空。

案例解析

徇私枉法罪，是指司法工作人员徇私枉法、徇情枉法，对明知是无罪的人而使他受追诉，对明知是有罪的人而故意包庇不使他受追诉，或者在刑事审判活动中故意违背事实和法律作枉法裁判的行为。被告人朱某身为司法机关工作人员，接受请托，利用职务便利，伙同他人采取伪造证据的手段，故意使罪重的人受较轻的追诉，其行为已构成徇私枉法罪，依法应予惩处。公诉机关指控其犯徇私枉法罪事实清楚，证据确实、充分，罪名成立。鉴于被告人有坦白情节，法院酌情作出上述判决。

法条链接

《中华人民共和国刑法》第三百九十九条第一款　司法工作人员徇私枉法、徇情枉法，对明知是无罪的人而使他受追诉、对明知是有罪的人而故意包庇不使他受追诉，或者在刑事审判活动中故意违背事实和法律作枉法裁判的，处5年以下有期徒刑或者拘役；情节严重的，处5年以上10年以下有期徒刑；情节特别严重的，处10年以上有期徒刑。

案例42　青少年犯罪

案情简介

被告人严某、石某（两人均年满14周岁未满16周岁）因没有钱花，合谋去某县职业学校抢学生的钱。两人搭乘出租车来到职业学校内，见到学生向某、刘某等人在宿舍内打牌。严某便把刀放在腰间进入宿舍抢劫，石某则在宿舍门口处望风。向某不肯交钱，严某打了向某一巴掌，接着踢了一脚刘某的腹部，之后用宿舍内的一张四方凳子砸向刘某的肩膀，致使向某、刘某不敢反抗。严某抢走向某的现金30元，之后又抢走了刘某现金25元。两被告人抢得财物后即逃离现场，将所得财物用于吃饭、上网。在诉讼过程中，被告人严某的家属代为退回赃款 55 元、支付医药费 200 元给向某。法院审理后认为，被告人严某、石某以非法占有为目的，结伙以暴力方法劫取他人财物，其行为已触犯了《中华人民共和国刑法》第二百六十三条的规定，构成抢劫罪。被告人严某、石某犯罪时未满 18 周岁，依法应当从轻或减轻处罚；被告人严某、石某归案后如实供述自己的罪行，认罪态度较好，依法也可以从轻处罚；被告人严某的家属代其退回赃款，赔偿了被害人全部经济损失，可酌情从轻处罚。被告人严某、石某只要加强学习，积极改造，是可以成为社会有用之才的。综上，法院判决被告人严某犯抢劫罪，判处有期徒刑 1 年 11 个月，并处罚金人民币 5 000 元；判决被告人石某犯抢劫罪，判处有期徒刑 1 年 1 个月，并处罚金人民币 5 000 元。

案例解析

培养青少年使其健康成长是全社会的责任。青少年犯罪已经成为一个日趋严重的社会问题，且犯罪年龄更趋于低龄化，犯罪性质更趋恶劣，犯罪情节更趋严重。面对青少年犯罪的新特点，家庭、学校、社会都应积极行动起来，消除和防止青少年犯罪的发生和蔓延。我国刑法关于刑事责任年龄的规定，主要解决不同年龄人刑事责任的有无问题，同时也包含了对未成年人犯罪从宽处理的内容。刑事责任年龄是法律规定行为人应负刑事责任的年龄。我国刑法规定 14~16 周岁是相对负刑事责任年龄阶段，达到这一年龄阶段的人，已经具备了一定的辨别大是大非和控制自己行为的能力。因此，法律要求他们对 8 类严重危害社会的犯罪行为负刑事责任，这 8 类犯罪是：故意杀人、故意伤害致人重伤或者死亡、强奸、抢劫、贩卖毒品、放火、爆炸、投放危险物质罪。本案的严某、石某年满 14 周岁不满 16 周岁，其对向某、刘某的行为符合抢劫罪的构成要件，必须承担相应的刑事责任。鉴于两人都是未成年人，行为性质和社会影响相对较弱，因此处罚相对较轻。

法条链接

《中华人民共和国刑法》第十七条　已满 16 周岁的人犯罪，应当负刑事责任。

已满 14 周岁不满 16 周岁的人，犯故意杀人、故意伤害致人重伤或者死亡、强奸、抢劫、贩卖毒品、放火、爆炸、投放危险物质罪的，应当负刑事责任。

已满 12 周岁不满 14 周岁的人，犯故意杀人、故意伤害罪，致人死亡或者以特别残忍手段致人重伤造成严重残疾，情节恶劣，经最高人民检察院核准追诉的，应当负刑事责任。

对依照前三款规定追究刑事责任的不满 18 周岁的人，应当从轻或者减轻处罚。

因不满 16 周岁不予刑事处罚的，责令其父母或者其他监护人加以管教；在必要的时候，依法进行专门矫治教育。

第四章 生活中的行政法

案例1 行政主体和处罚权

案情简介

范女士和保姆到一家超市购物，两人离开时超市报警器突然响了起来，两人被带到了保安室。范女士称，的确是保姆把没付钱的帽子（17.9元）放进了购物袋，但这是一个误会。保安称，两人必须交罚款后才能离开，超市的规定是“偷一罚十”，双方为此争执了两个多小时。由于范女士一直抱着8个月大的孩子，事情一时也难以解决，超市的一名工作人员说付100元好了，虽然范女士觉得到派出所才能把事情说清楚，但毕竟还要花上一些时间，孩子又哭闹，就给了保安100元，带着保姆和孩子离开了超市。范女士和保姆回到家后觉得事情有些委屈，觉得如果当天不是孩子哭闹，也不会付这100元。几天后她们便到超市要说法，在民警的干预下，超市开具了罚款收据，可是上面写着罚款缘由是“偷盗”。范女士更咽不下这口气，便将超市起诉到了法院，要求超市公开道歉，返还100元罚款，并赔偿精神损害抚慰金5 000元。法院为了弄清当初范女士的保姆是在什么情况下，将没付钱的帽子带出超市的，是偷盗还是无心之过，遂要求超市提供当天的录像资料。可是超市称录像只能保留20天，现无法提供。经过审理，法院判决超市退还范女士100元罚款，对范女士要求道歉和赔偿精神损害抚慰金的请求不予支持。

案例解析

面对频频发生的超市盗窃，许多商家把“偷一罚十”作为维护自身利益的一种手段。

那么，超市是行政主体吗？超市设置和实施“偷一罚十”的规定是行政行为吗？

首先，超市是营利性主体，不具备认定偷盗行为的行政主体资格，是否属于偷盗应当由法律规定的公安司法机关通过法定程序进行认定。我国行政诉讼法规定，具体行政行为的作出，只能是各类行政主体。我国《企业事业单位内部治安保卫条例》中对保安如何履行职责作出了具体规定：维护单位内部的治安秩序，制止发生在本单位的违法行为，对难以制止的违法行为以及发生的治安案件、涉嫌刑事犯罪案件应当立即报警，并采取措施保护现场，配合公安机关的侦查、处置工作。在本案中，超市在给范女士出具所谓的罚款收据上，明确注明了罚款事由是“偷盗”，该认定无任何法律依据，应当无效。商场发现偷窃行为人时，该行为人在法律上尚属嫌疑人之列，须经法定机关依照法定程序审查认定。

其次，超市没有作出行政处罚的权力，更没有罚款的权力。罚款从行政法的角度讲属于行政处罚。行政处罚，是行政机关对构成行政违法行为的公民、法人或其他组织实施的行政法上的制裁。行政处罚的主体应当是法定的，超市不是具有行政处罚权的行政机关，更没有得到法律法规的授权，因此其所作出的处罚是非法的，也是无效的。

再次，《公安部关于保安服务公司规范管理的若干规定》中明确指出，保安人员不得剥夺、限制公民人身自由，不得做出辱骂、殴打他人等违反法律法规的行为。保安人员对现行违法犯罪行为应当及时制止，对现行违法犯罪嫌疑人应当扭送公安机关处理。同时，我国行政处罚法规定，限制人身自由的行政处罚只能由公安机关行使。在本案中，范女士被超市保安控制两个多小时，在其孩子哭闹的情况下，仍不让其离开，严重侵犯了范女士的人身自由。

最后，商场超市“偷一罚十”的规定是无效的。根据我国消费者权益保护法的规定，经营者不得以格式条款、通知、声明、店堂告示等方式，作出排除或限制消费者权利、减轻或者免除经营者责任、加重消费者责任等对消费者不公平、不合理的规定。格式条款、通知、声明、店堂告示等含有前款所列内容的，其内容无效。因此，商场超市制定的“偷一罚十”规定根本不具有法律效力。

法条链接

《中华人民共和国行政处罚法》第十七条　行政处罚由具有行政处罚权的行政机关在法定职权范围内实施。

第十八条第一款　国家在城市管理、市场监管、生态环境、文化市场、交通运输、应急管理、农业等领域推行建立综合行政执法制度，相对集中行政处罚权。

案例2 合法行政原则

案情简介

因省道公路改造项目建设需拆迁向某、荆某夫妇的房屋，公路改造协调指挥部先后与向某签订了2份房屋拆迁协议书，并依约支付了房屋建筑补偿款、附属物补偿款、房屋装修补偿款、临时安置费、拆迁奖金等共计人民币30.8万元，向某亦在指定的期限内腾空房屋交由指挥部拆迁处理。后镇人民政府向向某、荆某夫妇作出承诺书，内容是：因省道线改扩建，致使居民向某、荆某夫妇房屋拆迁。为妥善安置拆迁户，镇人民政府郑重承诺，同意向某、荆某夫妇在新城规划区享有宅基地优先购买权（只限两个门面位置，且不能转让）。镇人民政府在承诺书上加盖了公章，公路改造协调指挥部在承诺书上签署了同意意见，并加盖了公章。后向某向镇人民政府提出请求兑现“承诺”，但镇人民政府未予回复。向某、荆某提起诉讼，请求判令镇政府履行承诺书。另查明，向某、荆某所称新城规划区即“富美新城”项目，该项目经自然资源局以挂牌方式出让国有土地使用权，最终被某房地产有限公司竞买成功。

案例解析

虽然行政主体可以为了行政管理的需要，在行政法律规范没有明确规定的情况下就特定事项作出允诺，但行政允诺的事项必须符合允诺者的职权范围，行政允诺的内容不能违反法律法规和政策规定，不能作出无原则、无界限甚至损害他人利益或公共利益的允诺。

在本案中，政府承诺向某夫妇享有的是政府将土地出卖给个人时的土地优先购买权。但我国土地法及自然资源部相关的部门规章规定，经营性用地必须通过招标、拍卖或者挂牌等方式向社会公开出让国有土地。通过招拍挂制度取得国有土地是价高者得，政府无权在出让前自行决定受让人，且镇政府作为国家机关法人不得参与经营性用地的竞买，故向某夫妇不符合行使优先购买权的情形和条件。镇政府承诺向某夫妇享有土地优先购买权，违反了法律规定，属于承诺内容违法。对有利于相对人的承诺，如果行政机关可以履行，也有能力履行，就应当履行承诺；如果承诺内容违法导致履行不能，则应在尊重行政机关对违背现行法律的承诺自行纠正或不再履行的权力的同时，责令行政机关对相对人因承诺履行不能产生的信赖利益损失进行必要的弥补，使相对人实际获得的利益不低于或者适当高于补偿的标准。镇政府为妥善安置拆迁户作出行政承诺违法，作为相对方的向某夫妇没有过错，政府方应当采取相应的补救措施。结合本案实际情况，具体的补救措施可先由双方相互协商确定；协商不成，镇政府在判决生效后60日内按照《国有土地上房屋征收与补偿条例》及当地实施办法的规定，参照签订的国有土地上房屋征收补偿协议并搬迁腾空房屋的最高奖励标准和一次性每户奖励，对向某夫妇房屋拆迁进行一次性的货币补偿。

法条链接

《中华人民共和国行政诉讼法》第七十五条　行政行为有实施主体不具有行政主体资格或者没有依据等重大且明显违法情形，原告申请确认行政行为无效的，人民法院判决确认无效。

第七十六条　人民法院判决确认违法或者无效的，可以同时判决责令被告采取补救措施；给原告造成损失的，依法判决被告承担赔偿责任。

案例3　合理行政原则

案情简介

李某是个体工商户，其出售的自制蛋糕未经过有关部门的检验，这一行为被某工商所查获。根据有关规定，对此类违法行为，应予以警告、没收违禁食品和违法所得，并处以违法所得1倍以上5倍以下罚款；没有违法所得的，处以1万元以下罚款；情节严重的，可责令停业整顿或者吊销其营业执照。在工商所查获前李某出售蛋糕共获利590元。根据上述有关规定，工商所没收了李某尚未出售的蛋糕，没收其违法所得590元。工商所认为，李某曾因伤害罪被判刑3年，1年前刚出狱，因此要重罚，于是又处以李某1 500元的罚款。

案例解析

行政合理性原则的具体要求是行政行为的动因应符合行政目的，行政行为应建立在正当考虑的基础上，行政行为的内容应合乎理性。工商所的行政处罚行为是合法的，但不合理，违背了行政合理性的原则，主要表现在对李某的罚款行为上。在本案中，根据法定的罚款幅度的规定，工商所对李某处以1 500元的罚款属于法定的幅度内，其行为没有超越法律，不与法律相抵触，是合法的。但工商所在法定幅度内的自由裁量权行使不恰当，对李某进行1 500元的罚款，除以其违法事实情节等为依据外，还将“李某曾因伤害罪被判刑3年”的情节作为行政处罚行为的依据，此处罚行为基于一种不正当的考虑，违背了行政合理性原则的要求，是不合理的。

法条链接

《中华人民共和国行政处罚法》第五条　行政处罚遵循公正、公开的原则。

设定和实施行政处罚必须以事实为依据，与违法行为的事实、性质、情节以及社会危害程度相当。

对违法行为给予行政处罚的规定必须公布；未经公布的，不得作为行政处罚的依据。

案例 4　程序正当原则

案情简介

2013 年 1 月，于某在读博期间，将其撰写的涉案论文向杂志社投稿。同年 5 月，临近博士学位论文答辩，于某提交答辩申请书及科研统计表时，将该涉案论文作为科研成果列入答辩申请书。2013 年 7 月 23 日，在于某拿到博士学位毕业 18 天后，涉案论文被杂志社刊出。1 年多后，杂志社发布公告称，于某在涉案论文中大段翻译原作者的论文，直接采用原作者引用的文献作为注释，其行为已构成严重抄袭。随后，于某就读学校成立专家调查小组调查于某涉嫌抄袭一事。2015 年 1 月 9 日，学校学位评定委员会表决后，认定于某在校期间发表的论文严重抄袭，依据《中华人民共和国学位条例》《国务院学位委员会关于在学位授予工作中加强学术道德和学术规范建设的意见》、该大学《研究生基本学术规范》等规定，决定撤销其博士学位，收回学位证书。

于某不服，相继向该大学学生申诉处理委员会、北京市教育委员会提出了申诉，均未获支持。2015 年 7 月，于某将母校告上法庭，请求法院撤销该校作出的决定，并判令恢复其博士学位证书的法律效力。法院作出判决，认定涉诉大学作出的撤销于某博士学位的决定程序违法，亦缺乏明确法律依据，撤销之前学校作出的撤销学位的决定，同时驳回了于某要求恢复其博士学位证书法律效力的诉讼请求，认为这一诉求“不属于本案审理范围”。

案例解析

人民法院的判决以程序违法为由，撤销了此前涉诉大学作出的撤销博士学位的决定，并未从实体上进行处理，回应和裁判该大学撤销学位的行为是否具备实体条件、是否构成实体违法。于某虽胜诉，但该案判决不意味着对论文抄袭行为本身的肯定或保护，作为因涉嫌论文抄袭导致博士学位被撤销的行政诉讼案件，本案彰显了程序正当原则的司法善意。

作为现代法治的基石性原则之一，正当程序代表着未经正当的法定程序，任何公民的人身与财产权利不受剥夺与侵害。程序具有内在的独立价值，既有助于促进实体公正的实现、限制公权力的滥用，也有助于保障公民基本人权。

大学作为学位授予机构，依法具有撤销已授予学位的行政职权。因此，该大学向于某作出的撤销学位的决定，属于行政诉讼法规定的行政行为。于某不服该决定而提起的诉讼，亦属于人民法院行政诉讼受案范围。同时，学位条例及相关法律法规虽然未对撤销博士学位的程序作出明确规定，但撤销博士学位涉及相对人重大切身利益，是对取得博士学位人员获得的相应学术水平作出否定，对相对人合法权益产生极其重大的影响。因此，学校在作出决定时，应当遵循程序正当原则，秉持审慎、善意的理念，保障当事人知情权、参与权、表达权、监督权，自觉听取当事人意见，给当事人陈述申辩的机会，以确保程序公正，维护当事人的合法权益。在本案中，学校在作出决定前未充分听取于某的陈述和申辩，学校作出的决定未能明确其所适用的具体条款，故其所作决定没有明确的法律依据，适用法律亦存有不当之处。综上，学校作出的决定违反法定程序，适用法律存在不当之处，法院应予撤销。决定被依法撤销后，由该校依照相关规定进行处理。此外，于某要求恢复其博士学位证书法律效力的诉讼请求，不属于本案审理范围，依法予以驳回。

学校惩治违反学术道德、抄袭剽窃等违法不端行为的初衷是正当合法的，但目的正当性不能舍弃手段的正当合法性，要避免可能造成的非法侵害。

法条链接

《中华人民共和国行政处罚法》第四十四条　行政机关在作出行政处罚决定之前，应当告知当事人拟作出的行政处罚内容及事实、理由、依据，并告知当事人依法享有的陈述、申辩、要求听证等权利。

第四十五条　当事人有权进行陈述和申辩。行政机关必须充分听取当事人的意见，对当事人提出的事实、理由和证据，应当进行复核；当事人提出的事实、理由或者证据成立的，行政机关应当采纳。

行政机关不得因当事人陈述、申辩而给予更重的处罚。

案例5　诚实守信原则

2015年3月19日，某镇政府与陈某甲、陈某乙经协商签订协议，就拆除陈某甲和陈某乙楼房一幢500平方米、平房800平方米、水泥场地208平方米的残值回购事宜，达成如下协议：陈某甲、陈某乙于2015年3月21日8时30分将上述房屋、场地等交镇政府折

除，拆除后的建筑材料等归镇政府所有，镇政府给予陈某甲、陈某乙残值回购款39.8万元，补贴职工搬迁费等1.75万元。残值回购款、职工搬迁费合计41.55万元。同时该协议还约定陈某甲、陈某乙不得将本协议及复印件、影印件交任何他人，如违反，陈某甲、陈某乙应当无条件退还41.55万元。该协议有陈某甲、陈某乙签名，镇政府盖有印章，时任镇长、镇党委副书记签名，并注明"经集体研究，同意按协议依法处置"。

同年3月22日，镇政府组织人员将房屋和水泥场地拆除后，以房屋、水泥场地系违法建筑、协议系无效协议等理由拒绝给付41.55万元拆迁补偿款。陈某甲、陈某乙遂将镇政府告上法院，请求判令被告支付补偿金41.55万元及利息。一审法院认为，被告应当给付陈某甲、陈某乙拆迁补偿款41.55万元及逾期利息损失。一审法院宣判后，被告不服，向二审法院提起上诉。二审法院经审理认为，被告无视其作为一级人民政府理应发挥的诚信引领示范职责，在协议签订之后又以协议内容侵犯公共利益而主张协议无效的上诉理由，明显有悖诚实信用原则，遂驳回上诉，维持原判。

案例解析

在现代法治原则之下，行政主体在行使职权过程中，必须诚实守信，不得随意变更、撤销、废止行政行为，否则应赔偿或补偿相对人合理的信赖利益损失。具体到行政法中，行政机关与相对人之间签订行政协议、履行行政协议都应当以诚信为前提。各级政府要带头遵守法律，信守承诺，以维护公民、法人和其他组织对政府诚信的期待。

在本案中，案涉协议属于行政协议，陈某甲、陈某乙提起的诉讼属于行政诉讼案件的受理范围。同时，案涉协议关于拆除房屋及水泥场地并予以一定补偿的约定，是双方的真实意思表示，符合法律规定的形式和程序。虽然案涉房屋和水泥场地未经批准，也未取得规划审批手续，但房屋和水泥场地的建筑材料是陈某甲、陈某乙的合法财产，当受法律保护。双方约定拆除后的建筑材料归某镇政府所有，镇政府给予陈某甲、陈某乙残值回购款和搬迁费用，并不损害国家利益和社会公共利益，也不违反法律禁止性的规定，依法应确认为有效。

法条链接

《中华人民共和国行政许可法》第八条　公民、法人或者其他组织依法取得的行政许可受法律保护，行政机关不得擅自改变已经生效的行政许可。

行政许可所依据的法律、法规、规章修改或者废止，或者准予行政许可所依据的客观情况发生重大变化的，为了公共利益的需要，行政机关可以依法变更或者撤回已经生效的行政许可。由此给公民、法人或者其他组织造成财产损失的，行政机关应当依法给予补偿。

案例6　行政行为——行政许可

案情简介

个体工商户胡某某经营馄饨店，并取得了餐饮服务许可证，有效期限为2013年11月14日至2016年11月13日。2016年10月20日，胡某某向市场监督管理局申请延续餐饮服务许可证。市场监督管理局于同日受理，当日进行了许可证延续现场核查，核实确认馄饨店经营许可条件与原发证条件无本质变化。其间，因该馄饨店附近居民申请听证，市场监督管理局向馄饨店和居民发出行政许可听证通知书，居民代表及馄饨店经营者胡某某参加了听证。听证居民称，馄饨店影响居民正常生活，要求其改变业态。听证后，市场监督管理局认为许可事实情况发生重大变化，于是作出驳回决定，文书中未指明具体适用的法律条款。胡某某不服，向食品药品监督管理局提出行政复议申请。食品药品监督管理局行政复议后作出维持决定。原告不服，诉请撤销市场监督管理局所作驳回决定及市食品药品监督管理局所作被诉行政复议决定。

案例解析

被告市场监督管理局作为食品药品监管部门，在食品经营许可审核过程中，应依照《食品经营许可管理办法》的规定，审查食品经营场所、食品经营品种、经营人员、设备布局和工艺流程等条件是否符合食品安全标准。《中华人民共和国食品安全法》《食品经营许可管理办法》并未将相邻关系人的通风、排污等相邻权益列为食品药品监管部门许可审查的职责范围。行政许可的延续是对行政许可有效期的延长，不是对行政许可的重新审核，也不涉及对行政许可内容的改变。《中华人民共和国行政许可法》第八条规定的“客观情况发生重大变化”是指行政许可所基于的要件情况发生重大变化，本案中相邻关系因素不属于被告市场监督管理局在核发食品经营许可时有权认定的许可要件，原告申请时其经营条件也未发生本质变化，因此也就不存在适用第八条的事实基础。

同时，被告市场监督管理局虽在作出被诉驳回决定前组织了原告、居民进行听证，但在听证过程中并未告知原告拟处决定、相关证据和依据，客观上没有发挥听证程序的应有作用。另外，在驳回决定中未指明所适用的《中华人民共和国行政许可法》《食品经营许可管理办法》具体条款，属于行政程序上的瑕疵。据此，法院判决确认被告市场监督管理局作出的驳回决定及被告食品药品监督管理局作出的行政复议决定违法。

法条链接

《中华人民共和国行政许可法》第二条　本法所称行政许可，是指行政机关根据公民、法人或者其他组织的申请，经依法审查，准予其从事特定活动的行为。

第八条　公民、法人或者其他组织依法取得的行政许可受法律保护，行政机关不得擅自改变已经生效的行政许可。

行政许可所依据的法律、法规、规章修改或者废止，或者准予行政许可所依据的客观情况发生重大变化的，为了公共利益的需要，行政机关可以依法变更或者撤回已经生效的行政许可。由此给公民、法人或者其他组织造成财产损失的，行政机关应当依法给予补偿。

案例7　行政行为——行政征收

案情简介

某县人民政府作出《某县人民政府关于对某城北片区实施房屋征收的决定》（以下简称《决定》），其征收补偿方案规定，选择货币补偿的，被征收主房按照该地块多层产权调换安置房的优惠价格补偿；选择产权调换的，安置房超出主房补偿面积的部分由被征收人出资，超出 10 m^2 以内的按优惠价格结算房价，超出 10 m^2 以外的部分按市场价格结算房价；被征收主房面积大于安置房面积的部分，按照安置房优惠价增加 300 元/m^2 标准给予货币补偿。该区居民孔某的房屋在被征收范围内，其不服该《决定》，提起行政诉讼。法院经审理认为，该征收补偿方案的规定对被征收人显失公平，违反了《国有土地上房屋征收与补偿条例》的相关规定，判决撤销被告某县人民政府作出的《决定》。宣判后，双方当事人均未提出上诉。

案例解析

依据土地管理法及城市房地产管理法相关规定，收回国有土地使用权的行为，应当界定为行政征收行为，属于具体行政行为，就征收行为发生争议的属于行政案件诉讼管辖范围。根据《国有土地上房屋征收与补偿条例》第二条、第十九条规定，征收国有土地上单位、个人的房屋，应当对被征收房屋所有权人给予公平补偿。对被征收房屋价值的补偿，不得低于房屋征收决定公告之日被征收房屋类似房地产的市场价格。根据立法精神，对被征收房屋的补偿，应参照就近区位新建商品房的价格，以被征收人在房屋被征收后居住条件、生活质量不降低为宜。在本案中，优惠价格显然低于市场价格，对被征收房屋的补偿价格也明显低于被征收人的出资购买价格，该征收补偿方案的规定对被征收人显失公平，违反了《国有土地上房屋征收与补偿条例》的相关规定。

法条链接

《国有土地上房屋征收与补偿条例》第二条　为了公共利益的需要，征收国有土地上单位、个人的房屋，应当对被征收房屋所有权人（以下称被征收人）给予公平补偿。

第十九条　对被征收房屋价值的补偿，不得低于房屋征收决定公告之日被征收房屋类似房地产的市场价格。被征收房屋的价值，由具有相应资质的房地产价格评估机构按照房屋征收评估办法评估确定。

对评估确定的被征收房屋价值有异议的，可以向房地产价格评估机构申请复核评估。对复核结果有异议的，可以向房地产价格评估专家委员会申请鉴定。

房屋征收评估办法由国务院住房城乡建设主管部门制定，制定过程中，应当向社会公开征求意见。

案例8　行政行为——行政裁决

案情简介

徐某与崔某系东西邻居，徐某居东，崔某居西。2012年，徐某翻建北正房，同时建东、西厢房，其宅院西南侧旧西厢房建于1982年，在新建西厢房时大部分被拆除，尚存后檐墙及房檐。崔某于2010年开始翻建北正房，2011年建成二层楼房。经现场勘查，徐某北正房磉基石西北角与崔某二层北正房磉基石东北角之间相距0.67米。徐某北正房主体已完工，在徐某对西房外墙进行装修时，崔某以其未留足滴水地基为由进行阻止，徐某申请确权。镇政府在处理崔某与徐某宅基地使用权争议过程中，依法立案并通知争议双方，向争议双方及相关证人进行调查，并进行现场勘查。在崔某不能提供证据证明其宅基地尺寸并拒绝镇政府工作人员进入其宅院进行现场测量的情况下，镇政府基于徐某宅院西南侧旧西厢房先于崔某南平房建成以及该房部分后檐墙尚存的事实，根据土地管理法的规定，按照尊重历史、面对现实、方便群众生产生活的原则，确定了徐某与崔某宅基地使用界线。

崔某不服，请求法院撤销镇政府决定，按照徐某北正房及西厢房墙基确定双方宅基地使用界线。镇政府辩称，其决定认定事实清楚，决定处理结果正确，适用法律正确，请求法院维持其决定，驳回原告崔某的诉讼请求。

案例解析

行政裁决是指行政机关或法定授权的组织，依照法律授权，对当事人之间发生的、与行政管理活动密切相关的、与合同无关的民事纠纷进行审查，并作出裁决的具体行政行为。根据土地管理法相关规定，个人之间的土地使用权争议可由乡级人民政府处理。据此，镇政府具有对崔某和徐某之间的宅基地使用权争议进行行政处理的法定职责。

在本案中，当地并未进行宅基地确权登记发证工作，亦无宅基地面积及四至的明确记载，故镇政府按照有关规定作出被诉土地使用权争议处理决定，符合从实际出发、尊重历史、面对现实、方便生产生活的原则，法院应予支持。崔某诉讼主张缺乏充分、有效的证据支持，故其诉讼请求不成立。

法条链接

《中华人民共和国土地管理法》第十四条　土地所有权和使用权争议，由当事人协商解决；协商不成的，由人民政府处理。

单位之间的争议，由县级以上人民政府处理；个人之间、个人与单位之间的争议，由乡级人民政府或者县级以上人民政府处理。

当事人对有关人民政府的处理决定不服的，可以自接到处理决定通知之日起30日内，向人民法院起诉。

在土地所有权和使用权争议解决前，任何一方不得改变土地利用现状。

案例9　行政救济——行政复议

案情简介

2010年2月6日，某文化部门发现某网吧分别于2月5日、2月6日接纳未成年人进入网络服务经营场所，向该网吧下达了行政处罚事先告知书，该网吧业主没有在告知的期限内作出陈述和申辩。2010年2月11日，该文化部门以该网吧违反《互联网上网服务营业场所管理条例》规定为由，下达行政处罚决定书，对该网吧作出责令停业整顿15日的行政处罚。该网吧不服，向复议机关申请行政复议，复议机关作出撤销该行政处罚的决定。

案例解析

公民、法人或者其他组织不服行政主体作出的具体行政行为，认为行政主体的具体行政行为侵犯了其合法权益，可依法向法定的行政复议机关提出复议申请，行政复议机关依法对该具体行政行为进行合法性、适当性审查，并作出行政复议决定。行政机关作出具体行政行为不是根据法律、法规、规章或者其他规范性文件规定的方式、形式、步骤、时限等程序进行，如故意不告知、不通知、故意拖延等都属违反法定程序。行政机关违反法定程序则行政处罚无效，当事人有权申请行政复议。

在本案中，文化部门经调查核实对网吧接纳未成年人的行为予以处罚，符合法定权限，认定事实清楚，适用法律也准确，但是在程序上存在问题。根据行政处罚法规定，文化部门在作出责令停业的重大行政处罚决定前，应当告知网吧业主有要求举行听证的权利。在该部门的行政处罚事先告知书中虽然告知网吧业主可以提出陈述和申辩，但未告知可以要求举行听证。没有履行法定告知义务属于重大程序瑕疵，所以复议机关作出了撤销该行政处罚的决定。

法条链接

《中华人民共和国行政复议法》第二十八条　行政复议机关负责法制工作的机构应当对被申请人作出的具体行政行为进行审查，提出意见，经行政复议机关的负责人同意或者集体讨论通过后，按照下列规定作出行政复议决定：

（一）具体行政行为认定事实清楚，证据确凿，适用依据正确，程序合法，内容适当的，决定维持；

（二）被申请人不履行法定职责的，决定其在一定期限内履行；

（三）具体行政行为有下列情形之一的，决定撤销、变更或者确认该具体行政行为违法；决定撤销或者确认该具体行政行为违法的，可以责令被申请人在一定期限内重新作出具体行政行为：

1. 主要事实不清、证据不足的；
2. 适用依据错误的；
3. 违反法定程序的；
4. 超越或者滥用职权的；
5. 具体行政行为明显不当的。

（四）被申请人不按照本法第二十三条的规定提出书面答复、提交当初作出具体行政行为的证据、依据和其他有关材料的，视为该具体行政行为没有证据、依据，决定撤销该具体行政行为。

行政复议机关责令被申请人重新作出具体行政行为的，被申请人不得以同一的事实和理由作出与原具体行政行为相同或者基本相同的具体行政行为。

案例 10　违反治安管理的行为——扰乱公共秩序

案情简介

2016 年 7 月 6 日，某派出所接到报警：初中生王某的中考报考志愿被篡改了。派出所立即安排专人对该案进行调查。民警经调查了解到，王某是当年的中考生，7 月 2 日登录市招生考试管理中心网站填报了志愿，7 月 5 日再次登录时却发现志愿被篡改了。在市教育局招生办的协助下，民警在市招生考试管理中心网络平台的操作记录中，查询到了修改志愿的网络 IP 地址。根据这一信息，民警找到了该网络地址的用户，在对该用户的审讯中，他称曾见过邻居申某使用他家网络上网。民警随后对嫌疑人申某进行传唤，申某承认自己曾经修改王某的中考志愿。原来，申某和王某是同学，上学时因琐事产生过矛盾。一次偶然的机会，申某听到王某报考志愿的登录用户名和密码。为了报复，7 月 5 日晚，申某在邻居家附近用手机上网，用王某的用户名和密码登录报考网站，将王某的部分中考志愿删除。申某因涉嫌非法改变计算机信息系统数据，被公安局处以行政拘留 5 日处罚，因被处罚人已满 14 周岁不满 16 周岁，对申某不执行行政拘留。

案例解析

随着科学技术的发展，网络安全的重要性日益受到重视。治安管理处罚法对扰乱计算机信息系统安全的违法行为作出了规定，违法行为包括：侵入计算机信息系统；对计算机信息系统功能进行删除、修改、增加、干扰；对计算机信息系统中的存储、处理、传输的数据和应用程序进行删除、修改、增加；故意制作、传播计算机病毒等破坏性程序。

在本案中，申某与王某因琐事产生矛盾，申某利用王某的登录用户名和密码侵入考试管理中心的计算机信息系统，修改王某的报考志愿，违反了《中华人民共和国治安管理处罚法》第二十九条第三项规定。

网络安全既关乎国家安全，也与我们每个人的日常生活息息相关。每个人都要有保护自身信息安全的意识，尽量不要在公共场所登录自己的个人信息，不要在公共场所连接未知的 Wi-Fi 账号，也不要点击来历不明的链接。

法条链接

《中华人民共和国治安管理处罚法》第二十九条　有下列行为之一的，处 5 日以下拘留；情节较重的，处 5 日以上 10 日以下拘留：

（一）违反国家规定，侵入计算机信息系统，造成危害的；

（二）违反国家规定，对计算机信息系统功能进行删除、修改、增加、干扰，造成计算机信息系统不能正常运行的；

（三）违反国家规定，对计算机信息系统中存储、处理、传输的数据和应用程序进行删除、修改、增加的；

（四）故意制作、传播计算机病毒等破坏性程序，影响计算机信息系统正常运行的。

案例 11　违反治安管理的行为——妨害公共安全

案情简介

某派出所在大街上开展例行检查时，在宋某驾驶的私家车后备箱内，查获了一把武士刀。后经公安机关认定，该武士刀为管制刀具。宋某将武士刀存放在自己私家车的行李舱，并驾驶车辆出入公共场合的行为属于非法携带管制器具进入公共场所，应处 5~10 日拘留，可以并处 500 元以下罚款。

案例解析

因为兴趣爱好，买把武士刀具以供欣赏或装饰点缀，这本也无可厚非，但是宋某不应该带武士刀这种管制刀具进入公共场所，不仅武士刀被依法收缴，等待他的还有 5 天的行政拘留。什么是管制刀具？根据公安部《管制刀具认定标准》，凡符合下列标准之一的，可以认定为管制刀具。（1）匕首：带有刀柄、刀格和血槽，刀尖角度小于 60 度的单刃、双刃或多刃尖刀。（2）三棱刮刀：具有三个刀刃的机械加工用刀具。（3）带有自锁装置的弹簧刀（跳刀）：刀身展开或弹出后，可被刀柄内的弹簧或卡锁固定自锁的折叠刀具。（4）其他相类似的单刃、双刃、三棱尖刀：刀尖角度小于 60 度，刀身长度超过 150 毫米的各类单刃、双刃和多刃刀具。（5）其他刀尖角度大于 60 度，刀身长度超过 220 毫米的各类单刃、双刃和多刃刀具。

对上述类似刀具予以管制，其目的是维护公共安全。在一些非法携带管制刀具案件中，许多人携带管制刀具的理由是防身或不知情。事实上，历年发生的故意伤害甚至致人死亡案件，多数是因随身携带刀具，在与他人发生冲突时一时冲动拔刀相向，最终酿成严重后果。

法条链接

《中华人民共和国治安管理处罚法》第三十二条　非法携带枪支、弹药或者弩、匕首等国家规定的管制器具的，处5日以下拘留，可以并处500元以下罚款；情节较轻的，处警告或者200元以下罚款。非法携带枪支、弹药或者弩、匕首等国家规定的管制器具进入公共场所或者公共交通工具的，处5日以上10日以下拘留，可以并处500元以下罚款。

案例12 违反治安管理的行为——妨害社会管理

案情简介

罗某驾驶东风卡车正常行驶，通过某交叉路口时，发现申某驾驶摩托车闯红灯，遂紧急制动，申某驾车撞上东风卡车，经抢救无效死亡。经查，申某系酒后无证驾驶。某县公安局交警大队作出交通事故认定书，认定申某负全部责任。申某的妻子杨某不服，认为罗某将人撞死，应承担交通事故主要责任，多次到交警大队办公场所吵闹，严重影响办公秩序。某日，杨某携子申某某（14周岁）将申某的尸体抬至交警大队门口，要求交警大队重新作出交通事故认定，经民警教育劝阻，仍不同意将尸体抬走，致数十人围观。

案例解析

正常的社会公共秩序是社会良好运行的前提与基础。在社会生活中，经常看到这样一幕：发生死亡事故之后，受害人一方的家属为了达到自己的某种目的，抬尸体游行或者将尸体停放在医院、学校、机关门口。这样的行为引发大量群众围观，严重扰乱机关单位秩序，致使其工作不能正常进行，治安管理处罚法将其列为扰乱公共秩序和妨害社会管理的行为，应予以处罚。

在本案中，杨某多次到交警大队办公场所吵闹，扰乱交警大队工作秩序，已构成“扰乱公共秩序”，应根据《中华人民共和国治安管理处罚法》第二十三条第一款第一项的规定予以治安管理处罚；此外，杨某在上班时间与其子一起将申某的尸体抬至交警大队门口，且不听劝阻，造成数十人围观，影响交警大队工作秩序，已构成“因停放尸体影响他人正常工作秩序，不听劝阻”，应根据《中华人民共和国治安管理处罚法》第六十五条第二项规定予以治安管理处罚。对杨某上述两种违反治安管理行为，根据《中华人民共和国治安管理处罚法》第十六条规定，分别决定，合并执行。如决定行政拘留处罚，合并执行最长不超过20日。

法条链接

《中华人民共和国治安管理处罚法》第二十三条 有下列行为之一的，处警告或者200

元以下罚款；情节较重的，处5日以上10日以下拘留，可以并处500元以下罚款：

（一）扰乱机关、团体、企业、事业单位秩序，致使工作、生产、营业、医疗、教学、科研不能正常进行，尚未造成严重损失的；

（二）扰乱车站、港口、码头、机场、商场、公园、展览馆或者其他公共场所秩序的；

（三）扰乱公共汽车、电车、火车、船舶、航空器或者其他公共交通工具上的秩序的；

（四）非法拦截或者强登、扒乘机动车、船舶、航空器以及其他交通工具，影响交通工具正常行驶的；

（五）破坏依法进行的选举秩序的。

聚众实施前款行为的，对首要分子处10日以上15日以下拘留，可以并处1 000元以下罚款。

第六十五条　有下列行为之一的，处5日以上10日以下拘留；情节严重的，处10日以上15日以下拘留，可以并处1 000元以下罚款：

（一）故意破坏、污损他人坟墓或者毁坏、丢弃他人尸骨、骨灰的；

（二）在公共场所停放尸体或者因停放尸体影响他人正常生活、工作秩序，不听劝阻的。

案例13　治安管理处罚的种类——行政拘留

案情简介

2017年6月27日，一架飞机由上海起飞，准备飞往广州。在登机过程中，邱某（女，80岁，无违法犯罪和精神疾病记录）向飞机发动机扔了一把硬币。为确保飞行安全，维修部门对飞机发动机进行了全面检查，导致航班延误5个多小时。经勘查，机务人员共发现9枚硬币（其中在发动机内部发现1枚1角硬币）。事发后，这位涉事旅客被警方带走。经上海市公安局国际机场分局调查，涉事旅客称其抛掷硬币是为祈求平安，其行为已构成违法，公安部门对其依法处以行政拘留5日，但根据治安管理处罚法相关规定，因其年龄已超过70周岁，拘留不予执行。

案例解析

对于在机场内堵塞、强占、冲击值机柜台，在航空器内对机组人员实施人身攻击或威胁实施此类攻击，抢占座位，使用火种，在行李舱吸烟（含电子烟）等行为，公安部门将视情节轻重给予涉事旅客警告、罚款、拘留处罚；构成犯罪的，依法追究刑事责任；造成公共财产损失的，依法承担赔偿责任。

根据治安管理处罚法，本案中邱某的行为属于尚未造成严重损失的扰乱秩序行为，应处以5~10日治安拘留，可并处500元以下罚款。但考虑老人已80岁，无主观故意，并在行为发生后得到补救，没有产生严重危害，其行为被认定属于治安管理处罚范畴，未上升到刑事犯罪领域，故警方作出拘留5日，但不予执行的处罚决定。70周岁以上的老年人已经处于人生的晚年阶段，其身体已经开始衰老，行动不是很灵便，治安管理处罚法规定对年满70周岁的老年人行政拘留处罚的不执行，体现了社会对老年人的尊重和保护，符合现代社会人道主义和人文关怀精神。

当然，类似邱某的行为，如果造成严重危害，可能会从治安管理处罚范畴上升到刑事犯罪领域。刑法中所指的破坏交通工具罪，即故意破坏火车、汽车、电车、船只、航空器，足以使火车、汽车、电车、船只、航空器发生倾覆、毁坏危险，尚未造成严重后果的，处3年以上10年以下有期徒刑；破坏交通工具、交通设施、电力设备、燃气设备、易燃易爆设备，造成严重后果的，处10年以上有期徒刑、无期徒刑或者死刑；过失犯前款罪的，处3年以上7年以下有期徒刑；情节较轻的，处3年以下有期徒刑或者拘役。

法条链接

《中华人民共和国治安管理处罚法》第二十三条　有下列行为之一的，处警告或者200元以下罚款；情节较重的，处5日以上10日以下拘留，可以并处500元以下罚款：

（一）扰乱机关、团体、企业、事业单位秩序，致使工作、生产、营业、医疗、教学、科研不能正常进行，尚未造成严重损失的；

（二）扰乱车站、港口、码头、机场、商场、公园、展览馆或者其他公共场所秩序的；

（三）扰乱公共汽车、电车、火车、船舶、航空器或者其他公共交通工具上的秩序的；

（四）非法拦截或者强登、扒乘机动车、船舶、航空器以及其他交通工具，影响交通工具正常行驶的；

（五）破坏依法进行的选举秩序的。

聚众实施前款行为的，对首要分子处10日以上15日以下拘留，可以并处1 000元以下罚款。

第二十一条　违反治安管理行为人有下列情形之一，依照本法应当给予行政拘留处罚的，不执行行政拘留处罚：

（一）已满14周岁不满16周岁的；

（二）已满16周岁不满18周岁，初次违反治安管理的；

（三）70周岁以上的；

（四）怀孕或者哺乳自己不满1周岁婴儿的。

案例 14　道路通行规定——乘车人通行规定

案情简介

11 月 17 日，莫某将小客车停在路边，车上乘客张某为下车打开左侧后车门时，适逢黄某驾驶电动自行车行驶至此，致黄某摔倒受伤、车辆损坏。事故发生后，黄某被送至医院诊治，经抢救无效死亡。交警部门认定，莫某、张某对事故负同等责任，受害人黄某无责任。次年 2 月，受害人黄某的妻子、女儿诉至法院，请求判令保险公司在交强险限额内赔偿医疗费、死亡赔偿金、丧葬费、精神损害抚慰金、误工费等；超出交强险部分由保险公司在第三者责任险范围内赔偿，不属于保险理赔部分由张某、莫某承担，并互负连带责任。法院经审理认为，莫某作为机动车驾驶人，较之于其他车内人员具有更大的注意义务，应当确保车辆在行驶和停靠状态下均符合安全规范，且在停车位置及乘车人下车时机的选择上具有更大的控制能力，故莫某的过错更大，最终判定莫某承担 70%的赔偿责任，张某承担 30%的赔偿责任。

案例解析

机动车在路边停车下客，乘客开门下车时导致非机动车道中正常行驶的非机动车方碰撞受伤，一般由驾驶员和开门乘客承担责任，且在大多情况下驾驶员负主要责任，非机动车方不承担责任。

就驾驶员而言，靠边停车下客必须确保安全是法定注意义务。道路交通安全法规定，机动车在道路上临时停车，不得妨碍其他车辆和行人通行。机动车靠边停车下客需注意避让行人，稍有疏忽将有和正常行驶的非机动车发生碰撞的风险。就乘客而言，乘客应当预见其开门下车时可能导致后方正常行驶的非机动车发生碰撞，因此，在机动车道上不得从机动车左侧上下车，开关车门不得妨碍其他车辆和行人通行。在一些案件中，乘客辩称自己没有驾照，未学过道路交通安全知识，无法预见下车会发生碰撞。事实上，每个人都是道路交通的参与者，无论是行人还是机动车、非机动车驾驶员以及乘客，都必须掌握基本的道路交通安全知识。

在受害人无过错情形下，确定驾驶员和乘客的责任比例时，应综合考量具体案情和双方基本情况，主要是双方对损害发生的过错程度。驾驶员具有专业驾驶知识，且机动车由驾驶员直接操作，在停车位置、下车时机上其有完全的自主控制权。同时，驾驶员较之于乘客具有更好的观察视野，有义务提醒乘客下车注意避让车辆，并及时打开双闪灯警示。因此，一般而言，驾驶员的过错应大于乘客。除非有证据证明驾驶员已经进行充分警示，乘客仍置之不理，强行开门下车造成交通事故。

法条链接

《中华人民共和国道路交通安全法》第五十六条　机动车应当在规定地点停放。禁止在人行道上停放机动车；但是，依照本法第三十三条规定施划的停车泊位除外。

在道路上临时停车的，不得妨碍其他车辆和行人通行。

《中华人民共和国道路交通安全法实施条例》第六十三条　机动车在道路上临时停车，应当遵守下列规定：

（一）在设有禁停标志、标线的路段，在机动车道与非机动车道、人行道之间设有隔离设施的路段以及人行横道、施工地段，不得停车；

（二）交叉路口、铁路道口、急弯路、宽度不足4米的窄路、桥梁、陡坡、隧道以及距离上述地点50米以内的路段，不得停车；

（三）公共汽车站、急救站、加油站、消防栓或者消防队（站）门前以及距离上述地点30米以内的路段，除使用上述设施的以外，不得停车；

（四）车辆停稳前不得开车门和上下人员，开关车门不得妨碍其他车辆和行人通行；

（五）路边停车应当紧靠道路右侧，机动车驾驶人不得离车，上下人员或者装卸物品后，立即驶离；

（六）城市公共汽车不得在站点以外的路段停车上下乘客。

第七十七条　乘坐机动车应当遵守下列规定：

（一）不得在机动车道上拦乘机动车；

（二）在机动车道上不得从机动车左侧上下车；

（三）开关车门不得妨碍其他车辆和行人通行；

（四）机动车行驶中，不得干扰驾驶，不得将身体任何部分伸出车外，不得跳车；

（五）乘坐两轮摩托车应当正向骑坐。

案例15　道路通行规定——机动车通行规定

案情简介

1月31日，贝先生驾驶汽车行驶，遇行人正在通过人行横道，未停车让行。交警当场将车截停，核实了其驾驶员身份，适用简易程序向其口头告知了违法行为的基本事实、拟作出的行政处罚、依据及其享有的权利等，并在听取其陈述和申辩后，当场制作并送达简易程序处罚决定书，决定给予其罚款 100 元、扣 3 分的处罚。贝先生不服，向市政府申请行政复议。3 月 27 日，市政府作出行政复议决定书，维持交警大队作出的处罚决定。贝先生又向法院提起诉讼，法院经过开庭审理，于 6 月 21 日判决驳回原告诉讼请求。贝先生不服，向法院提起上诉，请求判令撤销交警大队的处罚决定，要求交警大队赔礼道歉，二审法院驳回其上诉，维持原判。

案例解析

人行横道是行车道上专供行人横过的通道，是法律为行人横过道路时设置的保护线，在没有设置红绿灯的道路路口，行人有从人行横道上优先通过的权利。机动车作为一种快速的交通运输工具，在道路上行驶具有高度的危险性，与行人相比其处于强势地位，因此，要对机动车在道路上行驶时给予一定的权利限制，以保护行人。道路交通安全法规定，机动车行经人行横道时，应当减速行驶；遇行人正在通过人行横道，应当停车让行。贝先生驾驶汽车行经涉案路口时，遇行人先于车辆进入人行横道区域并即将通过车辆前方，未按规定停车让行，该行为违反了上述法律规定。当机动车和行人穿过没有设置红绿灯的道路路口时，任何一方都无法事先准确判断对方是否会停止让行。此时，处于强势地位的机动车应主动停车让行，而不应利用自己的强势迫使行人停步让行。

法条链接

《中华人民共和国道路交通安全法》第四十七条　机动车行经人行横道时，应当减速行驶；遇行人正在通过人行横道，应当停车让行。

机动车行经没有交通信号的道路时，遇行人横过道路，应当避让。

案例 16　道路交通责任认定

案情简介

被告胡某驾驶小车（在甲保险公司投保交强险）沿路由南往北行驶至三岔路口超越其他车辆时，遇由东往西通过该路口骑自行车的原告刘某，双方发生碰撞后，驶至路口西侧，又与被告李某驾驶的小车（在乙保险公司投保交强险）发生碰撞，造成刘某受伤、两车受损的交通事故。经交警部门认定，胡某对该起事故负全部责任，刘某、李某不负责任。刘某向法院起诉，要求判令胡某、李某，以及甲、乙保险公司共同赔偿医疗费、伤残赔偿金等损失 12 万余元（其中医疗费近 5 万元）。

案例解析

本案的争议焦点是乙公司在交强险无责限额范围内是否应当承担赔偿责任。交强险具有法定性、强制性和公益性特征。投保人与保险人之间存在保险合同关系，交强险强调对受害第三人的保护，体现其基本社会保障功能，因而在保险人与受害第三人之间形成一种法定责任，其中最典型的是无责限额范围内赔偿制度。保险人的赔偿责任与机动车驾驶人是否构成侵权责任以及侵权责任大小之间并无关联，赔偿责任在交强险范围内与侵权责任脱钩，不以因果关系为构成要件；而侵权责任则以因果关系为构成要件。将因果关系列为交强险尤其是无责赔偿的前提条件，抹杀了交强险责任与侵权责任之间的区别，有违交强险制度的立法目的。

在本案的机动车交通事故责任认定中，胡某对该起事故负全部责任，刘某、李某不负责任。乙公司作为李某的投保公司，在李某对本起事故不负责任的情况下，仍需在交强险无责限额范围内承担赔偿责任，其中交强险医疗费损失、死亡伤残损失和财产损失无责赔偿限额分别为 1 000 元、11 000 元和 100 元，这一赔偿标准不会导致保险人或者投保义务人承担过重的赔偿责任。不将因果关系列为交强险无责赔偿的前提条件，强化了受害人的救济和保障，平衡了当事人之间的利益，有利于矛盾纠纷的顺利化解。

法条链接

《中华人民共和国道路交通安全法》第七十六条　机动车发生交通事故造成人身伤亡、财产损失的，由保险公司在机动车第三者责任强制保险责任限额范围内予以赔偿；不足的部分，按照下列规定承担赔偿责任：

（一）机动车之间发生交通事故的，由有过错的一方承担赔偿责任；双方都有过错的，按照各自过错的比例分担责任。

（二）机动车与非机动车驾驶人、行人之间发生交通事故，非机动车驾驶人、行人没有过错的，由机动车一方承担赔偿责任；有证据证明非机动车驾驶人、行人有过错的，根据过错程度适当减轻机动车一方的赔偿责任；机动车一方没有过错的，承担不超过10%的赔偿责任。

交通事故的损失是由非机动车驾驶人、行人故意碰撞机动车造成的，机动车一方不承担赔偿责任。

《机动车交通事故责任强制保险条例》第二十三条　机动车交通事故责任强制保险在全国范围内实行统一的责任限额。责任限额分为死亡伤残赔偿限额、医疗费用赔偿限额、财产损失赔偿限额以及被保险人在道路交通事故中无责任的赔偿限额。

机动车交通事故责任强制保险责任限额由国务院保险监督管理机构会同国务院公安部

门、国务院卫生主管部门、国务院农业主管部门规定。

案例 17　教育行政——信息公开纠纷

案情简介

原告白女士报考被告北京某大学英语笔译专业硕士研究生，参加了硕士研究生招生统一入学考试，后未被该校录取。原告认为有人冒名顶替，故向被告北京某大学提出信息公开申请，要求公开其考试的相关信息。被告于 2014 年 4 月 30 日以书面形式作出答复。原告认为被告的答复侵犯了其知情权，将被告诉至法院，请求法院撤销被告于 2014 年 4 月 30 日作出的信息公开答复，责令其依法限期重新予以答复，并公开原告申请获取的相关信息。

被告辩称，被告不是行政机关，被告作出的信息公开答复不是具体行政行为，被告主体不适格；被告依照《高等学校信息公开办法》和《北京某大学信息公开实施办法（试行）》对原告提出的申请事项作出了及时、完整的答复，告知并提供了可以公开的信息内容，对不予公开的部分说明了理由；原告起诉的事实不存在，与本案无关联，请求法院驳回原告的诉讼请求。

法院经审理查明，2014 年 4 月 10 日，白女士向北京某大学提出信息公开申请，要求北京某大学公开如下信息：申请公开该校 2010 年、2011 年、2012 年、2013 年翻译硕士录取名单及其他专业研究生录取名单；申请公开学号 2003050 **的真实信息；申请公开农行卡研究生学费缴纳明细。北京某大学收到白女士的申请书后，于 2014 年 4 月 30 日作出信息公开申请答复书，向白女士公开了北京某大学 2010 年英语笔译专业硕士研究生录取名单，其他申请获取的信息未予公开，而且该名单只公开了录取人员的姓氏，并未公开录取人员的名字。

法院经审理，判决撤销被告北京某大学于 2014 年 4 月 30 日作出的信息公开申请答复书中部分内容；责令被告北京某大学于法定期限内对原告白女士申请公开 2010 年英语笔译专业硕士研究生录取名单（含录取人员完整姓名）的信息予以公开；责令被告北京某大学于法定期限内对原告白女士申请公开学号 2003050 **和农行卡研究生学费缴纳明细的信息重新进行答复。

案例解析

行政诉讼的被告必须是享有行政权的组织，判断本案被告是否适格，首先要看被告是否享有行政权。在我国，实施行政行为的除了国家行政机关以外，还包括其他公共组织，如学校、工会、妇联等社会团体。由于公共组织所实施的行为也往往产生外部性，这些行为都可能涉及相对人的权利，例如，消费者协会对消费者投诉的处理，学校对学生学籍的处理等。因此，现代行政法学将这些公共组织的行政也纳入行政法的调整范围，这些行政组织也可以成为行政诉讼的被告。本案中的学校是受法律法规授权的享有行政权的公共组织，根据政府信息公开条例的相关规定，高校也是信息公开的主体，所以也是本案的适格被告。教育部已明确要求高校招生录取工作要深化信息公开，招生单位须在本单位网站对所有拟录取名单公示不少于10个工作日，并通过全国硕士研究生招生信息公开平台统一备案公开，未经招生单位公示及平台备案的考生一律不得录取，不予学籍注册。就本案而言，原告申请的其中一条信息是要求公开相关的录取人员名单，这条信息不存在不予公开的内容，所以法院直接判令被告向原告进行公开。

法条链接

《中华人民共和国政府信息公开条例》第十九条　对涉及公众利益调整、需要公众广泛知晓或者需要公众参与决策的政府信息，行政机关应当主动公开。

第二十条　行政机关应当依照本条例第十九条的规定，主动公开本行政机关的下列政府信息：

（一）行政法规、规章和规范性文件；

（二）机关职能、机构设置、办公地址、办公时间、联系方式、负责人姓名；

（三）国民经济和社会发展规划、专项规划、区域规划及相关政策；

（四）国民经济和社会发展统计信息；

（五）办理行政许可和其他对外管理服务事项的依据、条件、程序以及办理结果；

（六）实施行政处罚、行政强制的依据、条件、程序以及本行政机关认为具有一定社会影响的行政处罚决定；

（七）财政预算、决算信息；

（八）行政事业性收费项目及其依据、标准；

（九）政府集中采购项目的目录、标准及实施情况；

（十）重大建设项目的批准和实施情况；

（十一）扶贫、教育、医疗、社会保障、促进就业等方面的政策、措施及其实施情况；

（十二）突发公共事件的应急预案、预警信息及应对情况；

（十三）环境保护、公共卫生、安全生产、食品药品、产品质量的监督检查情况；

（十四）公务员招考的职位、名额、报考条件等事项以及录用结果；

（十五）法律、法规、规章和国家有关规定规定应当主动公开的其他政府信息。

案例 18　教育行政——颁发证书纠纷

案情简介

杨某系天津某大学材料科学与化学工程学院毕业生，其在大学一年级的分析化学期末考试中夹带复习材料，被考场巡视人员和监考老师当场发现。该校对杨某作出处理决定，认定其考试作弊并对其此次考试成绩以零分计，并依据该校《关于对学生管理规定中有关考试作弊条款的修订意见》第一条第二项“考试作弊者作弊科目成绩以零分计算，并不准正常补考，对考试作弊者，给予留校察看处分”的规定，作出留校察看处分，1 年后学校对其作出解除留校察看的处分。

杨某于本科毕业时，取得本科毕业证书。但该校材料科学与化学工程学院对杨某的学士学位资格进行审查时，依据该校《关于授予本科毕业生学士学位的规定》第二条“违反校纪，受记过（含记过）以上处分者和凡考试作弊者不授予学士学位”的规定，将杨某列入不授予学士学位者名单中，并报送该校材料科学与化学工程学院学位评定分委会审议。材料科学与化学工程学院学位评定分委会经审议通过了不授予学士学位的学生名单，认为杨某不符合授予学士学位的条件并报学校学位评定委员会。学校学位评定委员会审议通过了年度授予学士学位的名单，杨某不在此名单中。之后，该校学位评定委员会审议通过了当年本科毕业生不授予学士学位名单，杨某在此名单中。杨某因没有获得学士学位将母校告上法庭。

案例解析

大学是国务院授权的学士学位授予单位，其代表国家行使对受教育者授予学士学位、颁发学士学位证书的职权。该校提供的证据能够证明其已组织其所属院系学位评定分委会对杨某学位问题进行审查后，报校学位评定委员会进行审查决定。因大学所属院系学位评定分委会和校学位评定委员会均未通过授予杨某学士学位，故决定不授予杨某学士学位。该校对杨某的学士学位资格已按照规定的程序进行了审核，杨某对此也给予了认可。

那么，该校自行制定的《关于授予本科毕业生学士学位的规定》是否违反《中华人民共和国学位条例》中关于授予学士学位的原则性规定？杨某在考试过程中夹带复习材料行为系考试作弊行为，符合教育部《国家教育考试违规处理办法》第六条第一项规定，即携带与考试内容相关的材料应当认定为考试作弊。学位条例规定了授予学士学位的条件，客观上必然存在不授予学士学位的情形。《中华人民共和国学位条例暂行实施办法》第二十五条规定，学位授予单位可根据本暂行实施办法，制定本单位授予学位的工作细则，该校

《关于授予本科毕业生学士学位的规定》第二条“违反校纪，受记过（含记过）以上处分者和凡考试作弊者不授予学士学位”的规定并不违反学位条例关于授予学士学位的原则性规定。

该校对杨某的学士学位资格已按照法律规定的程序进行了审核，并作出不授予学士学位的决定，杨某的诉讼请求没有事实依据和法律依据，法院驳回了杨某的诉讼请求。

法条链接

《中华人民共和国学位条例》第八条　学士学位，由国务院授权的高等学校授予；硕士学位、博士学位，由国务院授权的高等学校和科学研究机构授予。

授予学位的高等学校和科学研究机构（以下简称学位授予单位）及其可以授予学位的学科名单，由国务院学位委员会提出，经国务院批准公布。

《中华人民共和国学位条例暂行实施办法》第三条　学士学位由国务院授权的高等学校授予。高等学校本科学生完成教学计划的各项要求，经审核准予毕业，其课程学习和毕业论文（毕业设计或其他毕业实践环节）的成绩，表明确已较好地掌握本门学科的基础理论、专门知识和基本技能，并且有从事科学研究工作或担负专门技术工作的初步能力的，授予学士学位。

第四条　授予学士学位的高等学校，应当由系逐个审核本科毕业生的成绩和毕业鉴定等材料，对符合本暂行办法第三条及有关规定的，可向学校学位评定委员会提名，列入学士学位获得者的名单。

第二十五条　学位授予单位可根据本暂行实施办法，制定本单位授予学位的工作细则。

第五章 维护劳动权益，创造美好未来

案例1 劳动法律关系

案情简介

班某于2017年4月26日入职某工厂，担任模具工。同年6月20日，工厂以班某试用期不合格为由要求班某书写辞工书，班某拒绝，并提起劳动仲裁，要求工厂向其支付违法解除劳动合同赔偿金5 000元及高温补贴150元。然而，在诉讼中，班某无法提供劳动合同、工作证、工资发放记录等证据，仅有一件工装为证，双方就班某与工厂是否存在劳动关系各执一词。

案例解析

本案的争议焦点是班某与工厂之间是否存在劳动关系。劳动者与企业存在劳动关系是劳动者主张权益的基础。在社会实践中，很多劳动者缺乏相关法律知识与法律意识，没有与用人单位签订劳动合同，一旦发生纠纷，无法提交证明存在劳动关系的证据，这对劳动者是非常不利的。根据我国法律规定，在企业未与劳动者签订劳动合同的情况下，可以通过工资发放记录、工作证、服务证、企业招工登记表、考勤记录、社保记录等多种途径证明存在劳动关系。在本案中，承办法官通过一件工装“顺藤摸瓜”，临时前往工厂，对工厂车间的工作人员进行突击询问，最终查明了案件事实，查实班某确系工厂聘请的工人，双方存在劳动关系，班某胜诉，劳动者的合法权益依法得到了维护。

法条链接

《中华人民共和国劳动合同法》第七条　用人单位自用工之日起即与劳动者建立劳动关系。用人单位应当建立职工名册备查。

《劳动和社会保障部关于确立劳动关系有关事项的通知》第二条　用人单位未与劳动者签订劳动合同，认定双方存在劳动关系时可参照下列凭证：

（一）工资支付凭证或记录（职工工资发放花名册）、缴纳各项社会保险费的记录；

（二）用人单位向劳动者发放的“工作证”“服务证”等能够证明身份的证件；

（三）劳动者填写的用人单位招工招聘“登记表”“报名表”等招用记录；

（四）考勤记录；

（五）其他劳动者的证言等。

其中，（一）、（三）、（四）项的有关凭证由用人单位负举证责任。

案例 2　工时制度

案情简介

某外资企业是以生产出口产品为主的公司。受外部环境的影响，产品出口量曾在一段时间内大大降低，公司因此不得不压缩生产，时常放假让员工回家。一日，公司突然接到国外的一份订单，要求公司尽快供货。公司经理考虑到要求交货的期限十分紧张，于是向全体员工宣布：在3个月内，全公司员工每天加班4小时，周六、周日一律不休息；等到完成这批供货后，公司将比照国家综合计算工时制度的标准，给全体人员放假。经历了1个多月没有休息日的连续工作后，一些员工因连续工作感到疲劳或因家中有事儿需要处理，想要申请周日休息，但遭到了公司的拒绝，并被告知：谁若在周日擅自休息，不来上班，公司将对其按旷工处理，并扣发当月奖金。有员工对公司的这种做法十分有意见，便到公司工会反映。工会主席和专职工会干部出面向大家作了解释，考虑到此次公司生产的需要，工会同意公司安排员工连续加班。员工们听完工会的解释，非常失望。在无奈之中，大家一起来到了劳动争议仲裁委员会，希望劳动争议仲裁委员会依法保护他们的休息权。

案例解析

我国目前实行劳动者每日工作8小时、每周工作40小时这一标准工时制。根据我国相关法律法规的规定，工时制度有3种，即标准工时制、综合工时制和不定时工时制。有条件的企业应实行标准工时制，有些企业因工作性质和生产特点不能实行标准工时制，应保证劳动者每天工作不超过 8 小时、每周工作不超过 40 小时、每周至少休息 1 天。

所谓加班，一般指用人单位由于生产经营需要，经与工会和劳动者协商后，安排劳动者在法定工作时间以外工作。为了保护劳动者的休息权，国家对加班时长进行了严格的限制：用人单位延长工作时间一般每日不得超过 1 小时，特殊原因需要延长工作时间的，每日不得超过 3 小时，且每月不得超过 36 小时。需要注意的是，加班是建立在用人单位与劳动者协商基础上的，用人单位不得强迫劳动者加班。

本案中，公司征得了工会的同意，为完成供货而暂时采取综合计算工时的办法，让职工连续上班 3 个月后，再放长假集中休息。此办法看似合乎情理，但由于未经劳动行政部门的批准，实际上是违反劳动法的，它侵犯了职工的休息权，应当予以纠正。工会组织代表与企业组织代表应在调整劳动关系的过程中相互协调、相互监督，及时解决实践中的各种问题。

因我国《劳动法》是 1994 年 7 月 5 日通过的，该法确认了“每日工作 8 小时，平均每周工作 44 小时”标准工时制度。而 1995 年 2 月 17 日国务院通过《关于修改〈国务院关于职工工作时间的规定〉的决定》：从 1995 年 5 月 1 日起我国实行“职工每日工作 8 小时、每周工作 40 小时”的工时制度。国家机关、事业单位实行统一工作时间，星期六、星期日为周休息日。由于法律修改的滞后性，国务院在对工时制度进行修改后，《劳动法》一直没有对原有条文表述进行调整，造成了实务中法律适用的困惑。我们可以这样理解：缩短工时的世界性趋势，国务院规定的 40 小时也没有超过 44 小时，从这个角度上来说，也符合《劳动法》的规定。除了工时制度，目前国家执行的产假天数、法定节假日天数等规定都与《劳动法》中的规定有所不同，虽然这些内容《劳动法》至今未进行修改，但我们今天所处的社会环境与 20 年前立法时已截然不同，社会实践中也都是按照国务院更有利于劳动者的新规定去执行的。

法条链接

《中华人民共和国劳动法》第三十六条　国家实行劳动者每日工作时间不超过 8 小时、平均每周工作时间不超过 44 小时的工时制度。

第三十八条　用人单位应当保证劳动者每周至少休息 1 日。

第三十九条　企业因生产特点不能实行本法第三十六条、第三十八条规定的，经劳动行政部门批准，可以实行其他工作和休息办法。

第四十一条　用人单位由于生产经营需要，经与工会和劳动者协商后可以延长工作时间，一般每日不得超过 1 小时；因特殊原因需要延长工作时间的，在保障劳动者身体健康的条件下延长工作时间每日不得超过 3 小时，但是每月不得超过 36 小时。

案例 3　休息休假制度

案情简介

司机张某到某公司工作，双方签订了期限为 2 年的劳动合同。可在这份劳动合同之外，公司还要求张某签订一份承诺书，承诺书中规定张某无年休假。工作 1 年后，公司要求张某除了开车以外，还要负责车辆维修、协助经理工作等，而张某认为自己应该享受带薪年休假，要求单位支付未休的年休假工资。可公司却显得"理直气壮"：一是认为张某已经签订了承诺书，认可其中无年休假的规定；二是张某作为司机，其负责开的车辆每周都有 1 天限行，车辆限行时间就应该可以折抵年休假。双方发生劳动争议无法达成和解，张某将公司告上法庭。法院根据双方劳动合同的内容，判断张某的工作内容除了开车以外，还要负责车辆维修、协助经理工作等，车辆限行期间虽然不能出车，但并不代表他可以不工作而享受年休假。因此，公司提出的车辆限行时间可以折抵年休假的主张不能成立。至于承诺书，法院指出，带薪年休假是劳动者的法定权利，双方之间关于劳动者无年休假的约定根本就是无效约定。据此，法院支持张某的诉求。

案例解析

带薪年休假是劳动者享受的法定休假权利之一，法律对于劳动者的带薪年休假已经作出了最低标准的规定，任何用人单位都不能通过约定的方式降低劳动者依法应当享受的年休假待遇，否则这种约定就会因为违法而被认定为无效。

劳动者应当明确自己所享受的法定权利，在签订劳动合同以及其他附属协议时，要保持一定的警觉性。一旦用人单位要求劳动者签署的文件中有限制、剥夺法定权利的相关内容，劳动者可以明确予以拒绝，或者积极使用法律手段维护自身合法权益。

法条链接

《中华人民共和国劳动法》第四十五条　国家实行带薪年休假制度。劳动者连续工作 1 年以上的，享受带薪年休假。具体办法由国务院规定。

案例 4　工资制度

案情简介

甲是广州市某公司的员工，每到冬天，对甲所在的公司来说，属于生产淡季。在 2019 年的冬天，为减少开支，虽然甲等员工并不愿意，公司还是决定只留少部分人在公司维持基本工作运转，其余包括甲在内的大多数员工“放假”3 个月。“放假”的日子里，公司并没有向员工们支付过任何费用，甲等人曾向公司索要。可公司认为劳动报酬自然是以劳动为前提，甲等人在放假之后没有提供劳动，因此也就无权获取报酬。

案例解析

本案的焦点是用人单位在劳动者放假期间不支付任何费用的做法是否正确。一般来说，劳动者获取劳动报酬，的确是以向用人单位提供劳动为前提，未付出劳动则无权要求用人单位支付劳动报酬。但在特殊情况下，劳动者即使没有提供劳动，也可以获得劳动报酬或生活费。《工资支付暂行规定》第十二条规定，非因劳动者原因造成单位停工、停产在一个工资支付周期内的，用人单位应按劳动合同规定的标准支付劳动者工资。超过一个工资支付周期的，若劳动者提供了正常劳动，则支付给劳动者的劳动报酬不得低于当地的最低工资标准；若劳动者没有提供正常劳动，应按国家有关规定办理。其中的“按国家有关规定办理”，通常是按照不低于最低工资的 70%～80%，向劳动者支付生活费直到复产、复工。因为甲等人“放假”是公司造成的，也就意味着公司在第一个月应当按劳动合同规定的标准向他们支付工资，此后则必须支付生活费。

法条链接

《工资支付暂行规定》第十二条　非因劳动者原因造成单位停工、停产在 1 个工资支付周期内的，用人单位应按劳动合同规定的标准支付劳动者工资。超过 1 个工资支付周期的，若劳动者提供了正常劳动，则支付给劳动者的劳动报酬不得低于当地的最低工资标准；若劳动者没有提供正常劳动，应按国家有关规定办理。

《广东省工资支付条例》第三十九条　非因劳动者原因造成用人单位停工、停产，未超过 1 个工资支付周期（最长 30 日）的，用人单位应当按照正常工作时间支付工资。超过一个工资支付周期的，可以根据劳动者提供的劳动，按照双方新约定的标准支付工资；用人单位没有安排劳动者工作的，应当按照不低于当地最低工资标准的 80%支付劳动者生活费，生活费发放至企业复工、复产或者解除劳动关系。

案例5　女职工劳动保护制度

案情简介

李某于2018年5月3日入职某公司担任某系统开发工程师，双方签订了为期3年的劳动合同。2018年12月16日，李某经超声检查诊断已怀孕12周。2019年1月10日，公司以李某违纪为由向李某送达了解除劳动合同通知书，该通知书载明“经公司调查核实，你面试和入职的过程中提供给公司关于是否结婚的人事资料为虚假信息，从而违反了员工入职须知中最后一条。所以公司郑重通知你，从2019年1月10日起予以辞退”。另查，李某入职时填写的应聘登记表显示，李某将婚姻状况勾选为“未婚”，但实际上李某已于2018年1月4日登记结婚。李某申请仲裁，要求撤销公司作出的解除劳动合同通知书，继续履行劳动合同。仲裁裁决后，公司不服，诉至法院。法院经审理，判决支持李某要求撤销公司解除劳动合同通知书并继续履行劳动合同的诉请。

案例解析

本案涉及女职工的合法权益问题。现行法律法规对于女职工的劳动权益给予特殊保护。而实践中，有些用人单位考虑到女职工的身体状况、生理特点以及可能会涉及的怀孕、生育等实际情况，往往不与女职工订立书面劳动合同，或者在劳动合同中明确约定在职期间不得怀孕等条件，以为这样便可以随时解聘女职工而避免麻烦。

本案中，李某虽未如实陈述其婚姻状况，但李某在公司应聘及担任的是某系统开发工程师，李某的婚姻状态并非其从事该工作的实质要件或基本技能条件，其已婚与否并不影响公司的正常经营，也不影响其与公司之间劳动合同的效力和履行，故其行为并不构成对用人单位规章制度的严重违反。公司以李某隐瞒婚姻状况为由与其解除劳动合同构成违法解除劳动关系，因此，对于李某要求撤销公司解除劳动合同通知书并继续履行劳动合同的诉请，法院予以支持。

法条链接

《中华人民共和国劳动合同法》第四十二条　劳动者有下列情形之一的，用人单位不得依照本法第四十条、第四十一条的规定解除劳动合同：

（一）从事接触职业病危害作业的劳动者未进行离岗前职业健康检查，或者疑似职业病病人在诊断或者医学观察期间的；

（二）在本单位患职业病或者因工负伤并被确认丧失或者部分丧失劳动能力的；

（三）患病或者非因工负伤，在规定的医疗期内的；

（四）女职工在孕期、产期、哺乳期的；

（五）在本单位连续工作满 15 年，且距法定退休年龄不足 5 年的；

（六）法律、行政法规规定的其他情形。

《中华人民共和国妇女权益保障法》第二十七条　任何单位不得因结婚、怀孕、产假、哺乳等情形，降低女职工的工资，辞退女职工，单方解除劳动（聘用）合同或者服务协议。但是，女职工要求终止劳动（聘用）合同或者服务协议的除外。

各单位在执行国家退休制度时，不得以性别为由歧视妇女。

案例 6　劳动安全与卫生保障

案情简介

王某被某塑料制品有限公司录用，在注塑车间担任操作工，劳动合同为 2 年。王某的劳动合同到期后，公司表示不再与其续签劳动合同，并向王某发出了劳动合同期满终止通知书，支付了其 2 个月的经济补偿。王某向公司提出为其安排体检，但公司表示，公司每年 10 月份都安排所有职工参加例行的健康体检，现王某劳动合同期满终止，无须进行专门的离岗前健康体检。王某不服，向当地劳动争议仲裁委员会提起仲裁，他认为，公司未安排其进行离岗前健康体检而与其终止劳动合同的行为系违法终止，应支付其赔偿金。经劳动争议仲裁委员会调解，双方最终达成协议：公司为王某安排离岗前健康体检，体检费用由公司承担。如体检报告为无职业病，双方劳动关系续延至体检当月终止。体检期间，王某不用上班，公司按王某在职期间的工资待遇支付其工资。

案例解析

本案的焦点在于用人单位终止从事接触职业病危害作业的劳动者的劳动合同时，是否需要先对劳动者进行离岗前的健康体检？用人单位安排从事接触职业病危害作业的劳动者进行离岗职业健康检查是其法定义务，该项义务并不因劳动者与用人单位协商一致解除劳动合同而当然免除。因此，劳动者未明确已经知晓并放弃离岗前职业健康检查权利的，即便双方就解除劳动关系协商一致，单位也必须安排劳动者进行离岗前职业健康检查，对未进行离岗前职业健康检查的劳动者不得解除或者终止与其订立的劳动合同。本案中，王某的岗位为接触职业病危害作业的岗位，因此他的要求合理合法。

法条链接

《中华人民共和国劳动合同法》第四十二条　劳动者有下列情形之一的，用人单位不得依照本法第四十条、第四十一条的规定解除劳动合同：

（一）从事接触职业病危害作业的劳动者未进行离岗前职业健康检查，或者疑似职业病病人在诊断或者医学观察期间的；

（二）在本单位患职业病或者因工负伤并被确认丧失或者部分丧失劳动能力的；

（三）患病或者非因工负伤，在规定的医疗期内的；

（四）女职工在孕期、产期、哺乳期的；

（五）在本单位连续工作满15年，且距法定退休年龄不足5年的；

（六）法律、行政法规规定的其他情形。

《中华人民共和国职业病防治法》第三十五条　对从事接触职业病危害的作业的劳动者，用人单位应当按照国务院卫生行政部门的规定组织上岗前、在岗期间和离岗时的职业健康检查，并将检查结果书面告知劳动者。职业健康检查费用由用人单位承担。

用人单位不得安排未经上岗前职业健康检查的劳动者从事接触职业病危害的作业；不得安排有职业禁忌的劳动者从事其所禁忌的作业；对在职业健康检查中发现有与所从事的职业相关的健康损害的劳动者，应当调离原工作岗位，并妥善安置；对未进行离岗前职业健康检查的劳动者不得解除或者终止与其订立的劳动合同。

职业健康检查应当由取得《医疗机构执业许可证》的医疗卫生机构承担。卫生行政部门应当加强对职业健康检查工作的规范管理，具体管理办法由国务院卫生行政部门制定。

案例7　社会保险制度

案情简介

王某是外来务工人员，在某酒店从事服务工作。王某与酒店在劳动合同中约定，王某书面承诺不需要酒店为其缴纳社会保险费，酒店每月支付王某社会保险费补贴200元。后来，王某听说社会保险费可以全国转移，又要求酒店为其缴纳社会保险费，酒店以有约在先为由予以拒绝。王某以酒店未为其依法缴纳社会保险费为由解除劳动合同，并要求酒店补缴社会保险费和支付经济补偿。同时王某向当地劳动争议仲裁委员会申请劳动仲裁。劳动争议仲裁委员会认为，王某的书面承诺无效。王某可以此为由解除劳动合同，但要求酒店支付经济补偿，劳动争议仲裁委员会不予支持。

案例解析

劳动者不愿意缴纳社会保险费，并书面承诺不需要其所在用人单位为其缴纳社会保险费的，其法律后果是什么？根据社会保险法规定，参加社会保险是国家强制性赋予用人单位和劳动者的法定义务，不属于当事人双方可以约定的事项。本案中，双方约定的放弃缴纳社会保险费的协议违反了法律的强制性规定，应属无效。因此，王某要求酒店补缴社会保险费的请求是合理的，但王某同时应返还酒店支付的每月社会保险费补贴。此外，酒店未为王某缴纳社会保险费是由王某个人原因造成，不可归责于酒店，王某以此为由要求用人单位支付经济补偿没有法律依据。

法条链接

《中华人民共和国劳动法》第七十条　国家发展社会保险事业，建立社会保险制度，设立社会保险基金，使劳动者在年老、患病、工伤、失业、生育等情况下获得帮助和补偿。

第七十二条　社会保险基金按照保险类型确定资金来源，逐步实行社会统筹。用人单位和劳动者必须依法参加社会保险，缴纳社会保险费。

案例 8　试用期

案情简介

小杰是某高校毕业生，2018 年 7 月进入一家电器公司工作，双方签订了为期 1 年的劳动合同，约定试用期 3 个月，同时约定试用期月工资 7 000 元，转正后月工资 9 000 元。然而，入职两个多月，公司就以小杰试用期内不符合录用标准为由与他解除了劳动关系。小杰以要求公司支付其工资差额及违法解除劳动关系赔偿金为由申请劳动仲裁，后诉至法院。在庭审中，公司表示在对小杰进行考核后认为小杰的表现不符合录用条件，但并未就公司的录用条件、考核标准及小杰不符合录用条件的缘由进行举证。最终，法院认定公司与小杰约定的试用期不符合法律规定且系违法解除，支持了小杰的诉讼请求。

案例解析

初入职场的毕业生们，难免会遇到与用人单位约定试用期的情况，那么，试用期间需要注意哪些事项呢？我国劳动合同法就试用期的期限长短、工资标准都进行了明确的规定。在本案中，公司与小杰签订了为期 1 年的劳动合同，但却约定了 3 个月的试用期，试用期工资低于劳动合同约定工资的 80%，这些约定均违反了法律的规定，致使小杰的工资低于法定标准，故法院判令公司向小杰支付在职期间的工资差额。

虽然劳动合同法规定，如若劳动者在试用期内被证明不符合录用条件的，用人单位可以与劳动者解除劳动关系，但对于用人单位而言，首先需要有明确的录用条件及考核标准，并需要明确告知劳动者；同时，用人单位需要举证证明在试用期内对劳动者进行了考核，能够认定劳动者不符合用人单位的录用条件，并且需说明解除劳动合同的理由。此外，用人单位以劳动者不符合录用条件为由与劳动者解除劳动关系的，应当在试用期期限内提前进行通知，试用期届满后与劳动者解除劳动关系的，为违法解除。

法条链接

《中华人民共和国劳动合同法》第十九条　劳动合同期限3个月以上不满1年的，试用期不得超过1个月；劳动合同期限1年以上不满3年的，试用期不得超过2个月；3年以上固定期限和无固定期限的劳动合同，试用期不得超过6个月。

同一用人单位与同一劳动者只能约定1次试用期。

以完成一定工作任务为期限的劳动合同或者劳动合同期限不满3个月的，不得约定试用期。

试用期包含在劳动合同期限内。劳动合同仅约定试用期的，试用期不成立，该期限为劳动合同期限。

第二十条　劳动者在试用期的工资不得低于本单位相同岗位最低档工资或者劳动合同约定工资的80%，并不得低于用人单位所在地的最低工资标准。

第二十一条　在试用期中，除劳动者有本法第三十九条和第四十条第一项、第二项规定的情形外，用人单位不得解除劳动合同。用人单位在试用期解除劳动合同的，应当向劳动者说明理由。

案例9　补签劳动合同

案情简介

张某于2015年4月28日入职上海某咨询公司，从事售后服务工作，公司未及时与张某签署劳动合同。2015年9月10日，公司与张某签署劳动合同，其中约定：劳动合同期限从2015年4月28日起至2018年4月27日，劳动合同自2015年4月28日起生效。劳动合同首页印刷的合同签署日期为：2015年4月28日；最后一页签章页中，公司签章处落款日期为：2015年4月28日。2016年5月20日，张某向公司所在地的劳动争议仲裁委员会申请仲裁，以公司未按劳动合同法要求及时签署劳动合同为由，要求公司支付2015年5月28日至2015年9月9日之间的双倍工资差额。劳动争议仲裁委员会、一审法院均驳回了张某要求公司支付双倍工资差额的诉讼请求。张某不服一审判决，提起上诉。二审庭审中，法官不认同一审法院判决，认为应当支持张某要求支付双倍工资差额的请求，在二审判决前，公司与张某达成和解，公司向张某支付了部分双倍工资差额，双方调解结案。

案例解析

本案涉及的法律问题是，用人单位未及时与员工签署劳动合同超过1个月，但其后双方补签了劳动合同，在签署时间上进行了倒签。同时，用人单位为员工补缴了社会保险费和住房公积金，员工利益没有受损。在这种情形下，用人单位是否需要给付员工双倍工资？《中华人民共和国劳动合同法》第八十二条规定，用人单位自用工之日起超过1个月不满1年未与劳动者订立书面劳动合同的，应当向劳动者每月支付2倍的工资。事后的补签或者倒签不能抹杀合同未及时签署的事实。

很多用人单位因各种各样的原因，未在员工入职后1个月内与劳动者签署书面劳动合同，并采取后续补签或者倒签劳动合同的方式来补救。但根据以往的判例，补签或倒签并不能免除用人单位要承担双倍工资责任的风险，即使劳动者当时认可倒签，但一旦劳动者提起仲裁或诉讼，法院很有可能判决用人单位需要支付用工之日起1个月至实际签署劳动合同日的双倍工资差额。劳动合同法中关于签署日期、生效日期的一般规定，并不一定能运用到劳动合同纠纷中来，法院在审理劳动合同纠纷时，一般会严格按照劳动合同法的规定，并在充分考虑保护劳动者利益的基础上作出裁判。

法条链接

《中华人民共和国劳动合同法》第十条　建立劳动关系，应当订立书面劳动合同。

已建立劳动关系，未同时订立书面劳动合同的，应当自用工之日起1个月内订立书面劳动合同。

用人单位与劳动者在用工前订立劳动合同的，劳动关系自用工之日起建立。

第八十二条　用人单位自用工之日起超过1个月不满1年未与劳动者订立书面劳动合同的，应当向劳动者每月支付2倍的工资。

用人单位违反本法规定不与劳动者订立无固定期限劳动合同的，自应当订立无固定期限劳动合同之日起向劳动者每月支付2倍的工资。

案例10 职业培训

案情简介

晓燕从医科大学毕业回到家乡，通过公开招聘进入县医院临床岗位工作。双方签订了聘用合同，合同期限自2014年7月20日起至2019年7月19日止。入职医院后，晓燕立足本职工作，不断钻研业务，几年之后，已成为医院的青年骨干，受到大家的一致好评。2018年，县医院计划选派一名医生到市医院进修培训，年富力强、表现优异的晓燕成为主要人选。经过层层考核，晓燕最终获得了这次进修学习的机会，进修时间为2018年5月至2018年11月，进修费用2.3万元由县医院全额负担。由于担心晓燕学成归来后过早离职，给医院带来损失，在晓燕临行之际，县医院与其签订了专业技术培训协议，约定培训结束后，晓燕必须在县医院工作满5年才能调动或应聘到其他医疗单位，否则要支付违约金10万元。劳动合同期限届至，县医院向晓燕发出《续签聘用合同通知书》。而此时的晓燕决定离开县医院，拒绝了县医院的续聘请求，并且提交了辞职申请，于2019年9月11日离职。县医院认为，根据专业技术培训协议，晓燕服务期未满就辞职，应当依约支付违约金10万元。双方对此无法达成一致意见，县医院向劳动人事争议仲裁委员会申请仲裁，该仲裁委员会裁决晓燕支付县医院违约金8万元。晓燕不服，起诉至法院，请求判决不支付县医院违约金。一审法院审理后，判决晓燕支付违约金1.9万元。县医院不服，提起上诉。二审法院审理后判决：驳回上诉，维持原判。

案例解析

择业自由权虽是劳动者的一项基本权利，但劳动者在行使该项权利时，要谨记任何权利都是有边界的，如果随意失信、“任性”毁约，就要承担相应的法律责任。用人单位为防止专业人才跳槽，损害自身权益，在与劳动者订立服务期协议时，亦应依法合理约定违约金数额。在本案中，晓燕与县医院之间的劳动合同期限为2014年7月20日至2019年7月19日，约定的服务期为2018年11月至2023年11月，晓燕2019年9月11日离职时虽然劳动合同期满，但尚在服务期内，故晓燕构成违约，应承担相应的违约责任。晓燕与县医院签订的专业技术培训协议中约定了违约金10万元，该约定高于县医院实际支付的培训费用2.3万元，违反了法律规定，故违约金应调整为2.3万元。双方约定的服务期为5年（即60个月），晓燕已履行的服务期为10个月，故晓燕还应支付的违约金为尚未履行的50个月服务期分摊下来的培训费用，遂判决晓燕支付县医院违约金1.9万元。

法条链接

《中华人民共和国劳动合同法》第二十二条　用人单位为劳动者提供专项培训费用，对其进行专业技术培训的，可以与该劳动者订立协议，约定服务期。

劳动者违反服务期约定的，应当按照约定向用人单位支付违约金。违约金的数额不得超过用人单位提供的培训费用。用人单位要求劳动者支付的违约金不得超过服务期尚未履行部分所应分摊的培训费用。

用人单位与劳动者约定服务期的，不影响按照正常的工资调整机制提高劳动者在服务期期间的劳动报酬。

案例 11　劳动合同的订立

案情简介

某木门有限责任公司是一家以制造、销售室内门为主的企业。2018 年 5 月至 2019 年 10 月，唐某等 10 人先后在该公司从事漆工、刮灰、贴纸等工作，报酬按件计算，以月为计酬期间，该木门有限责任公司法定代表人王某在每月 10 日左右，通过网银转账方式支付上月报酬，但双方未签订劳动合同，公司也未为唐某等人购买任何保险。根据其工种和工作完成情况，唐某等人每月报酬在 4 500 元至 12 000 元不等。

2019 年 8 月至 10 月，唐某等人因与该木门有限责任公司发生矛盾，先后离开公司，以该木门有限责任公司未与他们 10 人签订劳动合同为由，申请劳动仲裁，请求该木门有限责任公司支付他们双倍工资差额。

劳动争议仲裁委员会认为，该木门有限责任公司与唐某等人构成劳动关系，由于该木门有限责任公司未与劳动者签订劳动合同，裁决该公司支付唐某等人双倍工资差额。

公司不服仲裁裁决，认为公司与唐某等 10 人不构成劳动关系，公司法定代表人王某每月转账支付报酬系个人行为，只能表明王某个人与唐某等人存在劳务关系，遂诉至法院。法院作出判决，判令该公司支付双倍工资差额 50 余万元。

案例解析

本案中，某木门有限责任公司及其法定代表人王某均未与唐某等 10 人签订书面劳动合同，王某作为公司的法定代表人，每月固定日期通过网银转账方式支付唐某等人上月报酬的行为符合劳动关系中支付劳动报酬的特征，故唐某等 10 人与该公司成立相对稳定的事实上的劳动合同关系，而非劳务关系。由于该木门有限责任公司自用工之日起超过 1 个月未与劳动者订立书面劳动合同，适用我国劳动合同法双倍工资惩罚性规定。

司法实践中，一些用人单位出于规避用工风险、少缴社会保险费用等目的，或者认为其在用工上属劳务关系，不与劳动者签订书面劳动合同。劳动者处于弱势，在用工过程中一般不会提出异议，但一旦离职后，便会向用人单位主张其权利，用人单位常常得不偿失。尤其是一些小微企业沿用家庭作坊模式经营管理，因法律意识不到位，往往不签订书面劳动合同，是违反法律规定的，会面临支付双倍工资的风险。综上，无论劳动者还是用人单位，都应依法及时订立劳动合同。

法条链接

《中华人民共和国劳动合同法》第十条　建立劳动关系，应当订立书面劳动合同。

已建立劳动关系，未同时订立书面劳动合同的，应当自用工之日起1个月内订立书面劳动合同。

用人单位与劳动者在用工前订立劳动合同的，劳动关系自用工之日起建立。

第八十二条　用人单位自用工之日起超过1个月不满1年未与劳动者订立书面劳动合同的，应当向劳动者每月支付2倍的工资。

用人单位违反本法规定不与劳动者订立无固定期限劳动合同的，自应当订立无固定期限劳动合同之日起向劳动者每月支付2倍的工资。

案例12　劳动合同的变更

案情简介

李某在某外资公司工作，他大专毕业又有技师职称，在公司的工作岗位一直是电工，劳动合同书上也是这么约定的。李某收入为每月3 600元左右，他对这份工作很满意。但是，在公司组织的一次体检中，他被查出患有高血压，于是公司提出，由于高血压不能登高作业，不符合电工的岗位要求，要将他的岗位变更为普通工，报酬也降为每月1 300元。李某表示不同意，认为调动岗位要协商一致。但不管他同意不同意，在他还处在停工医疗期的阶段，公司就发出一份通知书，宣布将他的岗位调整为普通工，双方于是发生争议。李某认为，劳动合同的变更，应当经双方当事人协商一致，在没有协商一致的情况下，用人单位无权单方面变更合同；他当时查出患有高血压并不意味着今后一直会有高血压，因为在后来的一次就诊时，血压并不高，而现在他要求公司相关人员再和他一起到医院量一次血压，公司相关人员却不去。公司则认为，根据电工岗位的要求，不让李某做电工既是为了公司好，更是为他好；有了高血压就治不好了，要经常发作，更何况劳动合同中有“单位可以调动岗位”的约定。

案例解析

本案争议焦点是：李某身体状况不适合原合同约定的岗位要求时，公司是否有权单方面变更合同？变更劳动合同，应当经双方当事人协商一致，并采用书面形式。当事人协商不成的，劳动合同应当继续履行，但法律、法规另有规定的除外。劳动合同的变更一定要建立在平等自愿、双方协商一致的情况下。劳动合同的变更要有依据和事实：一个是要看双方当事人有没有过约定；二是要结合相关法律法规的规定。也就是说，劳动合同变更时，应先看劳动合同中有没有“单位调动职工岗位，职工必须服从”的约定，如果有此类约定，那就要从其约定。如果单位调动岗位是由于职工的身体状况，那就要看职工所从事的岗位国家有没有身体状况方面的要求，如果有而职工又不具备这种岗位所要求的身体条件的话，那单位也可以据此调动该职工的工作岗位。所以结合该案来看，单位有调动的依据，李某身体不佳也是事实，所以李某应该服从这种调动。不过从什么时候开始调动值得商榷。一种是立即调动，一种是在李某法定的医疗期结束之后，如他仍不胜任，再予以调动。如果单位调动的理由的确是李某身体不能胜任，也应在他医疗期结束后再定。当然，如果双方就合同的变更不能达成一致，也可以协商解除合同。

法条链接

《中华人民共和国劳动合同法》第二十九条　用人单位与劳动者应当按照劳动合同的约定，全面履行各自的义务。

第三十五条　用人单位与劳动者协商一致，可以变更劳动合同约定的内容。变更劳动合同，应当采用书面形式。

变更后的劳动合同文本由用人单位和劳动者各执一份。

案例 13　劳动合同解除——即时解除

案情简介

冯某于 1987 年进入某公司从事汽机检修工作。自 2014 年 12 月至 2018 年 1 月，冯某持某医院诊断证明书向公司请休病假。2018 年 7 月，该公司前往医院查证核实冯某提供的诊断证明的真实性，该医院经调阅就诊记录后，向该公司出具证明一份，该证明显示，26

份诊断证明中只有4份诊断证明在其医院有就诊记录，其余22份均未有任何就诊记录，冯某提交的这22份诊断证明均系虚假证明。2018年7月31日，该公司召开会议认为冯某提供虚假诊断证明请假的行为违反了公司制定的《员工奖惩管理办法》，决定解除与冯某的劳动合同。冯某不服，申请仲裁并诉至法院，仲裁委员会和法院均支持了公司的决定，即解除双方之间的劳动关系。

案例解析

劳动者应当遵守劳动纪律。本案中，冯某提供虚假病假条骗取休假具有明显的欺诈性，违背了诚实信用原则和用人单位的规章制度。如果企业有相关的规章制度，用虚假病假条请假可被视作旷工或者严重违纪，用人单位可根据劳动法和劳动合同法的有关规定，与其解除劳动合同关系。依据该公司提交的证据，可以认定《员工奖惩管理办法》对冯某具有拘束力。冯某在3年间22次提供伪造的诊断证明向单位请假的行为，应当属于“严重违反用人单位劳动纪律”的情形，故单位依据《员工奖惩管理办法》及《中华人民共和国劳动合同法》第三十九条第二款的规定与冯某解除劳动合同并无不当。

法条链接

《中华人民共和国劳动合同法》第三十九条　劳动者有下列情形之一的，用人单位可以解除劳动合同：

（一）在试用期间被证明不符合录用条件的；

（二）严重违反用人单位的规章制度的；

（三）严重失职，营私舞弊，给用人单位造成重大损害的；

（四）劳动者同时与其他用人单位建立劳动关系，对完成本单位的工作任务造成严重影响，或者经用人单位提出，拒不改正的；

（五）因本法第二十六条第一款第一项规定的情形致使劳动合同无效的；

（六）被依法追究刑事责任的。

案例14　劳动合同解除——通知解除

案情简介

王某在某通信有限责任公司从事销售工作，基本工资每月3 840元。该公司的《员工绩效管理办法》规定：员工半年、年度绩效考核分别有S、A、C1、C2四个等级，即优秀、良好、价值观不符、业绩待改进；其中，考核为C等级的员工比例为全体员工的10%；不能胜任工作原则上考核结果为C2。王某原在该公司分销科从事销售工作，因分销科解散等原因，转岗至华东区从事销售工作。工作期间王某几次年度考核结果均为C2。公司认为，王某不能胜任工作，经转岗后仍不能胜任工作，故在支付了部分经济补偿金的情况下与其解除了劳动合同。王某遂提起劳动仲裁。劳动争议仲裁委员会作出裁决：公司应支付王某违法解除劳动合同赔偿金余额36 596.28元。公司认为其不存在违法解除劳动合同的行为，故诉至法院，请求判令不予支付解除劳动合同赔偿金余额。法院作出民事判决：原告某通信有限责任公司于本判决生效之日起15日内一次性支付被告王某违法解除劳动合同赔偿金余额36 596.28元。宣判后，双方均未上诉，判决已发生法律效力。

案例解析

本案的焦点是某通信有限责任公司解除劳动合同是否违法。为了保护劳动者的合法权益，构建和发展和谐稳定的劳动关系，我国劳动法与劳动合同法均对用人单位单方解除劳动合同的条件进行了明确限定。本案中，公司以王某不胜任工作，经转岗后仍不胜任工作为由解除劳动合同，对此应负举证责任。根据公司《员工绩效管理办法》的规定，C（C1、C2）考核等级的比例为10%，虽然王某曾经考核结果为C2，只能说明王某在公司举办的劳动者考核或者竞争上岗中居于末位，王某没有其他员工优秀，C2等级并不完全等同于“不能胜任工作”。公司限定考核等级比例的考核结果，不能证明王某不能胜任工作，不符合单方解除劳动合同的法定条件。《中华人民共和国劳动合同法》第四十条规定，劳动者不能胜任工作，经过培训或者调整工作岗位，仍不能胜任工作的，用人单位可以解除劳动合同。虽然王某曾从分销科转岗，但是转岗前后均从事销售工作，并存在分销科解散导致王某转岗这一根本原因，故不能证明王某因不能胜任工作而转岗。因此，公司主张王某不胜任工作，经转岗后仍然不胜任工作的依据不足，存在违法解除劳动合同的情形，应当依法向王某支付经济补偿标准2倍的赔偿金。

法条链接

《中华人民共和国劳动合同法》第四十条　有下列情形之一的，用人单位提前30日以书面形式通知劳动者本人或者额外支付劳动者1个月工资后，可以解除劳动合同：

（一）劳动者患病或者非因工负伤，在规定的医疗期满后不能从事原工作，也不能从事由用人单位另行安排的工作的；

（二）劳动者不能胜任工作，经过培训或者调整工作岗位，仍不能胜任工作的；

（三）劳动合同订立时所依据的客观情况发生重大变化，致使劳动合同无法履行，经用人单位与劳动者协商，未能就变更劳动合同内容达成协议的。

第四十六条　有下列情形之一的，用人单位应当向劳动者支付经济补偿：

（一）劳动者依照本法第三十八条规定解除劳动合同的；

（二）用人单位依照本法第三十六条规定向劳动者提出解除劳动合同并与劳动者协商一致解除劳动合同的；

（三）用人单位依照本法第四十条规定解除劳动合同的；

（四）用人单位依照本法第四十一条第一款规定解除劳动合同的；

（五）除用人单位维持或者提高劳动合同约定条件续订劳动合同，劳动者不同意续订的情形外，依照本法第四十四条第一项规定终止固定期限劳动合同的；

（六）依照本法第四十四条第四项、第五项规定终止劳动合同的；

（七）法律、行政法规规定的其他情形。

第四十八条　用人单位违反本法规定解除或者终止劳动合同，劳动者要求继续履行劳动合同的，用人单位应当继续履行；劳动者不要求继续履行劳动合同或者劳动合同已经不能继续履行的，用人单位应当依照本法第八十七条规定的2倍支付赔偿金。

案例15　劳动合同的终止

案情简介

女职工陈某与用人单位于2015年1月3日建立劳动关系，用人单位未依法为陈某缴纳社会保险费。陈某于2018年10月17日达到法定退休年龄，但未能依法享受基本养老保险待遇。陈某继续留在用人单位工作，用人单位没有提出解除劳动合同，仍继续向她支付报酬。陈某于2019年7月31日收到用人单位要求解除用工关系的口头通知，并自2019年8月1日起停止向用人单位提供劳动。陈某诉请确认双方劳动关系存续至2019年7月31日，用人单位则主张仅计算至2018年10月16日，2018年10月17日至2019年7月31日期间，陈某虽未享受到基本养老保险待遇，但已经达到退休年龄，双方为劳务关系。

案例解析

本案涉及劳动合同自然终止的情形问题。劳动者达到法定退休年龄，是其开始享受基本养老保险待遇的基本前提条件。根据我国劳动合同法的规定，劳动者开始依法享受基本养老保险待遇的，劳动合同终止。达到法定退休年龄的劳动者与用人单位之间劳动合同的终止，应以劳动者是否享受基本养老保险待遇或者领取退休金为标准。劳动者达到法定退休年龄但没有开始享受基本养老保险待遇或者领取退休金的，劳动合同不一定自然终止。劳动合同自然终止应同时满足劳动者达到法定退休年龄并且依法享受基本养老保险待遇的条件。据此可知，应认定陈某与用人单位的劳动关系存续至2019年7月31日。

我国人口呈现老龄化趋势，为了更好地保障达到法定退休年龄但依然务工的人员的合法权益，不宜简单统一认定劳动者达到法定退休年龄但尚未开始享受基本养老保险待遇或者领取退休金的，劳动合同自然终止。

法条链接

《中华人民共和国劳动合同法》第四十四条　有下列情形之一的，劳动合同终止：

（一）劳动合同期满的；

（二）劳动者开始依法享受基本养老保险待遇的；

（三）劳动者死亡，或者被人民法院宣告死亡或者宣告失踪的；

（四）用人单位被依法宣告破产的；

（五）用人单位被吊销营业执照、责令关闭、撤销或者用人单位决定提前解散的；

（六）法律、行政法规规定的其他情形。

案例16　赔偿金

案情简介

2017年6月12日，某科技公司与宿某签订劳动合同，约定劳动合同期限3年及相应的税前月薪。劳动合同中同时约定，某科技公司实行保密工资报酬制度，宿某对工资报酬水平须负保密责任，在工作期间，不得向任何第三方有意透露，也不允许以任何方式询问或攀比他人的工资，否则将视情节轻重对其进行处罚直至合同解除。此外，该科技公司与宿某还签订了《保密及竞业禁止协议》《知识产权与保密信息保护规定》以及《知识产权归属协议》3份文件。2019年6月4日，某科技公司向宿某发送解除劳动合同通知书。该通知书载明，因宿某在职期间主动向第三方泄露个人薪资，严重违反了双方签订的劳动合同及保密协议中的相关约定，情节较为严重，故公司对宿某作出解除劳动合同的决定。事后，宿某以某科技公司违法解除劳动合同为由，向劳动人事争议仲裁委员会申请仲裁。仲裁委员会裁定，某科技公司向宿某支付违法解除劳动合同赔偿金10万余元，驳回宿某的其他仲裁申请。某科技公司不服该裁决结果，诉至法院。法院审理后认为，某科技公司解除与宿某的劳动合同违反了相关法律规定，应当依照经济补偿标准的2倍向劳动者支付赔偿金10万余元。

案例解析

一些公司明文规定，禁止员工私下交流工资、奖金信息，如若违反将被开除。薪酬保密制度到底是否合法呢？关于薪酬保密目前我国法律中并无明文规定，薪酬保密条款的制定需要双方协商一致，制定程序合法有效，其内容也要具备合理性。例如，核心技术岗位、管理岗位以及难以量化考核的岗位等，但需要注意的是，如果员工违反了薪酬保密协议，惩处措施需要具体情况具体分析，并根据情节严重程度作出合理的处理。在本案中，某科技公司为证明宿某在职期间存在向他人泄露薪资、传播不实年终奖发放信息以及泄露代码等行为，提供了证人证言等证据佐证。其中，证人提供的聊天记录中显示宿某称："那天保洁阿姨聊到对象的事，就问了我一嘴，我也没想到她那么大舌头，如果舆论大了你不好把控了，提前跟我说一声。"经询问，宿某认可该聊天记录真实性。此证人证言及聊天记录可以证实宿某曾向他人提起个人薪资事宜，但考虑该聊天内容的语境，宿某的行为尚不足以被认定为故意泄露个人薪资。即便宿某的行为属于故意泄露个人薪资，也难以被认定为情节严重。因此，某科技公司以宿某故意向第三方泄露个人薪资为由解除与宿某的劳动合同系违法解除，应向宿某支付赔偿金。

法条链接

《中华人民共和国劳动合同法》第八十七条　用人单位违反本法规定解除或者终止劳动合同的，应当依照本法第四十七条规定的经济补偿标准的2倍向劳动者支付赔偿金。

第四十七条　经济补偿按劳动者在本单位工作的年限，每满1年支付1个月工资的标准向劳动者支付。6个月以上不满1年的，按1年计算；不满6个月的，向劳动者支付半个月工资的经济补偿。

劳动者月工资高于用人单位所在直辖市、设区的市级人民政府公布的本地区上年度职工月平均工资3倍的，向其支付经济补偿的标准按职工月平均工资3倍的数额支付，向其支付经济补偿的年限最高不超过12年。

本条所称月工资是指劳动者在劳动合同解除或者终止前12个月的平均工资。

案例17　未成年工的特殊保护

案情简介

2017年3月28日，某经贸职业学校与某远航公司签订《共建高端特色产业"校企合作，联合办学"协议书》，开展合作办学。由学校提供独立校区及招生指标，远航公司负责招生、教学与日常管理。2018 年 6 月，省教育厅公布的学校办学水平第三方评价报告显示，专家对该校作出的意见为“不合格，建议停止招生”。远航公司明知以上情况，仍向学生发送招生信息，并在招生宣传中宣称采用“3+2”5 年制教学模式（未经教育行政部门批准或审核），3 年在校学习课程，2 年在东南亚带薪实习。

在 2018 年招生中，28 名学生就读该校“邮轮乘务专业”，学校以及远航公司均未告知学生没有学籍。学生就读后，与远航公司有合作关系的张某豪，通过 A 公司联系 B 公司，B 公司联系 C 公司安排学生实习。在张某豪带领下，28 名学生进入实习岗位，从事与所学专业无关的镜片加工工作。2018 年 9 月 11 日，张某豪代表学校出具了一份《半工半读助学班协议书》，告知学生去工厂是边工作边上课，要求必须签订。学生发现这与报名简章有出入，但基于对学校的信任，为减轻家里负担，便在协议书上签了名。工作期间，学生每天工作 10 小时左右，每月仅领取 800 元左右的生活费。直至 2019 年 3 月，个别学生因无法忍受高强度、长时间的工作，返校申请退学，却被告知学校没有他们这批学生的学籍。而实习单位 C 公司是按照每小时 25 元计算实习学生薪酬，并将 94 万余元劳务报酬全额支付给 B 公司，B 公司支付给 A 公司 5 万元，支付给张某豪、远航公司近 78 万元。28 名学生实习期间实际工作总时长均在 1 800 小时左右，每名学生未发放的薪酬为 2 万~4 万元。此外，28 名学生中有 15 名未满 16 周岁，张某豪伪造了他们的身份证件。张某豪因涉嫌犯罪已被公安机关采取刑事强制措施。

2019 年 7 月初，学生及家长在与学校沟通未果后向法院提起诉讼。主张撤销与学校之间的《半工半读助学班协议书》，确认远航公司与 A 公司、A 公司与 B 公司、B 公司与 C 公司之间的相应协议无效，并要求各被告连带给付原告劳务费和加班费。2019 年 12 月 9 日，法院作出一审判决，学校、远航公司、张某豪连带赔偿每名学生 2 万~4 万元不等的劳务费损失。中介机构 A 公司、B 公司以及实习单位 C 公司基于相互之间的合同关系，对于学生受到的损害结果，不存在过错，法院判令无须承担侵权责任。

案例解析

我国法律禁止雇用童工从事“超强度体力劳动”，即《体力劳动强度分级》国家标准中第 4 级体力劳动强度的作业。在本案中，远航公司明知学校办学不合格，招来的学生没有学籍，仍安排学生入学和实习。安排实习内容不但与所学专业无关联，甚至明知部分学生未满 16 周岁仍安排从事有报酬的高强度劳动。远航公司在转包协议中约定学生日工作时间为 10. 5 小时（630 分钟），远远超出了法定限度。故远航公司存在欺诈故意，学生有权向侵权人请求赔偿。远航公司的行为具备侵权的构成要件，依法应当承担赔偿责任。学校存在过错，应与远航公司承担连带责任。张某豪代表远航公司联络实习事宜、收取学生劳务费，伪造未成年学生身份证件，在将学生实习演变成高强度劳动这一环节存在共同合意和行为，故应与远航公司承担连带责任。

法条链接

《中华人民共和国劳动法》第六十四条　不得安排未成年工从事矿山井下、有毒有害、国家规定的第4级体力劳动强度的劳动和其他禁忌从事的劳动。

第九十四条　用人单位非法招用未满16周岁的未成年人的，由劳动行政部门责令改正，处以罚款；情节严重的，由市场监督管理部门吊销营业执照。

第九十五条　用人单位违反本法对女职工和未成年工的保护规定，侵害其合法权益的，由劳动行政部门责令改正，处以罚款；对女职工或者未成年工造成损害的，应当承担赔偿责任。

《中华人民共和国未成年人保护法》第六十一条　任何组织或者个人不得招用未满16周岁的未成年人，国家另有规定的除外。

营业性娱乐场所、酒吧、互联网上网服务营业场所等不适宜未成年人活动的场所不得招用已满16周岁的未成年人。

招用已满16周岁未成年人的单位和个人应当执行国家在工种、劳动时间、劳动强度和保护措施等方面的规定，不得安排其从事过重、有毒、有害等危害未成年人身心健康的劳动或者危险作业。

任何组织或者个人不得组织未成年人进行危害其身心健康的表演等活动。经未成年人的父母或者其他监护人同意，未成年人参与演出、节目制作等活动，活动组织方应当根据国家有关规定，保障未成年人合法权益。

《职业学校学生实习管理规定》第十五条　职业学校和实习单位要依法保障实习学生的基本权利，并不得有下列情形：

（一）安排、接收一年级在校学生顶岗实习；

（二）安排未满16周岁的学生跟岗实习、顶岗实习；

（三）安排未成年学生从事《未成年工特殊保护规定》中禁忌从事的劳动；

（四）安排实习的女学生从事《女职工劳动保护特殊规定》中禁忌从事的劳动；

（五）安排学生到酒吧、夜总会、歌厅、洗浴中心等营业性娱乐场所实习；

（六）通过中介机构或有偿代理组织、安排和管理学生实习工作。

案例 18　社会保险和福利

案情简介

魏某入职一织布厂担任杂工，双方签订书面劳动合同，合同期间为 2017 年 12 月 12 日至 2019 年 12 月 11 日。劳动合同中约定，魏某自愿放弃公司代办参加养老、医疗、失业、工伤、生育等社会保险手续。2019 年 7 月 17 日起，魏某患病住院治疗。根据魏某提交的医疗费发票，至 2019 年 11 月 10 日止共产生医疗费 235 030. 24 元。魏某申请劳动仲裁，要求公司报销医疗费 25 万元。公司委托司法鉴定中心进行医疗费用审核，审核意见为：魏某医疗费共计 214 647. 1 元，其中应由医保报销的部分共计 183 478. 3 元，自费部分为 31 168. 8 元。劳动争议仲裁委员会裁决：公司向魏某支付医疗费用 183 478. 3 元。

公司不服仲裁裁决，提起诉讼。公司认为，根据双方签订的劳动合同的约定，魏某自愿放弃公司代办参加养老、医疗、失业、工伤、生育等社会保险手续，故公司无需向魏某支付医疗费用。魏某认为，参加社会保险是法律规定的强制性义务，劳动合同的约定无效，公司应向魏某支付医疗费用。

案例解析

本案争议焦点为：公司是否应向魏某支付医疗费用。根据《中华人民共和国劳动法》第七十二条及第七十三条第二项规定，用人单位与劳动者必须依法参加社会保险，缴纳社会保险费；劳动者患病依法享受社会保险待遇。双方签订的劳动合同的约定违反了法律的强制性规定，应属无效。劳动者患病依法享受社会保险待遇，公司没有依法为魏某参加社会保险，缴纳社会保险费，且公司并未提供证据证明魏某在老家参保，现魏某患病的医疗费用无法得到报销，公司应向魏某支付因未参加社会保险而未能得到的医保报销的医疗费用。

法条链接

《中华人民共和国劳动法》第七十二条　社会保险基金按照保险类型确定资金来源，逐步实行社会统筹。用人单位和劳动者必须依法参加社会保险，缴纳社会保险费。

第七十三条　劳动者在下列情形下，依法享受社会保险待遇：（一）退休；（二）患病、负伤；（三）因工伤残或者患职业病；（四）失业；（五）生育。劳动者死亡后，其遗属依法享受遗属津贴。劳动者享受社会保险待遇的条件和标准由法律、法规规定。劳动者享受的社会保险金必须按时足额支付。

《中华人民共和国社会保险法》第二十三条 职工应当参加职工基本医疗保险，由用人单位和职工按照国家规定共同缴纳基本医疗保险费。无雇工的个体工商户、未在用人单位参加职工基本医疗保险的非全日制从业人员以及其他灵活就业人员可以参加职工基本医疗保险，由个人按照国家规定缴纳基本医疗保险费。

案例 19 工伤的认定

案情简介

童先生是广东某家制鞋厂的员工，他与妻子程女士同在这家工厂上班。2018 年 12 月 29 日 8 时 25 分左右，程女士在单位厂房车间突然晕倒。10 时 48 分，神志不清的程女士被紧急送往某市中心医院抢救。医生入院诊断为右侧小脑出血破入脑室系统、脑疝形成、脑室积血、脑积水、吸入性肺炎。据抢救经过记载，程女士在医院入院时，上了呼吸机，急诊进行双侧额角锥颅脑穿刺外引流手术，术后程女士意识依旧是深度昏迷，病情不可逆发展，院方向患者家属交代病情，告知家属程女士随时可能出现死亡。随后，程女士病情持续危重，神志深昏迷，无自主呼吸，脑干等各种反射均消失。次日（12 月 30 日）院方告知家属，程女士已基本脑死亡，没有抢救价值，劝家属放弃治疗。童先生仍坚持要求医生尽一切力量继续抢救。12 月 31 日 3 时 40 分，程女士无血压，无自主呼吸，院方再次告知可以放弃抢救，但童先生心有不甘，继续要求医生抢救。直至 2018 年 12 月 31 日 13 时 35 分，程女士被宣布抢救失败临床死亡。

程女士所在的工厂为程女士向广东某市人社局申请了工伤认定。但令童先生和程女士所在的工厂始料不及的是，人社局认为程女士在 2018 年 12 月 29 日早上工作时突然晕倒并送入医院确诊，后于 12 月 31 日 13 时 35 分抢救失败宣布死亡，整个过程已经超过 48 小时，不符合《工伤保险条例》第十五条规定中视同工伤的认定条件，作出不予以工伤认定的回复。童先生将广东某市人社局告上法庭，要求该人社局重新对程女士作出工伤认定。

案例解析

在本案中，程女士是在工作时间于车间突发疾病送医院抢救“超过 48 小时”才死亡，对于突发疾病身亡的工伤，其根本特点有 3 个：于工作时间、于工作地点、因工作原因。其中，伤害是不是来源于工作，这是工伤的本质特征。传统的工伤，主要是指工作设备、工作环境造成的伤害。自身疾病发作或死亡，在很多国家，甚至一些发达国家，是不被认定为工伤的。我国对于工伤的认定范围比较宽泛、具有一定的人文关怀精神。对于自身疾病，根据我国《工伤保险条例》的规定，在工作时间和工作岗位，突发疾病死亡或者在 48

小时之内经抢救无效死亡的，视同工伤，这是对传统工伤界限的突破。

按照现行规定，员工在工作时间和工作岗位，突发疾病死亡或者在48小时之内经抢救无效死亡的视同工伤，其中，“48小时”的规定，针对的是因自身疾病，而非工作直接造成的情形。倘若工作中，被机器砸伤或者发生地震、事故而受伤害，即使超过48小时离世，也算工伤。如果某人的死亡与工作没有直接的因果关系，是其自身的基础性疾病引发的，就不会被认定为工伤。

在本案中，程女士在车间突发疾病，送医院抢救“超过48小时”，不符合《工伤保险条例》第十五条的规定，因此某市人社局认定程女士不属于或不视同工伤。

我们要对工伤保险制度进行全面的理解，片面质疑48小时是不理性的做法。工伤保险制度的根本目的，不是为了惩罚，也不是为了赔偿，而是在于让用人单位改变生产条件，使工伤减少。工伤保险的费用是用人单位单方承担的，劳动者不承担任何费用，就是为了促使用人单位改善工作条件，保证工作环境是安全的、卫生的。但基于自身疾病的伤害，用人单位是无法依靠改善工作条件来避免的。

法条链接

《工伤保险条例》第十五条　职工有下列情形之一的，视同工伤：

（一）在工作时间和工作岗位，突发疾病死亡或者在48小时之内经抢救无效死亡的；

（二）在抢险救灾等维护国家利益、公共利益活动中受到伤害的；

（三）职工原在军队服役，因战、因公负伤致残，已取得革命伤残军人证，到用人单位后旧伤复发的。

职工有前款第（一）项、第（二）项情形的，按照本条例的有关规定享受工伤保险待遇；职工有前款第（三）项情形的，按照本条例的有关规定享受除一次性伤残补助金以外的工伤保险待遇。

第六章
理性处理纠纷，合理选择救济途径

案例1 法律纠纷与诉讼

案情简介

刘江和刘涛（均为化名）是亲兄弟，哥哥刘江一直生活在江阴，弟弟刘涛考上大学到苏州发展。他们的父母经有关部门批准，在宅基地上建造了一幢3间2层的房屋，考虑到刘涛已经在苏州安家落户，于是他们的父母便将房产登记在了刘江名下。

多年后，弟弟刘涛向该市人民法院起诉，要求法院确认哥哥名下的房产有一部分约70平方米属自己所有。为此，刘涛还拿出了一份协议书，内容为：父母将房产进行分割，东面两上两下以及附房归刘江所有，西面一上一下归刘涛所有，父母对房屋拥有居住权，兄弟俩在有条件时可以重新变更房产登记。

法院在审理时发现，对于弟弟起诉自己，哥哥刘江一点都不感到意外和不悦，相反他还极力赞成法院将房屋过户给弟弟。承办法官对房屋进行了实地调查，原来，兄弟俩争议的房屋属于拆迁规划范围，如果确认了该房产刘涛有份，那么刘涛将来就可以获得一套拆迁安置房。最终，法院以受理不动产变更登记不属于法院管辖为由，依法驳回了原告的这一虚假诉讼请求。

案例解析

法律纠纷的存在是诉讼的前提。虚假诉讼是打假官司，是当事人出于非法的动机和目的，利用法律赋予的诉讼权利，采取虚假的诉讼主体、事实及证据的方法提起民事诉讼，使法院作出错误的判决、裁定、调解的行为，其实质是一种滥用诉权行为。民事诉讼法规定，当事人之间恶意串通，企图通过诉讼、调解等方式侵害他人合法权益的，人民法院应当驳回其请求，并根据情节轻重予以罚款、拘留；构成犯罪的，依法追究刑事责任。

不动产权属登记证簿是物权的归属和内容根据。本案中争议的房产现依法登记于被告刘江名下，原告刘涛要求确认该房屋西侧1间2层房屋归其所有，应当提供其在该房屋登记前依法取得相应物权的证据。但其提供的协议书是在得知争议房屋列入拆迁范围以后签订的，该证据只能证明房屋所有权人刘江同意变更产权，不能证明刘涛在该房屋登记前已经取得西侧1间2层楼房的物权。受理不动产变更登记不属于人民法院受理民事案件的范围，故依法判决驳回原告的诉讼请求。

法条链接

《中华人民共和国民事诉讼法》第二条　中华人民共和国民事诉讼法的任务，是保护当事人行使诉讼权利，保证人民法院查明事实，分清是非，正确适用法律，及时审理民事案件，确认民事权利义务关系，制裁民事违法行为，保护当事人的合法权益，教育公民自觉遵守法律，维护社会秩序、经济秩序，保障社会主义建设事业顺利进行。

第三条　人民法院受理公民之间、法人之间、其他组织之间以及他们相互之间因财产关系和人身关系提起的民事诉讼，适用本法的规定。

第一百一十二条　当事人之间恶意串通，企图通过诉讼、调解等方式侵害他人合法权益的，人民法院应当驳回其请求，并根据情节轻重予以罚款、拘留；构成犯罪的，依法追究刑事责任。

案例2　起诉的基本条件

案情简介

2014年4—5月，原告曾某某、陈某某、张某和廖某某分别与被告广西某房地产有限公司签订了商品房买卖合同，约定原告购买被告建造的位于玉林市玉东新区某花园的商品房，交房时间为2014年10月1日前。合同约定逾期交房超过90日，原告有权解除合同。原告解除合同的，被告应当自原告解除合同通知到达之日起90天内退还全部已付款，并按原告累计已付款的3%向原告支付违约金；原告要求继续履行合同的，合同继续履行，自本合同约定最后交付期限届满之第二天起至实际交付之日止，被告按日向原告支付已交付房价款的万分之一的违约金。合同签订后，原告按约定交清了房款，但被告逾期未交房给原告。2015 年 9 月，4 位原告分别向法院提起诉讼，请求内容均为：(1) 请求判令被告继续履行商品房买卖合同；(2) 判令被告立即为原告办理房屋所有权证；(3) 判令被告向原告支付逾期交付房屋的违约金。

案例解析

本案的焦点是原告第一项诉讼请求“判令被告继续履行商品房买卖合同”是否应当得到支持？民事诉讼法规定，起诉必须有具体的诉讼请求和事实、理由。首先，“继续履行合同”是相对于“解除合同”而言的，被告没有提出解除合同，也没有证据证明被告有解除合同的事实和行为，被告逾期交房是履行合同过程中存在违约，不是解除合同行为，即该请求无事实根据。其次，“继续履行商品房买卖合同”是抽象的诉讼请求，商品房买卖合同中列及几十条条款，涉及双方多方面权利义务，原告方享有的权益包括：被告必须按时交房、房屋质量须经验收合格、房屋入住前须通水、通电等。在合同履行中有不符合约定的，可要求对方继续履行，但要具体明确。原告要求被告继续履行商品房买卖合同的诉讼请求不具体明确，是抽象的诉讼请求，不符合法律规定，即无法律依据。最后，继续履行商品房买卖合同是没有执行内容的请求，也没有明确履行起止时间。综上所述，原告要求被告继续履行商品房买卖合同的诉讼请求既无事实根据，也无法律依据，更无执行内容，最终，合议庭驳回原告第一项诉讼请求。

法条链接

《中华人民共和国民事诉讼法》第一百一十九条第三款　起诉必须有具体的诉讼请求和事实、理由。

《中华人民共和国民法典》第五百七十七条　当事人一方不履行合同义务或者履行合同义务不符合约定的，应当承担继续履行、采取补救措施或者赔偿损失等违约责任。

案例 3　民事诉讼参加人

案情简介

某小学学生小意在学校操场散步，不知何原因，本校学生小虎过来突然把他推倒在地，用脚猛踢小意脸部，并踢到小意左边眼睛。小意想爬起来还手，可当小意爬起来时，发现左眼看不见东西了，只能大哭。看到小意受伤后，小虎悄然离开。经医生诊断，小意左眼重要神经部位损伤，已经失明，无法医治，后经司法鉴定机关鉴定为八级伤残。小意父母与小虎父母协商无果，最终把小虎和学校告到法院，要求被告赔偿经济损失，并支付精神抚慰金 10 万元。

被告小虎的法定代理人辩称：本案两未成年人所在学校疏于管理，没有尽到安全保障义务，存在主观过错行为，为本案的诉讼主体，应该承担损害赔偿责任；被告的监护人已经尽到监护责任，应当减轻被告的民事赔偿责任；被告和原告应平均承担学校所承担的责任之外的法律责任；原告不应得到 10 万元的精神抚慰金，请求法院驳回原告的诉讼请求。

该小学称：小意受伤是他人所致，而非学校的工作人员或者校园设施造成，依法应由致害人的监护人承担法律责任；学校已经尽到教育、管理职责，并于事发后及时给予了救助；小意要求学校承担该案的法律责任没有事实依据和法律根据。

法院审理后作出判决如下：小虎承担原告小意各项损失共计 58 690. 46 元的 80%即 46 952. 37 元，由其监护人负担；该小学承担 20%的责任，赔偿 11 738. 09 元。

案例解析

诉讼参加人是指参加民事诉讼的当事人（包括原告、被告、共同诉讼人和第三人）和诉讼代理人（包括法定代理人和委托代理人）。公民从出生开始即具有民事诉讼权利能力，诉讼权利能力又称当事人资格，指的是什么人有权利通过诉讼维护自己的权利。每个公民，包括未成年人在认为自己的权利被侵害时，都有权利以自己的名义起诉，成为民事诉讼的原告。比如，夫妻离婚，5 岁的孩子随母亲生活，在请求给付抚养费的诉讼中，5 岁的孩子有资格作为原告，其母亲是以原告法定代理人的身份参加诉讼。

民事诉讼行为能力又称诉讼能力，指的是诉讼当事人亲自参加诉讼的资格。有诉讼权利能力的人不一定有诉讼行为能力。在民事诉讼中，无行为能力和限制行为能力的未成年人均无诉讼行为能力，不能独立参与诉讼，要由他们的代理人参加诉讼。比如，8 岁的孩子在父亲死亡后随母改嫁，孩子的爷爷去世留下一笔遗产，孩子有权利起诉要求代替父亲和叔叔、姑姑平分爷爷的遗产。如果参加诉讼，其不能独立作出放弃继承权的意见。

在本案中，小意虽为未成年人，却是适格的原告，小意的父母是其法定代理人。被告小虎在学校用脚踢原告小意脸部造成其左眼失明，为侵权行为人，因小虎为无民事行为能力人，其行为产生的法律后果应由其监护人承担。被告学校对未成年学生有教育、管理、保护的义务，应承担适当的赔偿责任，但由于该学校为不具有独立法人资格的事业单位，无独立对外承担赔偿责任能力，应由设立、管理该学校的部门承担连带赔偿责任。

法条链接

《中华人民共和国民事诉讼法》第五十七条　无诉讼行为能力人由他的监护人作为法定代理人代为诉讼。法定代理人之间互相推诿代理责任的，由人民法院指定其中一人代为诉讼。

《中华人民共和国民法典》第一千一百八十八条　无民事行为能力人、限制民事行为能力人造成他人损害的，由监护人承担侵权责任。监护人尽到监护职责的，可以减轻其侵权责任。

有财产的无民事行为能力人、限制民事行为能力人造成他人损害的，从本人财产中支付赔偿费用；不足部分，由监护人赔偿。

案例4　原告主体资格

案情简介

小王经人介绍认识朱某，俩人迅速陷入热恋并打算结婚，但因小王一直没有办理身份证，她就向姐姐王红（化名）借来身份证，去办理婚姻登记。小王和王红长得相像，登记时工作人员也没有发现破绽。就这样，朱某跟借用了王红身份证的小王结为“夫妇”。婚后两人因性格不合，经常为家庭琐事发生争吵，导致分居。小王决定结束这段“婚姻”，便冒用姐姐王红的名义向法院提起诉讼，要求解除与朱某的婚姻关系。法官在审理过程中发现小王的身份信息存在疑点，通过向民政部门和公安机关查询，发现了小王冒用姐姐身份证的事实，法院驳回了原告小王的诉讼请求。

案例解析

民事诉讼的原告是指因民事权利义务发生争议，以自己的名义向人民法院提起民事诉讼，并引起诉讼程序发生的人。被告是指被原告指称侵犯其合法权利或者与原告发生权利义务争议，并被人民法院通知应诉的人。在民事诉讼中确定原告、被告时，应当以民事法律关系为基础。

在本案中，小王冒用姐姐的身份证与朱某登记结婚，以致实际共同生活的双方与结婚证上载明的主体不符，该婚姻登记程序存在瑕疵，故本案首先应解决的是结婚登记效力问题。小王冒用他人身份向法院起诉离婚，实际上不具备原告主体资格，无权提起离婚诉讼，法院裁定不予受理，并告知其以利害关系人的身份申请婚姻登记机关撤销该婚姻登记或提起行政诉讼责令婚姻登记机关撤销该婚姻登记，然后再向法院起诉，解决与朱某的民事权益纠纷。

法条链接

《中华人民共和国民事诉讼法》第一百一十九条　起诉必须符合下列条件：

（一）原告是与本案有直接利害关系的公民、法人和其他组织；

（二）有明确的被告；

（三）有具体的诉讼请求和事实、理由；

（四）属于人民法院受理民事诉讼的范围和受诉人民法院管辖。

第一百二十三条　人民法院应当保障当事人依照法律规定享有的起诉权利。对符合本法第一百一十九条的起诉，必须受理。符合起诉条件的，应当在7日内立案，并通知当事人；不符合起诉条件的，应当在7日内作出裁定书，不予受理；原告对裁定不服的，可以提起上诉。

第一百二十四条第三款　人民法院对依照法律规定，应当由其他机关处理的争议，告知原告向有关机关申请解决。

《最高人民法院关于适用〈中华人民共和国民事诉讼法〉的解释》第二百零八条　人民法院接到当事人提交的民事起诉状时，对符合民事诉讼法第一百一十九条的规定，且不属于第一百二十四条规定情形的，应当登记立案；对当场不能判定是否符合起诉条件的，应当接收起诉材料，并出具注明收到日期的书面凭证。

需要补充必要相关材料的，人民法院应当及时告知当事人。在补齐相关材料后，应当在7日内决定是否立案。

立案后发现不符合起诉条件或者属于民事诉讼法第一百二十四条规定情形的，裁定驳回起诉。

案例5　财产保全

案情简介

陈某分3次借款给余某，共计122万元，余某向陈某出具了借款凭证。到约定的还款日期时，余某只偿还了部分借款，尚欠61万余元。在诉讼过程中，陈某为维护自身的合法权益，向法院申请了诉讼财产保全。在保全过程中，法院查封了被保全人余某的部分财产后，仍不足以清偿所有债务。陈某了解到余某名下有一手机“靓号”，尾号是5个8，根据自己的社会经验来判断，手机“靓号”在市场交易中有其独特的财产价值，其他法院已有拍卖成功的先例。于是陈某向法院申请财产保全，请求法院保全被申请人余某名下尾号为5个8的手机“靓号”。

案例解析

《中华人民共和国民法典》第一百二十七条规定，法律对数据、网络虚拟财产的保护有规定的，依照其规定。该条款体现了“与时俱进地审慎修订立法”的理念，符合当前时代发展对于网络虚拟财产的保护需求。当下虚拟财产在生活中已备受关注，比如手机“靓号”、车牌“靓号”、域名，还有近几年风靡的网络数字货币。虚拟财产的出现给解决执行难带来了机遇，它打破了法院一般只查封房产、汽车等实体财产的传统。手机“靓号”相比于普通号码，因其稀缺性而被赋予了不同的意义。手机“靓号”作为一种无形资产，是一种奢侈品，国家对通信号码实行实名登记后，因其唯一性注定会产生不菲的经济价值。在本案中，法院依法向中国联通某分公司发出执行裁定书与协助执行通知书，要求冻结被保全人余某名下尾号为5个8的手机号码，在冻结期间，未经法院许可，不得办理变更登记，冻结期限为3年。本案进入执行程序后，法院对被执行人的房产、汽车进行处置后仍没有完全清偿陈某的债务，便对保全的手机“靓号”进行了拍卖。

法条链接

《中华人民共和国民事诉讼法》第一百条　人民法院对于可能因当事人一方的行为或者其他原因，使判决难以执行或者造成当事人其他损害的案件，根据对方当事人的申请，可以裁定对其财产进行保全、责令其作出一定行为或者禁止其作出一定行为；当事人没有提出申请的，人民法院在必要时也可以裁定采取保全措施。

人民法院采取保全措施，可以责令申请人提供担保，申请人不提供担保的，裁定驳回申请。

人民法院接受申请后，对情况紧急的，必须在48小时内作出裁定；裁定采取保全措施的，应当立即开始执行。

第一百零五条　申请有错误的，申请人应当赔偿被申请人因保全所遭受的损失。

案例6　先予执行

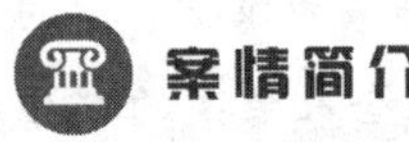

宋某夫妇年事已高且身患重病，需经常住院治疗，而二人的退休收入已不能负担日常生活及就医需要，3名子女又拒绝履行赡养义务，二人遂诉至法院，要求3名子女给付相应医疗费和赡养费。在案件开庭审理过程中，二原告申请对护理费进行鉴定，并向法院递交先予执行申请，请求法院裁定3名子女先行给付医疗费11 185.37元、养老院入住费

2 000 元，合计 13 185. 37 元。法院经审理认为，原告的申请符合法律规定，作出先予执行裁定。在给 3 名被告送达裁定书时，承办法官向他们讲明了宋某夫妇目前的生活境况，敦促 3 名被告尽快履行裁定书确定的义务，同时说明拒不履行的法律后果。在法官的耐心说服劝导下，3 名被告陆续在规定时间内将裁定书确定的款项交到法院，法官将先予执行款送到原告就医的医院，当场交付给原告。经法院调解，各方当事人达成调解协议，生活出现困难的两位老人及时得到了帮助。

案例解析

子女对父母有赡养扶助的义务。子女不履行赡养义务时，无劳动能力的或生活困难的父母有要求子女给付赡养费的权利。在父母无劳动能力或生活困难时，给予父母经济上的扶助和精神上的慰藉，是成年子女对父母应尽的基本义务，也是人类文明的体现，是和谐社会的基础。在本案中，原告宋某夫妇年事已高，疾病缠身且生活困难，其要求子女支付赡养费与医疗费的诉讼请求于法有据，法院应予以支持。对于赡养费的具体数额，法院依据原告的实际生活情况、就医需求、子女人数及被告的实际负担能力酌情予以调整。因宋某夫妇已实际发生医疗费用、护理费用，医疗费的具体数额以实际发生的费用为准。

先予执行是人民法院在终审判决之前为解决权利人生活或生产经营的急需，依法裁定义务人预先履行义务的制度。因案件从受理到结案需一定的时间，有些原告是在其生活或生产经营上面临极大困难的情况下起诉的，若等到法院结案后再由被告给付金钱或物品，会严重影响原告的生活或生产经营。为此，人民法院在被告有履行能力的情况下，根据原告申请，会依法裁定先予执行。民事诉讼法规定，追索赡养费、扶养费、抚育费、抚恤金、医疗费用的，可以申请先予执行。在本案中，宋某夫妇因生活困难，被告给付赡养费和医疗费，这种案件权利义务关系很明确，被申请人也有履行能力，综合上述条件，法院裁定先予执行。

法条链接

《中华人民共和国民事诉讼法》第一百零六条　人民法院对下列案件，根据当事人的申请，可以裁定先予执行：

（一）追索赡养费、扶养费、抚育费、抚恤金、医疗费用的；

（二）追索劳动报酬的；

（三）因情况紧急需要先予执行的。

第一百零七条　人民法院裁定先予执行的，应当符合下列条件：

（一）当事人之间权利义务关系明确，不先予执行将严重影响申请人的生活或者生产经营的；

（二）被申请人有履行能力。

人民法院可以责令申请人提供担保，申请人不提供担保的，驳回申请。申请人败诉的，应当赔偿被申请人因先予执行遭受的财产损失。

案例 7　证据种类——电子数据

案情简介

原告崔某起诉称，2020 年 4 月 24 日，崔某按照王某微信指示向刘某名下账户转账 5 万元，后又以现金形式交付给王某 8 000 元，王某一直未偿还，故请求判令王某偿还借款 58 000 元。

崔某提交了两份证据。一是与昵称为“小熊”的微信聊天记录，其中 2020 年 4 月 24 日记录显示，“小熊”向崔某提供了刘某卡号信息；2020 年 9 月 8 日记录显示，“小熊”向崔某发送了以下内容：“你借给我的 58 000 块钱，年底还你。”二是转账记录，证明崔某向“小熊”微信中提供的账号转账 5 万元。

被告王某辩称：第一，崔某没有提交借条等证据，无法证明崔某与王某之间存在借款关系；第二，崔某提交的微信聊天记录显示对方为“小熊”，系微信昵称，并非王某本人；第三，崔某提交的转账回单收款人不是王某，显示金额为 50 000 元并非 58 000 元。因此崔某与王某之间不存在欠款关系。

案例解析

近年来，微信、QQ 等社交软件已成为人们日常生活中必不可少的通信工具。如果涉及债务纠纷，微信、QQ 聊天记录，微信、支付宝转账记录能否作为诉讼证据呢？由于这些记录以电子数据形式存在，具有形式虚拟性、载体依赖性等特点，当事人若意图使其作为有力的证据，必须要满足证据的真实性、合法性和关联性要求。

1. 真实性。当事人除提交聊天记录打印件外还必须出示手机原件，或者对微信记录进行公证，以证明其客观真实性。在此基础上如果相对方提出异议，还需提交相反的证据，或者提起鉴定程序。

2. 合法性。电子证据必须具有法律所规定的特定形式，必须按照法定程序提供、收集、调查和审查核实。因为电子证据具有易修改、毁损、灭失的特性，如果涉案证据很关键，当事人又无法提供，可以申请法官进行调查取证。

3. 关联性。包括主体关联性及内容关联性，前者指电子证据的信息载体同当事人或其他诉讼参与人之间的关联性，后者指电子证据的信息内容同案件事实之间的关联性。在主体关联性方面，微信并非实名制，在使用主体的身份认定上，举证一方必须同时举证证明其当时聊天的相对一方就是案件当事人。在内容关联性方面，当事人提交的电子证据内容需能够证明涉案事实的存在与否，如证明借贷关系的成立、借贷数额的多少、是否有利息约定，等等。

本案的主要争议焦点：一是微信用户“小熊”和被告王某之间的身份对应问题；二是借款关系的成立与否，以及借款金额的认定问题。对于第一个争议焦点，虽然微信并未实名制，昵称“小熊”和用户资料也看不出和被告王某的关联性，但是在庭审中，法官拨打崔某手机中昵称为“小熊”的微信账号中显示的关联电话号码，对方接通后自认其为王某，并表示已签收法院邮寄送达的本案相关的诉讼材料，且已向法院递交了书面答辩状。因此，可以认定“小熊”与王某系同一人。对于第二个争议焦点，虽然本案双方没有签订书面的欠条借据，但是微信聊天记录显示，“小熊”向崔某表示：“你借给我的 58 000 块钱，年底还你。”可以看出被告认可双方之间存在借贷关系。虽然收款账户在刘某名下，但这是根据被告的指示转款，仍视为向被告出借款项，可以佐证借款事实。就借款数额而言，虽然 8 000 元以现金形式交付，没有书面记录，但是微信记录中认可的数额为 58 000 元，故本案的借贷数额应认定为 58 000 元。最后，法院支持了原告崔某的诉讼请求。

法条链接

《中华人民共和国民事诉讼法》第六十三条　证据包括：（一）当事人的陈述；（二）书证；（三）物证；（四）视听资料；（五）电子数据；（六）证人证言；（七）鉴定意见；（八）勘验笔录。

证据必须查证属实，才能作为认定事实的根据。

《最高人民法院关于适用〈中华人民共和国民事诉讼法〉的解释》第一百一十六条　视听资料包括录音资料和影像资料。

电子数据是指通过电子邮件、电子数据交换、网上聊天记录、博客、微博客、手机短信、电子签名、域名等形成或者存储在电子介质中的信息。

存储在电子介质中的录音资料和影像资料，适用电子数据的规定。

案例 8　证明责任分配

案情简介

陆某收到银行短信提醒，称其名下银行卡通过京外某支行辖区内 ATM 机发生转账，金额28 000元，并支付手续费15元。陆某本人并未进行转账操作，随即向派出所报案。派出所经侦查出具工作说明，确认操作ATM机转账者并非陆某本人。故陆某将涉诉银行卡开户行北京某支行诉至法院，并提交涉诉银行卡原件，以及其名下另一银行卡于涉诉交易当日在北京某超市的交易明细，以证明其案发时未离开北京。一审法院认为，陆某已提供其不具备实施涉诉交易行为条件的初步证据，而北京某支行对其主张未提供证据证明，故判决北京某支行违反安全防范义务，构成违约，应赔偿陆某28 015元。北京某支行不服，提起上诉，称现有证据仅能证明涉诉交易并非陆某完成，不能证明存在伪卡交易，一审判决证据不足，请求法院予以撤销。二审法院判决驳回上诉，维持原判。

案例解析

本案的焦点是：涉诉交易到底是正常交易还是伪卡盗刷？证明责任如何分配？陆某已就涉诉银行卡开通了短信提醒业务，涉诉交易在23时许进行，陆某于第二日上午7时拨打银行客服电话进行卡片挂失并向公安机关及时报案，陆某上述行为已说明其具有较高的持卡用卡安全意识，并采取了较为妥当的处理措施。公安机关受理案件并侦查后出具工作说明，证明涉诉交易并非陆某本人操作，且原告能提供涉诉银行卡原件、另一银行卡同时在异地交易的明细以及本人未离京的证据，说明原告所持银行卡不具有唯一的可识别性。在此情况下，北京某支行作为涉案银行卡的发卡银行，主张涉诉交易属正常交易，应当提供相应证据加以证明。北京某支行未提交有效证据，亦未能举证证明银行卡信息和密码泄露系原告未能妥善保管银行卡及密码所致，故应当承担举证不能的法律后果。北京某支行在他人持有伪造银行卡进行交易的过程中，因其自身系统与技术漏洞等原因，未能识别出伪卡，违反了其应承担的安全防范义务。因此，陆某银行卡被盗刷产生的损失，可以认定是伪卡交易所致，银行应承担相应的赔偿责任。

法条链接

《中华人民共和国民事诉讼法》第六十四条　当事人对自己提出的主张，有责任提供证据。

当事人及其诉讼代理人因客观原因不能自行收集的证据，或者人民法院认为审理案件需要的证据，人民法院应当调查收集。

人民法院应当按照法定程序，全面地、客观地审查核实证据。

案例 9　举证责任倒置

案情简介

出生 40 多天的女婴在某小区 11 栋楼下晒太阳，被高空抛掷的水泥块砸伤。女婴被送往医院救治，并被法医鉴定为七级残疾。女婴家人未能找到肇事者，将该栋楼除一楼外的 32 层共 128 户业主起诉至法院。

大多数业主均提交证据，极力证明案发时家里无人，没有抛物的可能性。有的业主现场出示了单位证明或单位的考勤表，证明自己当时正在上班；有的业主出示了房屋出租协议书，证明案发时房屋被他人租住，自己不在房内；有的业主出示了物业提供的水表、电表的起止码，证明房屋无人居住；还有业主甚至请来自己的牌友当庭作证，证明案发时自己与牌友正在玩牌。法院经审理认为，大多数业主提供的不在家或无人居住的证据，只能证明当事人不在家，不能证明案发时家里无其他人。一审判决存在致害可能的该区 11 栋 2 单元 2 楼及以上 1 号、2 号、3 号房其中 89 户房屋的业主共同赔偿 36.3 万元。

一审判决后，陈某某等 47 名业主提起上诉，请求二审法院对涉案水泥块的抛物责任楼层进行科学检测，改判业主不承担责任等。

二审法院经审理认为，上诉人提出的通过科学技术检测或试验来确定涉案楼层的范围诉求，因现场没有亲历者目击事故经过，无法再现过程，加上公安机关现场勘查、提取 DNA 均未确定实际侵权人，所以无法通过现有的科学技术手段完全再现或还原客观事实。

法院终审判决认定，此案一审判决认定事实清楚，适用法律正确，判令驳回上诉，维持一审原判。

案例解析

我国法律规定，建筑物或者其他设施以及建筑物上的搁置物、悬挂物发生倒塌、脱落、坠落造成他人损害的，它的所有人或者管理人应当承担民事责任，但能够证明自己没有过错的除外。从建筑物中抛掷物品或者从建筑物上坠落的物品造成他人损害，难以确定具体侵权人的，除能够证明自己不是侵权人的外，由可能加害的建筑物使用人给予补偿。

这就是说，高空抛物案件审理中适用过错推定原则，即由可能造成损害后果的建筑物所有人、使用人、管理人承担自证清白的责任。在本案中，被告应当举证证明当时家中无人，或自己根本不拥有造成损害发生的水泥块，或自己所处的位置（比如一楼）客观上不具有造成抛掷物致人损害的可能性等事实，否则将与其他被告分担补偿责任。

由可能的加害人、侵权者承担举证责任，并对损害责任进行合理分配，是高空抛物伤人这种特殊侵权情形下合理分摊风险的一种手段和方法，是对弱者的特殊保护，也督促建筑物所有人、使用人或管理人在日常生活中提高警惕，及时消除并预防存在的风险，履行相应的保管、维护和注意义务。

法条链接

《中华人民共和国民事诉讼法》第六十四条　当事人对自己提出的主张，有责任提供证据。

当事人及其诉讼代理人因客观原因不能自行收集的证据，或者人民法院认为审理案件需要的证据，人民法院应当调查收集。

人民法院应当按照法定程序，全面地、客观地审查核实证据。

《中华人民共和国民法典》第一千二百五十三条　建筑物、构筑物或者其他设施及其搁置物、悬挂物发生脱落、坠落造成他人损害，所有人、管理人或者使用人不能证明自己没有过错的，应当承担侵权责任。所有人、管理人或者使用人赔偿后，有其他责任人的，有权向其他责任人追偿。

案例 10　妨害民事诉讼的强制措施

案情简介

张某载其妻子无证驾驶无号牌三轮汽车，在行驶的途中被一辆后方超车的货车撞倒，造成妻子颅脑损伤、构成一级伤残并丧失自理能力，先后花费医药费 30 余万元。交警对该事故作出认定：货车驾驶员负事故的主要责任，张某负事故的次要责任，张某的妻子对事故不负责任。后张某和妻子作为原告向法院起诉肇事货车所有者，请求赔偿损失。一审法院经审理后作出判决，判令肇事货车所有者赔偿张某及其妻子经济损失 50 余万元。肇事货车所有者不服一审判决，提起上诉。

在本案二审审理过程中，开庭不久张某便开始大声辱骂法官。尽管承办法官为其讲法律、讲道理，都无法使其冷静。随后，张某还掏出一张写有“今日不给钱就同归于尽”的横幅威胁法官。值庭法警告诫其注意法庭纪律时，已经丧失理智的张某冲向值庭法警，对其进行谩骂，并将一名法警的手掌咬伤，致使法庭审理被迫中止。张某哄闹、冲击法庭，威胁、咬伤法院工作人员的行为严重阻碍了司法人员执行职务，严重扰乱了正常的法庭秩序。法院对张某作出司法拘留 15 日的决定，并当场移送拘留所。

案例解析

法庭是人民法院依法行使国家审判权的场所，诉讼参与人及旁听人员均应遵守法庭纪律。庭审是法院在当事人和其他诉讼参与人的参加下，在一定的期限内，依照法定程序对案件进行审理和裁判的过程。冲击法庭的行为会损害当事人的诉讼权利和合法权益，影响正常的诉讼活动，还严重威胁诉讼参与人的人身安全，破坏法庭秩序，是对法律的蔑视。

张某的妻子因交通事故导致颅脑损伤构成一级伤残，丧失自理能力，其遭遇令人同情。张某依法运用法律武器，起诉肇事方捍卫合法权利的行为值得肯定。当事人在诉讼中会累积一些情绪，也是可以理解的。但张某哄闹、冲击法庭，威胁、咬伤法院工作人员的违法行为，严重阻碍了司法人员执行职务，扰乱了法庭秩序。以非理性的方式在法庭上肆意发泄不满情绪，扰乱法庭秩序，是对法律的亵渎、对法庭的藐视，应受到法律的制裁，构成犯罪的还将被依法追究刑事责任。

法条链接

《中华人民共和国民事诉讼法》第一百一十一条　诉讼参与人或者其他人有下列行为之一的，人民法院可以根据情节轻重予以罚款、拘留；构成犯罪的，依法追究刑事责任：

（一）伪造、毁灭重要证据，妨碍人民法院审理案件的；

（二）以暴力、威胁、贿买方法阻止证人作证或者指使、贿买、胁迫他人作伪证的；

（三）隐藏、转移、变卖、毁损已被查封、扣押的财产，或者已被清点并责令其保管的财产，转移已被冻结的财产的；

（四）对司法工作人员、诉讼参加人、证人、翻译人员、鉴定人、勘验人、协助执行的人，进行侮辱、诽谤、诬陷、殴打或者打击报复的；

（五）以暴力、威胁或者其他方法阻碍司法工作人员执行职务的；

（六）拒不履行人民法院已经发生法律效力的判决、裁定的。

人民法院对有前款规定的行为之一的单位，可以对其主要负责人或者直接责任人员予以罚款、拘留；构成犯罪的，依法追究刑事责任。

案例 11　民事简易程序

案情简介

甲公司以买卖合同纠纷起诉乙公司，请求法院判令被告乙公司支付货款，该案适用简易程序进行了审理。在庭审中，被告乙公司承认收到原告送的货物，但货物存在质量问题，乙公司要求核减货款，并申请对货物进行鉴定。原告当庭答辩，认为自己卖给被告的均是质量合格的产品，被告所称质量有问题的产品并非是自己提供的。同时，被告也提供不出其他证据证明其所称有质量问题的产品系原告提供，且该批货物收货已经有 1 年多，过了质量异议期。鉴于案情比较复杂，该案由简易程序转为普通程序。在适用普通程序开庭过程中，被告在答辩过程中否定了自己收到原告提供货物的事实，原告认为在简易程序庭审中被告已经承认了收到货物的事实。

案例解析

本案的焦点是：第一次以简易程序庭审的笔录能否作为普通程序定案的依据？对基层人民法院及其派出法庭审理的，事实清楚、权利义务关系明确、争议不大的简单的民事案件，可以适用简易程序。这种程序允许口头起诉，受理的程序简便，传唤方式简便，采用独任制的审判组织形式，开庭审理的程序简化，但适用简易程序审理案件仍然必须严格依法进行，不能随意简化程序，涉及当事人的权利义务和法院正确适用法律程序的环节上不能简化。简易程序转为普通程序，只是案件程序上转变，并非对案件重新审理，而是对案件的延续审理，简易程序庭审中原告、被告双方当事人发表的意见应可以作为案件后续的依据。同时，简易程序庭审笔录经双方确认后签字的，系原告、被告双方当事人真实意思的表示，故被告在简易程序庭审中所认可的事实应认定为被告的自认行为。

所谓自认，是指当事人对不利于自己事实的承认。《最高人民法院关于民事诉讼证据的若干规定》第八条规定，诉讼过程中，一方当事人对另一方当事人陈述的案件事实明确表示承认的，另一方当事人无须举证。同时还规定，当事人在法庭辩论终结前撤回承认并经对方当事人同意，或者有充分证据证明其承认行为是在受胁迫或者重大误解情况下作出且与事实不符的，不能免除对方当事人的举证责任。可以看出，自认一旦作出，除非法定原因不得撤销，同时也不能提出与自认事实相反的主张。

该案件中，被告在简易程序庭审中对收货事实已经予以承认，并没有法定撤销原因，并且与后面被告提出鉴定的事实相印证，因此，被告在简易程序庭审中承认接收原告提供货物的事实应可以作为定案依据，被告在普通程序庭审中予以否定的答辩意见应不予认可。简易程序并非调解或证据交换过程，当事人对自己发表的意见应承担相应法律后果。

法条链接

《中华人民共和国民事诉讼法》第一百五十七条第一款　基层人民法院和它派出的法庭审理事实清楚、权利义务关系明确、争议不大的简单的民事案件，适用简易程序。

第一百五十八条第一款　对简单的民事案件，原告可以口头起诉。

第一百五十九条　基层人民法院和它派出的法庭审理简单的民事案件，可以用简便方式传唤当事人和证人、送达诉讼文书、审理案件，但应当保障当事人陈述意见的权利。

第一百六十三条 人民法院在审理过程中，发现案件不宜适用简易程序的，裁定转为普通程序。

《最高人民法院关于适用〈中华人民共和国民事诉讼法〉的解释》第二百六十九条 当事人就案件适用简易程序提出异议，人民法院经审查，异议成立的，裁定转为普通程序；异议不成立的，口头告知当事人，并记入笔录。

转为普通程序的，人民法院应当将合议庭组成人员及相关事项以书面形式通知双方当事人。

转为普通程序前，双方当事人已确认的事实，可以不再进行举证、质证。

案例12 特别程序——认定公民无民事行为能力

案情简介

被申请人程某生于1988年，系独生女，无配偶、子女，患有先天性脑瘫，生活一直无法自理，且无法表达自己的意愿。2016—2017年，程某的父母因病相继去世，把程某托付给了其小姨，由其小姨暂时代管。程某父母去世后，留下一栋房产及近百万元存款，部分亲属想分得程某父母遗留下的财产，但又不想承担监护程某的责任。程某的小姨以申请人的身份向法院提出请求，申请认定被申请人程某为无民事行为能力人，并且申请社区担任程某监护人。2017年10月末，社区为程某的小姨出具了一份证明，证实程某系一级多重残疾病人，生活完全无自理能力，同意担任程某的监护人。法院据此证明，结合被申请人的精神状态，依法认定其为无民事行为能力人，对申请人请求社区担任程某监护人的申请予以准许。

案例解析

无民事行为能力人，是指不能通过自己的行为取得民事权利和承担民事义务资格的人，包括儿童和不能辨认自己行为的精神病人。认定公民无民事行为能力或者限制民事行为能力程序，是认定已经达到完全民事行为能力或者限制民事行为能力的年龄标准，但智力不健全、精神不正常的精神病人的实际民事行为能力状况的非讼程序。通过这种非讼程序，从法律上认定和宣告那些因患精神病或者其他病症丧失了全部或者部分民事行为能力的公民是否具有民事行为能力，并为其指定监护人，不仅有利于维护该公民的合法权益，而且有利于维护其利害关系人、民事活动对方当事人的合法权益。

本案被申请人程某患先天疾病，生活不能自理，不能控制自己的行为，更不能正确表达自己的意愿，其社区出具了证明，结合被申请人精神状态，法院依法认定其为无民事行为能力人。同时，因被申请人程某无配偶、子女，父母均已离世，其他近亲属、关系密切的其他亲属、朋友不愿意承担监护责任，且被申请人所在社区同意担任程某的监护人，故法院对申请人请求社区担任程某监护人的申请予以准许。

法条链接

《中华人民共和国民事诉讼法》第一百八十七条　申请认定公民无民事行为能力或者限制民事行为能力，由其近亲属或者其他利害关系人向该公民住所地基层人民法院提出。

申请书应当写明该公民无民事行为能力或者限制民事行为能力的事实和根据。

《中华人民共和国民法典》第二十八条　无民事行为能力或者限制民事行为能力的成年人，由下列有监护能力的人按顺序担任监护人：

（一）配偶；

（二）父母、子女；

（三）其他近亲属；

（四）其他愿意担任监护人的个人或者组织，但是须经被监护人住所地的居民委员会、村民委员会或者民政部门同意。

第三十一条第一款、第二款　对监护人的确定有争议的，由被监护人住所地的居民委员会、村民委员会或者民政部门指定监护人，有关当事人对指定不服的，可以向人民法院申请指定监护人；有关当事人也可以直接向人民法院申请指定监护人。

居民委员会、村民委员会、民政部门或者人民法院应当尊重被监护人的真实意愿，按照最有利于被监护人的原则在依法具有监护资格的人中指定监护人。

案例 13　民事二审程序——上诉期

案情简介

李女士和黄先生于 1998 年经人介绍相识恋爱，并于次年 5 月登记结婚，婚后两人常常为家庭琐事争吵。李女士曾分别于 2004 年和 2012 年两次起诉要求离婚，后经调解撤诉。2012 年 6 月，双方开始分居。2013 年年初，李女士再次到某法院起诉要求离婚。法院于 2013 年 3 月 21 日一审判决两人离婚，并对子女抚养和财产分割等相关事宜进行了处理，双方当庭签收了判决书。然而，一件令人意料不到的事发生了。2013 年 4 月 3 日，黄先生突遇车祸被送到医院急救；4 月 7 日，黄先生因医治无效死亡。李女士认为，黄先生死亡时仍在上诉期内，离婚判决没有生效，婚姻关系仍然存在，她有权以配偶身份继承亡夫遗产并获得事故赔偿抚恤金。而黄先生的亲属则认为，法院已出具了离婚判决书，双方的婚姻关系已解除，李女士无权提出上述要求。

案例解析

本案的焦点是被继承人死亡时离婚案件的判决是否生效。一审民事判决的上诉期为15天，从本案双方签收离婚判决书的次日起算，到2013年4月5日上诉期届满，但4月5日正好是星期六，因此届满日期顺延至4月7日。案件的审理过程不仅指案件判决以前的审理阶段，还包括上诉期，所以，黄先生死亡时一审判决书还未生效，黄先生与李女士的婚姻关系仍然存续。然而在上诉期满前一天，黄先生突遇车祸死亡，这起案件的情况符合民事诉讼法关于离婚案件一方当事人死亡的终结诉讼适用条件，依法裁定诉讼终结。最终法院判决李女士仍然可以配偶身份继承黄先生的遗产并获得事故赔偿抚恤金。

法条链接

《中华人民共和国民事诉讼法》第一百五十一条　有下列情形之一的，终结诉讼：

（一）原告死亡，没有继承人，或者继承人放弃诉讼权利的；

（二）被告死亡，没有遗产，也没有应当承担义务的人的；

（三）离婚案件一方当事人死亡的；

（四）追索赡养费、扶养费、抚育费以及解除收养关系案件的一方当事人死亡的。

第一百六十四条　当事人不服地方人民法院第一审判决的，有权在判决书送达之日起15日内向上一级人民法院提起上诉。

当事人不服地方人民法院第一审裁定的，有权在裁定书送达之日起10日内向上一级人民法院提起上诉。

第八十二条　期间包括法定期间和人民法院指定的期间。

期间以时、日、月、年计算。期间开始的时和日，不计算在期间内。

期间届满的最后一日是节假日的，以节假日后的第一日为期间届满的日期。

期间不包括在途时间，诉讼文书在期满前交邮的，不算过期。

案例14　执行程序

案情简介

2014年12月，母某因一件纠纷案，经法院判决赔偿原告精神损害抚慰金20 000元，并承担案件受理费300元，上述款项共计20 300元。判决生效后，母某未按期履行义务，原告作为申请执行人于2014年12月25日向法院申请强制执行。案件立案后，执行法官立即向被执行人母某发出限期履行通知书、财产申报令，要求其给付案款，但母某既未向法院申报财产，也未履行给付义务，后竟将自己的电话号码变更，玩起“失踪”以逃避执行。在案件执行过程中，该法院执行局通过执行联动部门的协助，对母某的银行存款、车辆、房产、有价证券进行查询，均未查询到有可供执行的财产，鉴于母某逃避执行的行为，法院决定将母某列为失信被执行人。2017年4月25日，母某来到该法院执行局，主动交清案款，请求将其从失信被执行人名单库中删除。

案例解析

2013年7月16日，《最高人民法院关于公布失信被执行人名单信息的若干规定》公布(2017年2月修改后重新公布)。这标志着全国法院建立起“失信者黑名单”制度，失信被执行人名单将被人民法院向社会公布，内容包括被执行人的姓名、性别、年龄、身份证号码等。2013年10月24日，全国法院失信被执行人名单信息公布与查询平台面向社会开通，登录最高人民法院网站，点击“全国法院失信被执行人名单信息公布与查询”一栏，就可以查询到全国各级人民法院录入的失信被执行人名单信息。同时，在查询页面中，还滚动播出“失信被执行人名单”。

在本案中，一开始母某对执行局将其纳入失信者黑名单是不在乎的，认为自己不会贷款，这辈子也没打算坐轮船、乘飞机，更不可能出国，村里的人大多不会上网，不可能知道他是“老赖”的事情。自从法院将失信被执行人名单在电视台、微信、微博、电子显示屏等媒体曝光以后，母某身边的人都知道了母某欠钱不还，被法院纳入失信被执行人名单的事实，这让母某羞愧难当，在当地抬不起头来，影响了他的日常生活，最终促使其主动还款。

法条链接

《中华人民共和国民事诉讼法》第二百五十五条　被执行人不履行法律文书确定的义务的，人民法院可以对其采取或者通知有关单位协助采取限制出境，在征信系统记录、通过媒体公布不履行义务信息以及法律规定的其他措施。

《最高人民法院关于适用〈中华人民共和国民事诉讼法〉的解释》第五百一十八条 被执行人不履行法律文书确定的义务的，人民法院除对被执行人予以处罚外，还可以根据情节将其纳入失信被执行人名单，将被执行人不履行或者不完全履行义务的信息向其所在单位、征信机构以及其他相关机构通报。

《最高人民法院关于限制被执行人高消费及有关消费的若干规定》第一条 被执行人未按执行通知书指定的期间履行生效法律文书确定的给付义务的，人民法院可以采取限制消费措施，限制其高消费及非生活或者经营必需的有关消费。纳入失信被执行人名单的被执行人，人民法院应当对其采取限制消费措施。

第三条 被执行人为自然人的，被采取限制消费措施后，不得有以下高消费及非生活和工作必需的消费行为：

（一）乘坐交通工具时，选择飞机、列车软卧、轮船二等以上舱位；

（二）在星级以上宾馆、酒店、夜总会、高尔夫球场等场所进行高消费；

（三）购买不动产或者新建、扩建、高档装修房屋；

（四）租赁高档写字楼、宾馆、公寓等场所办公；

（五）购买非经营必需车辆；

（六）旅游、度假；

（七）子女就读高收费私立学校；

（八）支付高额保费购买保险理财产品；

（九）乘坐G字头动车组列车全部座位、其他动车组列车一等以上座位等其他非生活和工作必需的消费行为。

被执行人为单位的，被采取限制消费措施后，被执行人及其法定代表人、主要负责人、影响债务履行的直接责任人员、实际控制人不得实施前款规定的行为。因私消费以个人财产实施前款规定行为的，可以向执行法院提出申请。执行法院审查属实的，应予准许。

第十一条第一款 被执行人违反限制消费令进行消费的行为属于拒不履行人民法院已经发生法律效力的判决、裁定的行为，经查证属实的，依照《中华人民共和国民事诉讼法》第一百一十一条的规定，予以拘留、罚款；情节严重，构成犯罪的，追究其刑事责任。

案例15 权利保护原则——被告享有辩护权

江西省某人民法院公开开庭审理了被告人胡某某抢劫一案。在庭审过程中，被告人胡

某某对于审判长的问话比较茫然，理解能力较差。公诉人也反映被告人可能精神、智力存在异常。

庭审后，承办人先是向家属了解情况，被告人父亲表示：被告人从小母亲就去世了，脑子不正常，说话乱扯，但是因为没钱没有治疗过。承办人又通过当地村委会了解到，胡某某的日常行为的确不同于常人。据此，合议庭决定由法院依法启动司法鉴定程序，且同时为被告人申请法律援助，以保障被告人的合法权利。经诊断，胡某某为轻度精神发育迟滞，在本案中实施危害行为时有部分刑事责任能力。《中华人民共和国刑法》第十八条第三款规定，尚未完全丧失辨认或者控制自己行为能力的精神病人犯罪的，应当负刑事责任，但是可以从轻或者减轻处罚。为此，法院通知指定辩护人重新开庭进行了审理。

法院经审理查明，案发时，被告人胡某某来到徐某某居住的房屋里，向被害人徐某某借手机使用遭到拒绝，遂对徐某某进行言语威胁，并将其按倒在卧室床上，强行从被害人挎包内抢走手机一部后离开现场。被告人到案后如实供述了自己的犯罪事实，认罪态度好，且被抢物品已交还被害人，依法可以从轻处罚；被告人被诊断为轻度精神发育迟滞，在本案中实施危害行为时有部分（限制）刑事责任能力，属于尚未完全丧失辨认或者控制自己行为能力的精神病人犯罪，依法可以从轻或减轻处罚。综上，法院以抢劫罪判处被告人胡某某有期徒刑 2 年 6 个月。

案例解析

被告享有辩护权，对于符合条件的，人民法院可以为其指定辩护人。指定辩护的目的是为那些弱势群体以及可能被处极刑的被告人提供法律援助，更好地保障他们的诉讼权利。我国法律对于指定辩护作了明确规定，被告人没有委托辩护人而具有下列情形之一的，人民法院应当为其指定辩护人：盲、聋、哑人；尚未完全丧失辨认或者控制自己行为能力的精神病人；可能被判处无期徒刑、死刑的人。本案被告经诊断，为轻度精神发育迟滞，是限制刑事责任能力人，人民法院应当为其指定辩护人。

法条链接

《中华人民共和国刑事诉讼法》第三十五条　犯罪嫌疑人、被告人因经济困难或者其他原因没有委托辩护人的，本人及其近亲属可以向法律援助机构提出申请。对符合法律援助条件的，法律援助机构应当指派律师为其提供辩护。

犯罪嫌疑人、被告人是盲、聋、哑人，或者是尚未完全丧失辨认或者控制自己行为能力的精神病人，没有委托辩护人的，人民法院、人民检察院和公安机关应当通知法律援助机构指派律师为其提供辩护。

犯罪嫌疑人、被告人可能被判处无期徒刑、死刑，没有委托辩护人的，人民法院、人民检察院和公安机关应当通知法律援助机构指派律师为其提供辩护。

《中华人民共和国刑法》第二百六十三条 以暴力、胁迫或者其他方法抢劫公私财物的，处3年以上10年以下有期徒刑，并处罚金；有下列情形之一的，处10年以上有期徒刑、无期徒刑或者死刑，并处罚金或者没收财产：

（一）入户抢劫的；

（二）在公共交通工具上抢劫的；

（三）抢劫银行或者其他金融机构的；

（四）多次抢劫或者抢劫数额巨大的；

（五）抢劫致人重伤、死亡的；

（六）冒充军警人员抢劫的；

（七）持枪抢劫的；

（八）抢劫军用物资或者抢险、救灾、救济物资的。

案例16 刑事管辖与两审终审制

案情简介

一部电视剧讲述了一对并非亲生却情同手足的兄弟真挚而朴实的情感故事。在第20集中描写了这样的情节：天雷因将华小军杀死，犯故意杀人罪，一审被判死刑，剥夺政治权利终身；一审法官在宣判后，告知被告天雷有权向上一级人民法院，即唐山地区中级人民法院上诉。在第22集中，天雷不服一审判决上诉，中级人民法院经过审理认为，天雷是因防卫过当，致使华小军死亡，判处天雷有期徒刑3年；法官在宣布二审判决结果之后告知被告天雷，如不服本判决，自接到判决书之日起10日内可上诉至省高级人民法院。

案例解析

在该剧中，天雷一审被判死刑，法官告知天雷可以上诉至唐山地区中级人民法院（应为“唐山市中级人民法院”），可知天雷的案件是在基层法院审理的。我国刑事诉讼法明确规定，可能判处无期徒刑、死刑的普通刑事案件一审由中级人民法院管辖。该条是强制性规范，即必须依照法律适用、不能以个人意志予以变更和排除适用的规范。剧中天雷一审被判死刑，此案按照法律规定，理应由市中级人民法院一审。

之后，天雷不服一审判决上诉，市中级人民法院经过审理改判天雷有期徒刑3年。剧中法官告知天雷，若不服判决可以上诉至省高级人民法院。刑事诉讼法明确规定，人民法院审判案件，实行两审终审制。第二审的判决、裁定和最高人民法院的判决、裁定，都是终审的判决、裁定。此案经过二审法院审理作出判决之后案件诉讼程序就理应终结，如果像本剧中允许其再上诉，则违反了我国刑事诉讼法关于人民法院审判案件实行两审终审制的规定。

法条链接

《中华人民共和国刑事诉讼法》第二十一条　中级人民法院管辖下列第一审刑事案件：

（一）危害国家安全、恐怖活动案件；

（二）可能判处无期徒刑、死刑的案件。

第十条　人民法院审判案件，实行两审终审制。

案例 17　刑事证据——“零口供”定案

案情简介

于某曾任职于一家从事天窗、车顶模块的设计、生产、组装的 E 公司，担任该公司的高级产品工程师，该企业在业内有一定的知名度。后来于某辞职进入 W 公司。于某入职后不久即告知 W 公司经营管理人贾某，他认识的外籍人士手上有一套设计图样，可以用于产品研发，贾某表示同意购买。随后，W 公司向于某指定的个人银行账户支付了 25 万元，而这套设计图样上的技术信息则很快被用于 W 公司的产品研发，研发后大批量投入生产。之后于某和贾某又以共同发明人的身份，对部分技术申请专利。

随后，E 公司员工在查询专利的过程中发现，W 公司申请的专利中，赫然有自家公司多项未公开的技术信息，专利申请人是于某和 W 公司法定代表人贾某。此时，W 公司已将相关产品投入生产、销售，E 公司却因技术秘密泄露遭受重大经济损失，E 公司报案。由于于某已从 W 公司离职，直到 2018 年，警方经网上追逃才将他抓获。经鉴定，涉案技术信息属于刑法意义上的商业秘密。W 公司的部分产品、相关专利及计算机内部分电子数据，与 E 公司技术信息实质相同或具有同一性，W 公司销售相关产品净利润达 1 200 余万元。于某到案后始终不承认自己窃取商业秘密并以此牟利。不久，案件移送到检察院。对于检察官提出的许多关键问题，于某大多以“不记得”“没有印象”“没有权限”“不知道侵犯了什么秘密”来回答。对于涉案技术的来源问题，他辩称“本人不提供技术方案”，他只从其他高层的计算机上看到过涉案技术数据。对于那 25 万元的款项，他则辩称自己只是帮忙走个程序而已。

案例解析

本案是涉及商业秘密的专业案件，面对于某“零口供”的情况，夯实证据成了关键。作为E公司高级产品工程师的于某在该公司任职时有接触许多技术和数据的权限，在与公司签订的劳动合同中约定了相关经营技术保密的要求和所包含范围。根据劳动合同中保密条款的约定，在劳动合同解除、终止以后，于某仍然负有保守E公司经营技术秘密的义务。

对比于某在E公司内部邮件系统数据和他在W公司办公计算机内的技术信息，证实于某曾在E公司接触相关技术信息，且在W公司使用的基本事实，并排除其他渠道泄露技术信息的可能性。另外，W公司经营负责人贾某及部分员工的证言证实涉案技术信息是由于某向外籍人士购入后带进公司的，且于某在工作中拿出过一套含有E公司标记的数据图样给其他员工参考。于某提供的所谓外籍人士的账户其实是其妻子姐姐的账户。

基于这些证据，于某违反约定向W公司披露、使用该技术秘密用于生产、销售相关产品的行为，足以认定为侵犯商业秘密的行为，且属于造成特别严重后果的情况，无疑已构成侵犯商业秘密罪。

法条链接

《中华人民共和国刑事诉讼法》第五十五条　对一切案件的判处都要重证据，重调查研究，不轻信口供。只有被告人供述，没有其他证据的，不能认定被告人有罪和处以刑罚；没有被告人供述，证据确实、充分的，可以认定被告人有罪和处以刑罚。

证据确实、充分，应当符合以下条件：

（一）定罪量刑的事实都有证据证明；

（二）据以定案的证据均经法定程序查证属实；

（三）综合全案证据，对所认定事实已排除合理怀疑。

案例18　刑事强制措施——取保候审

案情简介

2015年8月，艾某到某市宣传一个项目，该项目针对现在人们普遍的亚健康状态，推出一系列有机产品，包括茶、矿泉水、大米等；艾某所在的北京某网络科技有限公司陕西分公司与投资人签署合同，约定投资人每人投资15 000元，承诺在规定时间内保障消费客户的本金风险；签过合同之后，公司会根据投资人介绍客户的情况，每周发放分红给投资人。由于合同上写着能保证本金风险，赚钱的话还可以参与分红，当地很多人都投资了这一项目。有的投资人没有找到下级客户，会自己拿钱再投资，有人甚至将十几万资产都投在项目上。2016 年 1 月 11 日，多名当地的投资人发现无法领取分红后报警，该市公安局于 2016 年 5 月 30 日对艾某以涉嫌组织、领导传销立案侦查，并于 6 月 9 日对其采取取保候审强制措施。随后不久，几位市民实名举报以传销罪取保候审的艾某在各地旅游，其在朋友圈晒出多张在北京、西安、珠海等地景点的照片和小视频。

案例解析

取保候审是司法机关在办理案件过程中针对符合特定条件犯罪嫌疑人所采取的刑事强制措施。根据刑事诉讼法，对取保候审的犯罪嫌疑人或被告人，司法机关应责令其提出保证人或者交纳保证金。被取保候审的犯罪嫌疑人、被告人未经执行机关批准不得离开所居住的市、县；住址、工作单位和联系方式发生变动时，在 24 小时以内向执行机关报告；在传讯的时候及时到案；不得以任何形式干扰证人作证；不得毁灭、伪造证据或者串供。同时，被取保候审的犯罪嫌疑人、被告人还可被限制进入特定场所、与特定人会面或通信、从事特定活动，以及随意出入境。

应该强调的是，取保候审虽然是对人身自由限制最轻微的强制手段，但作为一种刑事强制措施，其规则的严肃性不容侵犯，行为人必须无条件遵守，未经批准擅自外出就是违法，其行为必须受到追究。在本案中，艾某在取保候审期间要随传随到，居住在本市，在指定的区域内活动；若要外出应该向公安部门提出申请，经批准后才可以出去，且被取保候审的犯罪嫌疑人、被告人向有关部门提出离开居住地的申请需要有正当理由，如果是旅游可能无法得到批准。被取保候审的犯罪嫌疑人、被告人违反上述规定，已交纳保证金的，没收部分或全部保证金，并且区别情形，责令犯罪嫌疑人、被告人具结悔过，重新交纳保证金、提出保证人，或者监视居住、予以逮捕。

法条链接

《中华人民共和国刑事诉讼法》第六十七条　人民法院、人民检察院和公安机关对有下列情形之一的犯罪嫌疑人、被告人，可以取保候审：

（一）可能判处管制、拘役或者独立适用附加刑的；

（二）可能判处有期徒刑以上刑罚，采取取保候审不致发生社会危险性的；

（三）患有严重疾病、生活不能自理，怀孕或者正在哺乳自己婴儿的妇女，采取取保候审不致发生社会危险性的；

（四）羁押期限届满，案件尚未办结，需要采取取保候审的。

取保候审由公安机关执行。

第七十一条　被取保候审的犯罪嫌疑人、被告人应当遵守以下规定：

（一）未经执行机关批准不得离开所居住的市、县；

（二）住址、工作单位和联系方式发生变动的，在24小时以内向执行机关报告；

（三）在传讯的时候及时到案；

（四）不得以任何形式干扰证人作证；

（五）不得毁灭、伪造证据或者串供。

人民法院、人民检察院和公安机关可以根据案件情况，责令被取保候审的犯罪嫌疑人、被告人遵守以下一项或者多项规定：

（一）不得进入特定的场所；

（二）不得与特定的人员会见或者通信；

（三）不得从事特定的活动；

（四）将护照等出入境证件、驾驶证件交执行机关保存。

被取保候审的犯罪嫌疑人、被告人违反前两款规定，已交纳保证金的，没收部分或者全部保证金，并且区别情形，责令犯罪嫌疑人、被告人具结悔过，重新交纳保证金、提出保证人，或者监视居住、予以逮捕。

对违反取保候审规定，需要予以逮捕的，可以对犯罪嫌疑人、被告人先行拘留。

案例19　刑事强制措施——监视居住

案情简介

被告人李某与被告人杨某假扮为夫妻，欲将一名男婴从云南省带到广东省惠州市卖出。二人带着男婴欲搭乘大巴前往惠州时，车站工作人员发现他们形迹可疑，就把他们请到警务室里进行盘查。在盘问中，男子称同行女子是他妻子，但只知道外号叫“小妹”，却不知道妻子名字；而女子却称男子是其表哥，只知道外号叫“二哥”，也不知道名字。再问这个婴儿是谁的，两人均语无伦次。车站工作人员立即报警，假夫妻被公安民警当场抓获。经DNA鉴定，二人均不是该男婴的亲生父母。鉴于被告人杨某案发时正处于怀孕期间，公安局决定对其采取刑事强制措施——监视居住。后法院经审理认定，被告人李某犯拐卖儿童罪，是主犯，应当按照其所参与或者组织、指挥的全部犯罪处罚，判处有期徒刑5年6个月，并处罚金人民币5 000元；被告人杨某犯拐卖儿童罪，是从犯，应当减轻处罚，判处有期徒刑3年，并处罚金人民币5 000元。

案例解析

什么条件下对犯罪嫌疑人可以适用监视居住？监视居住是指人民法院、人民检察院、公安机关在刑事诉讼中限令犯罪嫌疑人、被告人在规定的期限内不得离开住处或者指定的居所，并对其行为加以监视、限制其人身自由的一种强制措施。依据我国刑事诉讼法的相关规定，监视居住对怀孕或者正在哺乳自己婴儿的女性犯罪嫌疑人适用。女性在怀孕期间要面对生理、心理上的一系列重大改变，若对怀孕女性采取羁押或在狱中执行刑罚，也不利于胎儿的健康发育成长。对处于孕期、哺乳期的女性犯罪嫌疑人尽量避免刑事羁押，尽可能适用取保候审，对本应逮捕的犯罪嫌疑人、被告人，因系孕妇、哺乳期妇女而采取监视居住，体现了法律对孕妇、哺乳期妇女的人道主义关怀。

在本案中，被告人李某、杨某以出卖为目的拐卖婴儿，其行为已构成拐卖儿童罪的共同犯罪。因被告人杨某案发时正处于孕期，被公安局机关采取刑事强制措施——监视居住。又因被告人杨某在共同犯罪中起次要、辅助作用，是从犯，应当减轻处罚。鉴于被告人杨某归案后如实供述自己的罪行，对其减轻处罚。

法条链接

《中华人民共和国刑事诉讼法》第七十四条　人民法院、人民检察院和公安机关对符合逮捕条件，有下列情形之一的犯罪嫌疑人、被告人，可以监视居住：

（一）患有严重疾病、生活不能自理的；

（二）怀孕或者正在哺乳自己婴儿的妇女；

（三）系生活不能自理的人的唯一扶养人；

（四）因为案件的特殊情况或者办理案件的需要，采取监视居住措施更为适宜的；

（五）羁押期限届满，案件尚未办结，需要采取监视居住措施的。

对符合取保候审条件，但犯罪嫌疑人、被告人不能提出保证人，也不交纳保证金的，可以监视居住。

监视居住由公安机关执行。

案例20　刑事强制措施——拘留与逮捕

案情简介

2019年3月2日，济南市公安局某分局某派出所接到在校大学生小黄的报警电话。小黄称，3个月前自己将身份信息提供给他人在分期网站上购买手机使用，由他人负责还款，对方付给小黄每单500元，共计3 500元的“好处费”。不料3个月后，小黄接到7个分期平台的催款电话，称其贷款逾期未还金额已高达5万多元。心急如焚的小黄赶紧联系经办人，不料对方已联系不上。

接到报案后，警方成立专案组开展侦查。专案组经调查发现，还有50多名在校大学生遭遇了与小黄同样的诈骗。专案组初步查明，自称“徐文”和“张义”的两名男子在济南几所高校内，承诺学生只需提供自己的身份信息给二人在分期网站上购买手机，由二人负责还款，学生不用还款，学生与他们签订保证协议，便可轻松赚得每单500~1 000元的好处费。

经进一步调查，犯罪嫌疑人为逃避法律制裁故意使用了假身份，二人的真实身份分别为胡某、张某。公安机关于3月17日、3月18日分别将胡某、张某抓获，并将二人刑事拘留。经审讯，二人对违法事实供认不讳。胡某、张某在2018年3月至2019年3月，分别利用假名给54名大学生在“爱学贷”“分期乐”“人人分期”“优分期”等7个分期平台网站注册信息，办理分期购买手机的贷款业务，总贷款金额为118.5万余元，胡某、张某二人将手机转手卖出后分成，并不再还款，二人的行为已涉嫌合同诈骗。随后，胡某、张某被检察院批准逮捕。

案例解析

刑事拘留是公安机关、人民检察院对直接受理的案件，在侦查过程中，遇到法定的紧急情况时，对于现行犯或者重大嫌疑分子所采取的临时剥夺其人身自由的强制方法。根据我国刑事诉讼法规定，对刑事案件的拘留由公安机关负责。公安机关办案人员认为需要拘留犯罪嫌疑人时，应填写《呈请拘留报告书》，注明有关犯罪嫌疑人的情况和拘留的理由，呈报公安机关负责人审查批准，签发拘留证；检察机关拘留犯罪嫌疑人，由办案人员提出意见，部门负责人审核，检察长决定，再送达公安机关执行。

逮捕是公安机关、人民检察院和人民法院为了防止犯罪嫌疑人或者被告人实施妨碍刑事诉讼的行为，逃避侦查、起诉、审判或者发生社会危险性，而依法暂时剥夺其人身自由的一种强制措施。在侦查、起诉阶段，只有人民检察院有权依法决定或批准逮捕；在审判阶段，人民法院有权依法决定逮捕，对于任何公民的逮捕，除法院决定逮捕或者检察院对自侦案件决定逮捕的以外，必须经检察院批准。逮捕犯罪嫌疑人、被告人，一律由公安机关执行。执行逮捕的人员不得少于2人，执行逮捕时，必须向被逮捕人出示逮捕证，并责令被逮捕人在逮捕证上签名（盖章）或按手印。

在本案中，胡某、张某为逃避法律制裁故意使用假身份，以高额回扣为诱饵，获取学生身份信息，办理分期购买手机的贷款业务，骗取手机、贷款，涉案金额超百万元，涉嫌构成合同诈骗罪。公安机关对两名嫌疑人采取了拘留强制措施，随后，该区人民检察院批准逮捕。

法条链接

《中华人民共和国刑事诉讼法》第八十二条　公安机关对于现行犯或者重大嫌疑分子，如果有下列情形之一的，可以先行拘留：

（一）正在预备犯罪、实行犯罪或者在犯罪后即时被发觉的；

（二）被害人或者在场亲眼看见的人指认他犯罪的；

（三）在身边或者住处发现有犯罪证据的；

（四）犯罪后企图自杀、逃跑或者在逃的；

（五）有毁灭、伪造证据或者串供可能的；

（六）不讲真实姓名、住址，身份不明的；

（七）有流窜作案、多次作案、结伙作案重大嫌疑的。

第八十一条　对有证据证明有犯罪事实，可能判处徒刑以上刑罚的犯罪嫌疑人、被告人，采取取保候审尚不足以防止发生下列社会危险性的，应当予以逮捕：

（一）可能实施新的犯罪的；

（二）有危害国家安全、公共安全或者社会秩序的现实危险的；

（三）可能毁灭、伪造证据，干扰证人作证或者串供的；

（四）可能对被害人、举报人、控告人实施打击报复的；

（五）企图自杀或者逃跑的。

对有证据证明有犯罪事实，可能判处10年有期徒刑以上刑罚的，或者有证据证明有犯罪事实，可能判处徒刑以上刑罚，曾经故意犯罪或者身份不明的，应当予以逮捕。

被取保候审、监视居住的犯罪嫌疑人、被告人违反取保候审、监视居住规定，情节严重的，可以予以逮捕。

案例21　公民扭送

案情简介

小偷尤某整天背着大背包，伪装成游客，到处流窜，伺机下手。一日凌晨，尤某流窜到某村，看到路旁有一栋单独的房子，上前敲门，无人应答。尤某判断屋里没人，决定行窃。他转到屋后窗，撬开窗扇，跳进屋内，把屋主陈某某放在屋内的手镯、玉坠、毛巾、衬衣、雨伞、香烟、手套、保温瓶等全部装到自己的背包里。装好包后，尤某断定屋主今夜不会回来，于是他倒在床上和衣而睡。

凌晨两点，屋主陈某某从外面回来，开门进屋后，见床上躺着一个人，床前桌上放着一个大背包，里面装的全是自己的东西。陈某某断定此人是小偷，于是将尤某扭送到派出所。经评估，尤某所盗物品价值为672元。人民法院经审理认为，被告人尤某以非法占有为目的，入户窃取他人财物，其行为已构成盗窃罪，判处被告人尤某有期徒刑半年，并处罚金1 000元。

案例解析

对于正在发生的侵害个人权益的违法行为，我国法律赋予了公民一定的斗争、制止的权利，例如扭送、正当防卫和紧急避险等。刑事诉讼法规定，正在实行犯罪或者在犯罪后即时被发觉的、通缉在案的、越狱逃跑的、正在被追捕的，任何公民都可以立即扭送公安机关、人民检察院或者人民法院处理。扭送是我国法律赋予公民在紧急情况下协助司法机关同犯罪做斗争的一种权利。

当然，这些权利都必须在法律允许的范围内行使，以制止违法行为为必要，不能过界，否则，造成他人损害的也应承担法律责任。公民抓住人犯后应立即送交司法机关处理，不得擅自拘禁。司法机关对于公民扭送来的人，不论是否属于自己管辖的，都应当接受，并立即讯问。如果认为不构成犯罪或者并非通缉在案的，应立即释放；需要进一步审查处理的，依照管辖分工，移送主管机关处理；需要拘留或者逮捕的，依照法定程序办理拘留或者逮捕手续。

法条链接

《中华人民共和国刑事诉讼法》第八十四条　对于有下列情形的人，任何公民都可以立即扭送公安机关、人民检察院或者人民法院处理：

（一）正在实行犯罪或者在犯罪后即时被发觉的；

（二）通缉在案的；

（三）越狱逃跑的；

（四）正在被追捕的。

案例22　立案侦查

案情简介

10月中旬，一个名为“闫德利”的博客突然在网上火起来。在博文中，“闫德利”称自己曾经卖淫并患艾滋病，并公布了大量的本人艳照和近300名“嫖客”的电话号码，引发媒体热炒。10 月 18 日，闫德利本人报案至河北容城县公安局。经容城县疾控中心、保定市疾控中心艾滋病防治中心、中国疾控中心性病艾滋病预防控制中心三级卫生防疫部门检测，闫德利血液 HIV 抗体呈阴性，未感染艾滋病病毒。10 月 24 日，容城警方将策划“艾滋卖淫女事件”的杨某抓获，并以涉嫌诽谤罪将其刑事拘留。随后，案件进入刑事公诉程序，法院以侮辱罪判处被告人杨某有期徒刑 2 年，以诽谤罪判处其有期徒刑 2 年，决定对其执行有期徒刑 3 年。

案例解析

本案的焦点是：警方是否有权立案介入调查？《中华人民共和国刑法》第二百四十六条规定，以暴力或者其他方法公然侮辱他人或者捏造事实诽谤他人，情节严重的，处 3 年以下有期徒刑、拘役、管制或者剥夺政治权利。前款罪，告诉的才处理，但是严重危害社会秩序和国家利益的除外。可见，侮辱罪、诽谤罪一般情况下是自诉案件，要追究行为人的刑事责任，受害人应当向人民法院直接提起自诉。公安机关对“闫德利事件”进行立案之前，首先要判断这一案件是否严重危害了社会秩序。

在本案中，杨某冒用闫德利的名义，声称自己是卖淫女，感染了艾滋病，并公布了所谓与之相关的近 300 名公民的手机号码，该信息在互联网上迅速传播，引发了网民的广泛关注，各类新闻媒体争相报道，各大门户网站纷纷转载，严重损害了闫德利的名誉，造成了恶劣的社会影响，严重危害了社会秩序，根据刑法规定，警方将其作为公诉案件立案侦查。

法条链接

《中华人民共和国刑事诉讼法》第一百零九条　公安机关或者人民检察院发现犯罪事实或者犯罪嫌疑人，应当按照管辖范围，立案侦查。

第一百一十条　任何单位和个人发现有犯罪事实或者犯罪嫌疑人，有权利也有义务向公安机关、人民检察院或者人民法院报案或者举报。

被害人对侵犯其人身、财产权利的犯罪事实或者犯罪嫌疑人，有权向公安机关、人民检察院或者人民法院报案或者控告。

公安机关、人民检察院或者人民法院对于报案、控告、举报，都应当接受。对于不属于自己管辖的，应当移送主管机关处理，并且通知报案人、控告人、举报人；对于不属于自己管辖而又必须采取紧急措施的，应当先采取紧急措施，然后移送主管机关。

犯罪人向公安机关、人民检察院或者人民法院自首的，适用第三款规定。

《中华人民共和国刑法》第二百四十六条　以暴力或者其他方法公然侮辱他人或者捏造事实诽谤他人，情节严重的，处 3 年以下有期徒刑、拘役、管制或者剥夺政治权利。

前款罪，告诉的才处理，但是严重危害社会秩序和国家利益的除外。

案例 23　死刑复核程序

案情简介

2013年5月25日上午，凌某携带尖刀到广西南宁市某区山上自杀未果。当日13时许，凌某在山路上见被害人李某（女，殁年61岁）、曹某（女，殁年55岁）和黄某（女，殁年63岁）躺在吊床上聊天，无端嫉恨他人生活美好，产生杀人念头。李某、曹某和黄某被凌某捅伤后当场死亡。当晚，凌某将杀人之事告知路人欧某，欧某报警，凌某在报警地等候，被公安人员抓获。

广西南宁市中级人民法院认为，凌某肆意滥杀无辜，手段残忍，情节恶劣，罪行极其严重，依法应予以严惩，故一审以故意杀人罪判处凌某死刑，剥夺政治权利终身。凌某在法定期限内没有上诉，广西壮族自治区高级人民法院复核同意一审判决后报请最高人民法院核准，最高人民法院经复核后依法核准对凌某的死刑裁定。

案例解析

生命的丧失具有不可恢复性，死刑的错误适用必将导致不可挽回的损失。死刑复核程序能够最大限度上保证死刑得到正确适用。《中华人民共和国刑事诉讼法》第二百四十七条规定，中级人民法院判处死刑的第一审案件，被告人不上诉的，应由高级人民法院复核后，报最高人民法院核准。高级人民法院不同意判处死刑的，可以提审或者发回重新审判。高级人民法院判处死刑的第一审案件被告人不上诉的，和判处死刑的第二审案件，都应当报请最高人民法院核准。

法条链接

《中华人民共和国刑事诉讼法》第二百四十六条　死刑由最高人民法院核准。

案例 24　未成年人刑事诉讼特别程序

案情简介

高三考生常某报考了陕西某大学，后发现自己的高考志愿被同班同学郭某某篡改，导致自己无学可上。常某及家人报警后，警方经调查取证，确认郭某某涉嫌违法犯罪，依法对其采取强制措施。检察院依法对犯罪嫌疑人郭某某以涉嫌破坏计算机信息系统罪作出批准逮捕决定。陕西某大学得知这一情况后，对常某作出了补录决定，常某顺利入读该校。不久，检察院对郭某某作出了不予起诉决定，被羁押的郭某某于1个月后走出看守所。

案例解析

本案的焦点是，检察机关为何对郭某某作出不起诉决定？我国刑事诉讼法规定，人民检察院对侦查机关侦查终结移送审查起诉的案件，经过审查后，认为犯罪嫌疑人的犯罪行为情节轻微，依照刑法规定不需要判处刑罚或者免除刑罚时，可依法作出不起诉的决定。在相对不起诉条件下，人民检察院既可以作出不起诉决定，也可以作出起诉决定。结合本案，案件移送审查起诉后，检察机关承办人对案件进行审查后认为，在审查起诉阶段犯罪嫌疑人郭某某经电话传唤后主动到案，如实供述了犯罪事实，并亲笔书写悔过书，认罪、悔罪态度好；郭某某无违法犯罪前科，系初犯、偶犯；受害者常某已被录取，对其表示谅解，请求司法机关对其从轻处罚，并出具书面谅解书；同时，承办人到学校进行调查，老师称其在学校表现良好，其老师、同学等通过辩护人提交多份请求书请求对其从轻处罚。这些都属于法定、酌定从轻处罚的情节。法律赋予了检察机关相对不起诉的权力，检察机关基于对违法犯罪的未成年人教育、感化、挽救的方针政策，对本案作出不起诉决定。

法条链接

《中华人民共和国刑事诉讼法》第一百七十七条　犯罪嫌疑人没有犯罪事实，或者有本法第十六条规定的情形之一的，人民检察院应当作出不起诉决定。

对于犯罪情节轻微，依照刑法规定不需要判处刑罚或者免除刑罚的，人民检察院可以作出不起诉决定。

人民检察院决定不起诉的案件，应当同时对侦查中查封、扣押、冻结的财物解除查封、扣押、冻结。对被不起诉人需要给予行政处罚、处分或者需要没收其违法所得的，人民检察院应当提出检察意见，移送有关主管机关处理。有关主管机关应当将处理结果及时通知人民检察院。

第二百七十七条　对犯罪的未成年人实行教育、感化、挽救的方针，坚持教育为主、惩罚为辅的原则。

人民法院、人民检察院和公安机关办理未成年人刑事案件，应当保障未成年人行使其诉讼权利，保障未成年人得到法律帮助，并由熟悉未成年人身心特点的审判人员、检察人员、侦查人员承办。

第二百八十二条　对于未成年人涉嫌刑法分则第四章、第五章、第六章规定的犯罪，可能判处1年有期徒刑以下刑罚，符合起诉条件，但有悔罪表现的，人民检察院可以作出附条件不起诉的决定。人民检察院在作出附条件不起诉的决定以前，应当听取公安机关、被害人的意见。

对附条件不起诉的决定，公安机关要求复议、提请复核或者被害人申诉的，适用本法第一百七十九条、第一百八十条的规定。

未成年犯罪嫌疑人及其法定代理人对人民检察院决定附条件不起诉有异议的，人民检察院应当作出起诉的决定。

案例 25 行政诉讼的受案范围

案情简介

徐某某的配偶张某某驾驶面包车与同向行驶的刘某某驾驶的重型半挂车后部右侧发生碰撞，造成张某某当日死亡。交通警察大队出具的《道路交通事故认定书》认定：张某某夜间驾驶机动车对路面情况观察不够，未能降低行驶速度，未能按照操作规范确保安全通行，应承担本次事故的全部责任。徐某某等 3 人向法院提起行政赔偿诉讼，认为交通运输局在事发路段设置红绿灯，与徐某某配偶张某某死亡事故之间存在因果关系，故提起诉讼，请求确认交通运输局设置红绿灯的行为违法，并赔偿损失 998 464.5 元。一审法院认为，设置交通信号灯行为是针对不特定交通参与人的交通行为，不是行政机关针对特定的公民、法人或者其他组织以及特定的具体事项作出的有关公民、法人或者其他组织的权利义务关系的行为，该行为不属于行政诉讼的受案范围，裁定驳回徐某某等 3 人的起诉。徐某某等 3 人不服上述裁定，提起上诉。

案例解析

本案争议的焦点是设置交通信号灯的行为是否属于行政诉讼受案的范围？行政诉讼法意义上的行政行为，通常是指行政主体根据法律所赋予的职权作出的能够对公民、法人或者其他组织的权利义务产生影响的行为。原则上，行政行为都属于行政诉讼的受案范围，除非法律明确规定应当排除的情形。交通信号灯既是行政机关为保障道路交通安全与秩序所提供的一种公共服务，也是行政机关行使道路交通管理职权的行为。交通信号灯一旦设立，与所在道路一并投入使用，在特定的时间、空间内就可以对道路通行者的通行行为产生法律效果，影响到道路通行者的权利义务。设置交通信号灯的行为与规范性文件明显有别，一审法院将设置交通信号灯的行为视作规范性文件，显然是对规范性文件的扩大理解，限缩了行政诉讼受案范围，适用法律错误。因此，设置道路交通信号灯的行为属于人民法院行政诉讼的受案范围。

综上，徐某某等3人对在事发路段设置红绿灯的行为不服提起行政诉讼，符合法定起诉条件。二审法院撤销一审行政裁定，并指令一审法院继续审理。

法条链接

《中华人民共和国行政诉讼法》第二条　公民、法人或者其他组织认为行政机关和行政机关工作人员的行政行为侵犯其合法权益，有权依照本法向人民法院提起诉讼。

前款所称行政行为，包括法律、法规、规章授权的组织作出的行政行为。

第十三条第一款第二项　人民法院不受理公民、法人或者其他组织对行政法规、规章或者行政机关制定、发布的具有普遍约束力的决定、命令的事项提起的诉讼。

《最高人民法院关于适用〈中华人民共和国行政诉讼法〉的解释》第二条第二款　行政诉讼法第十三条第二项规定的“具有普遍约束力的决定、命令”，是指行政机关针对不特定对象发布的能反复适用的规范性文件。

案例26　行政诉讼的管辖

案情简介

浙江湖州市某红木家具总厂因为拆迁补偿问题将湖州市政府告上法庭，以往的“民告官”案中，市政府为被告的案子一般都在本市审理，但该案却是在绍兴市中级人民法院开庭审理。

2014年7月31日，湖州市政府发布《关于湖州市申苏浙皖至申嘉湖高速公路连接线工程项目（湖东西区一期）国有土地征收决定的公告》，房屋征收范围内有湖州市某红木家具总厂，涉及被征收房屋建筑面积约为1 690平方米，房屋用途为工业厂房及其他，湖州市政府根据相关政策规定，结合被征收房屋相关情况，拟定了补偿方案。

某红木家具总厂提出，湖州市政府给予的补偿标准不合理，无法保障企业的生产经营条件，总厂没有与征收实施单位达成补偿安置协议，相关政府部门也没有履行征收的法定程序。该厂认为湖州市政府对其作出的房屋征收决定不符合征收的实体要件，违反了正当法定程序，侵害了其合法权益，应当予以撤销。根据行政复议法的有关规定，某红木家具总厂向浙江省人民政府提出了行政复议。2014年11月28日，原告收到浙江省人民政府作出的行政复议决定书，复议维持了湖州市政府作出的具体行政行为，原告不服此行政复议决定，提起行政诉讼。经湖州市中级人民法院报请浙江省高级人民法院指定，该案由绍兴市中级人民法院管辖。

案例解析

在本案中，以湖州市政府为被告的行政诉讼，应当由湖州市中级人民法院管辖。湖州市中级人民法院对其管辖的第一审行政案件，认为需要由上级人民法院审理或者指定管辖的，可以报请上级人民法院决定。经湖州市中级人民法院报请浙江省高级人民法院指定，浙江省高级人民法院指定绍兴市中级人民法院管辖。此次异地跨区域管辖使行政案件审判管辖与行政区划适当分离，提升了行政审判的公信力，消除了当事人对“官官相护”的顾虑和当地法院审不了当地政府的疑虑，更好地履行了行政审判保护公民、法人和其他组织合法权益的职责，提高了人民群众的满意度。

法条链接

《中华人民共和国行政诉讼法》第十八条　行政案件由最初作出行政行为的行政机关所在地人民法院管辖。经复议的案件，也可以由复议机关所在地人民法院管辖。

经最高人民法院批准，高级人民法院可以根据审判工作的实际情况，确定若干人民法院跨行政区域管辖行政案件。

第十五条　中级人民法院管辖下列第一审行政案件：

（一）对国务院部门或者县级以上地方人民政府所作的行政行为提起诉讼的案件；

（二）海关处理的案件；

（三）本辖区内重大、复杂的案件；

（四）其他法律规定由中级人民法院管辖的案件。

第二十四条　上级人民法院有权审理下级人民法院管辖的第一审行政案件。

下级人民法院对其管辖的第一审行政案件，认为需要由上级人民法院审理或者指定管辖的，可以报请上级人民法院决定。

案例 27　行政公益诉讼人

案情简介

2014 年 10 月，山东省某县人民检察院在审查山东庆云某科技有限公司污水处理厂厂长涉嫌污染环境罪案件时，发现该公司自 2008 年 8 月以来，一直在未通过建设项目环保设施竣工验收的情况下，违法进行年产 12 000 吨环保型纸用染料项目的生产，生产中排放的大量污水造成环境污染，当地群众多次拨打民生服务热线进行举报。检察院经调查发现，县环保局虽对该公司多次作出行政处罚，但在监管过程中存在违法行为。针对上述情况，检察院于2014年5月15日、2015年1月13日两次向县环保局发出检察建议，督促环保部门依法履行监管职责，督促该公司整改并履行行政处罚决定书的内容。县环保局虽予以回复，但仍未依法正确履行监管职责，致使群众反映的问题一直未得到有效解决。为促进依法行政，督促县环保局纠正违法行政行为并依法履职，维护国家和社会公共利益，2015年12月16日，县人民检察院就县环保局不依法履职向县人民法院提起诉讼，请求确认县环保局批准该公司进行试生产、试生产延期的行政行为违法，撤销其违法行政处罚决定，并责令其依法履职。

诉讼期间，县环保局对照诉讼请求采取一系列整改措施，积极纠正了部分违法行政行为，依法履行了监管职责，使得检察机关的部分诉讼请求得以实现。2016年4月29日，县人民法院就本案召开庭前会议，检察机关根据证据交换情况，依法提交《变更诉讼请求决定书》，变更了诉讼请求，将诉讼请求变更为确认县环保局批准山东庆云某科技有限公司进行试生产、试生产延期的行政行为违法。2016年5月6日，县人民法院依法对本案公开开庭审理。6月20日，本案公开宣判，法院一审判决支持了检察机关的诉讼请求。

案例解析

在行政主管机关未履行法定职责，应作为而不作为，不应作为而作为，以及滥用行政自由裁量权的情形下，人民检察院作为国家法律监督机关，有权依其职责提出司法建议，要求行政主管机关及时履行职责。人民检察院亦可代表国家直接提起公益诉讼，追究侵害者的法律责任。2017年6月27日第十二届全国人民代表大会常务委员会第二十八次会议通过《关于修改〈中华人民共和国民事诉讼法〉和〈中华人民共和国行政诉讼法〉的决定》并于2017年7月1日正式实施。修正案将人民检察院提起行政公益诉讼的案件范围确定为生态环境和资源保护、食品药品安全、国有财产保护、国有土地使用权出让等领域；将人民检察院提起民事公益诉讼的案件范围确定为生态环境和资源保护、食品药品安全等领域。至此，提起公益诉讼成为法律赋予人民检察院的一项明确职权，也是一份重大责任。

法条链接

《中华人民共和国行政诉讼法》第二十五条　行政行为的相对人以及其他与行政行为有利害关系的公民、法人或者其他组织，有权提起诉讼。

有权提起诉讼的公民死亡，其近亲属可以提起诉讼。

有权提起诉讼的法人或者其他组织终止，承受其权利的法人或者其他组织可以提起诉讼。

人民检察院在履行职责中发现生态环境和资源保护、食品药品安全、国有财产保护、国有土地使用权出让等领域负有监督管理职责的行政机关违法行使职权或者不作为，致使国家利益或者社会公共利益受到侵害的，应当向行政机关提出检察建议，督促其依法履行职责。行政机关不依法履行职责的，人民检察院依法向人民法院提起诉讼。

案例 28 行政诉讼举证责任

案情简介

原告李某某于2016年9月5日通过某省政府门户网站向某省国资委提交政府信息申请表，主要内容为：2012年2月27日，某省国资委文件国资法规〔2012〕4号，对于某煤业有限公司的请示予以批复，请公开请示内容，具体名称为《关于对自愿申请关闭的某煤业有限公司给予捐赠补偿的请示》（某煤业化工〔2012〕132号）。

2016年9月18日，某省国资委作出《信息公开告知书》并送达原告。该告知书的主要内容为：经研究，因该申请内容涉及第三方某能源化工集团权益，我委需按照《政府信息公开条例》第二十三条的规定征求第三方意见。同日，某省国资委向某能源化工集团发出《信息公开征求意见书》。9月28日，某能源化工集团向某省国资委作出《某能源化工集团关于李某某要求公开信息意见的报告》（某能源函〔2016〕231号），认为申请公开的内容涉及该公司煤矿兼并重组的商业秘密，不应当公开。10月9日，某省国资委通过某省政府门户网站向原告作出《政府信息免予公开告知书》，原告不服，提起本次行政诉讼。

法院经审理作出行政判决：撤销被告作出的《政府信息免予公开告知书》，被告应当在本判决生效之日起15个工作日内对原告申请公开的政府信息重新作出答复。当事人均未上诉，判决发生法律效力。

案例解析

在行政诉讼中，被告不仅要提供作出具体行政行为的事实根据和法律法规等规范性文件的依据，而且应向法院提供材料证明被诉具体行政行为的合法性。被告提供的证据如果不足以证明被诉具体行政行为是合法的，则承担相应的败诉责任。

被告某省国资委具有依申请公开政府信息的职责。《最高人民法院关于审理政府信息公开行政案件若干问题的规定》第五条第一款规定，被告拒绝向原告提供政府信息的，应当对拒绝的根据以及履行法定告知和说明理由义务的情况举证。被告某省国资委负有举证责任，应对原告申请的政府信息内容是否涉及商业秘密向法院举证。反不正当竞争法对商业秘密有严格规定，商业秘密是指不为公众所知悉、具有商业价值并经权利人采取相应保密措施的技术信息和经营信息。被告应当依据该标准进行审查，不能单纯依据第三方不同意公开信息的报告作出决定。法院在审查合法性时，应当根据被告的举证作出是否构成商业秘密的判断。

在本案中，被告某省国资委没有向法院提供原告所申请的政府信息涉及商业秘密的证据，仅向法院提供了其发给第三方某能源化工集团的《信息公开征求意见书》、某能源化工集团的回复等证据，法院无法审查认定原告申请公开的政府信息内容是否构成商业秘密，也就无法对某省国资委的认定结论是否正确作出判断。因此，被告某省国资委作出的《政府信息免予公开告知书》证据不足，应予撤销，被告应当在判决生效之日起 15 个工作日内对原告申请公开的政府信息重新作出答复。

法条链接

《中华人民共和国行政诉讼法》第三十四条　被告对作出的行政行为负有举证责任，应当提供作出该行政行为的证据和所依据的规范性文件。

被告不提供或者无正当理由逾期提供证据，视为没有相应证据。但是，被诉行政行为涉及第三人合法权益，第三人提供证据的除外。

案例 29　行政诉讼的起诉与受理

案情简介

韩某持有 A2 机动车驾驶证。一次饮酒后，其驾驶燃油轻便摩托车上路被交警查处，除罚款、扣证外，还被记分 25 分，其持有的 A2 机动车驾驶证面临被注销并降级。韩某为此提起行政诉讼。浙江省台州市椒江区人民法院公开审理了该案件，驳回了韩某的诉讼请求。法院认为，韩某驾驶的车辆不是电动车，而是燃油轻便摩托车，需要驾驶员持有与该车型相符的驾驶证。韩某持有的是 A2 驾驶证，其所驾驶的轻便摩托车不属该驾驶证下的准驾车型，且系饮酒后驾驶机动车、未携带驾驶证，交管部门根据《中华人民共和国道路交通安全法》《浙江省实施〈中华人民共和国道路交通安全法〉办法》等相关规定，分别对其饮酒后驾驶机动车、未携带驾驶证、驾驶与驾驶证载明的准驾车型不符的车辆三项违法行为，给予暂扣 6 个月机动车驾驶证，罚款 1 220 元的行政处罚，事实清楚，证据充分，程序合法，适用法律正确，量罚适当。对韩某因上述违法行为依据规章规定记 25 分也无不当。

案例解析

在行政诉讼中，原告针对被告具体行政行为的性质以及自身权益受损害的程度，可依法提出合理的诉讼请求。诉讼请求应明确、具体，不能含糊不清、模棱两可。法院主要审查被告的具体行政行为是否符合法律规定，合法的予以维持，违法的予以撤销，或作出履行、变更判决。原告认为被告具体行政行为违法的，可请求法院判决撤销；认为行政机关不答复申请或不履行法定职责的，可请求法院判决限期履行；认为行政处罚不合理的，如处罚过重或过轻等，可请求法院予以合理变更；若行政机关的侵权行为对人身、财产造成损害的，可附带提出赔偿请求，赔偿请求应写明赔偿项目和金额。

在本案中，被告交管部门作出的具体行政行为有 3 项：罚款、扣证、记分。法院主要审查被告作出以上行政行为时事实是否清楚，证据是否充分，程序是否合法，适用法律是否正确，量罚是否适当。结合原告韩某的违法行为，被告所作行政处罚决定并无不当，但该记分导致原告 A2 车型驾驶资格被注销并降级与被诉行政处罚决定无关，不属本案审查范围。所以，法院依法驳回了原告的诉讼请求。

法条链接

《中华人民共和国行政诉讼法》第四十九条　提起诉讼应当符合下列条件：

（一）原告是符合本法第二十五条规定的公民、法人或者其他组织；

（二）有明确的被告；

（三）有具体的诉讼请求和事实根据；

（四）属于人民法院受案范围和受诉人民法院管辖。

第六十九条　行政行为证据确凿，适用法律、法规正确，符合法定程序的，或者原告申请被告履行法定职责或者给付义务理由不成立的，人民法院判决驳回原告的诉讼请求。

案例 30　行政诉讼简易程序

案情简介

原告石某、奚某某系某开发区管委会辖区某村村民，2015 年 5 月，两位原告通过邮寄的方式向被告某开发区管委会申请公开其所在村拆迁改造安置方案及村干部任期和离任经济责任专项审计结果，某开发区管委会受理后于当月作出《政府信息公开告知书》，告知书称：“经查，你申请获取的信息属于公开范围，根据《中华人民共和国政府信息公开条例》第二十六条的规定，本机关将以其他方式提供所申请的政府信息，具体为原告所在街道办事处或村委会现场查询。”

两位原告在诉状中称，根据谁主管、谁负责的原则，原告向被告提交政府信息公开申请后，被告应当按照原告提出的合理、合法的要求提供信息。根据鲁农经管字〔2014〕12号、德政字〔2005〕30号、德政发〔2009〕10号文件及《山东省信息公开办法》《山东省村务公开条例》规定，被告不按文件要求执行信息公开，侵害了原告的合法权益，因此提起行政诉讼，请求撤销被告作出的《政府信息公开告知书》，判令被告按上述文件规定和原告要求的方式重新予以信息公开，并判决被告不作为违法。

被告答辩称，原告提起行政诉讼案件的被告主体错误。根据《中华人民共和国政府信息公开条例》第二条规定，原告申请公开的信息是由被告下属的某街道办事处制作的，信息公开的主体应是该街道办事处，所以被告不是适格的主体。另外，被告已经依据原告的申请公开了相关政府信息。由于两原告申请获取信息的方式不同，被告为原告石某提供了其所在村拆迁安置改造方案的复印件，但因奚某某未缴纳相关的复印和邮寄费用，被告根据实际情况让奚某某的代理人石某当场查阅了村干部任期和离任经济责任专项审计的相关信息。由于原告诉讼主体错误且被告已经依法公开了相关政府信息，因此请求依法驳回原告的诉讼请求。

2015年7月2日，德州市中级人民法院对双方当事人进行了庭前告知，双方对于该案适用简易程序审理均无异议。7月9日，该案公开开庭审理，庭审中双方围绕原告的起诉是否符合法定条件和被告的答复行为是否合法两个焦点问题进行了举证、质证和辩论。经审理，法院对该案依法作出一审判决，撤销某开发区管委会作出的《政府信息公开告知书》，并判令其重新作出政府信息公开行为，同时驳回原告其他诉讼请求。宣判后，各方当事人均没有提出上诉。

案例解析

简易程序具有办案手续简便、审理方式灵活、不受普通程序有关规定约束的特点，有利于及时审结案件，降低当事人的诉讼成本，保护当事人的合法权益。对于人民法院来说，通过简易程序实现案件繁简分流，有利于高效配置司法资源，提高行政诉讼的效率。根据行政诉讼法规定，对政府信息公开案件，法院经审理认为事实清楚、权利义务关系明确、争议不大的一审行政案件可以适用简易程序。适用简易程序审理的行政案件，由审判员一人独任审理，并应当在立案之日起45日内审结。本案是政府信息公开案件，属于法定适用简易程序的案件类型。

法条链接

《中华人民共和国行政诉讼法》第八十二条　人民法院审理下列第一审行政案件，认为事实清楚、权利义务关系明确、争议不大的，可以适用简易程序：

（一）被诉行政行为是依法当场作出的；

（二）案件涉及款额2 000元以下的；

（三）属于政府信息公开案件的。

除前款规定以外的第一审行政案件，当事人各方同意适用简易程序的，可以适用简易程序。

发回重审、按照审判监督程序再审的案件不适用简易程序。

第八十三条　适用简易程序审理的行政案件，由审判员一人独任审理，并应当在立案之日起45日内审结。

案例31　庭外和解

案情简介

2015年7月，原告王某通过某知名网络购物平台以504元的总价购买了被告连云港某紫菜加工公司生产并销售的“原味即食海苔100包”30份，被告以快递的方式将王某购买的食品寄送到了邵阳市北塔区。收货后，王某发现该食品包装上既无中文标签、经销商信息及营养成分表，也无食品质量认证标志。王某认为，被告公司作为经营者应当对自己所出售的商品进行严格的检查验收，并对商品是否符合国家产品质量标准进行审查，现被告明显未尽到上述义务，违反了产品质量法、食品安全法等相关法律规定。在与被告协商遭拒后，王某提起诉讼，要求其返还货款及运费，并按商品售价的10倍进行赔付。法院在立案后组织双方进行调解，最终双方达成庭外和解，原告王某在获得3 000元赔偿款后撤回了起诉。

案例解析

在法律上，和解指诉讼当事人之间为处理和结束诉讼而达成的解决争议问题的妥协或协议，也指当事人在自愿互谅的基础上，就已经发生的争议进行协商并达成协议，自行解决争议的一种方式。和解可以分为诉讼前的和解与诉讼中的和解。诉讼前的和解指发生诉讼以前，双方当事人互相协商达成协议，解决双方的争执。这是一种民事法律行为，是当事人依法处分自己民事实体权利的表现。这种和解不管诉讼程序进展如何，凡在法院作出判决前，当事人都可进行。当事人可以就整个诉讼标的达成协议，也可就诉讼上的个别问题达成协议。诉讼中的和解协议经法院审查批准，当事人签名盖章，即发生效力，结束诉讼程序的全部或一部。民事诉讼法把自行和解作为当事人一项重要的诉讼权利，当事人可以在诉讼的任何阶段进行。在执行中，双方当事人自行和解达成协议的，执行员应将协议内容记入笔录，由双方当事人签名或者盖章。

本案属于诉中和解，争议双方在自愿平等的基础上达成和解，使纠纷能够迅速解决。和解在民事纠纷解决中具有程序简便灵活、自觉履行率较高等优点。

法条链接

《中华人民共和国民事诉讼法》第五十条　双方当事人可以自行和解。

第七章 常用法律文书写作

案例1 民事起诉状

案情简介

福州市某区某企业职工江某乙与妻子张某某于2002年5月登记结婚，婚后育有一子江某甲。后因夫妻二人性格不合，时常发生冲突，并经多方劝说、调解无效，二人于2015年2月在福州市某区民政局协议离婚。离婚协议约定：二人所生儿子江某甲由张某某抚养，江某乙每月承担抚养费500元，直至儿子满18周岁止。该协议签订后，江某乙仅按协议给付2个月（2015年3—4月）抚养费1 000元后，便以抚养费太高等理由拒绝给付。张某某一直索要，江某乙以各种理由搪塞。随着江某甲年龄的增长，其生活和上学的实际费用不断增加，加上张某某最近失业在家，失去稳定的收入，张某某多次找江某乙商量履行给付和增加抚养费的事宜，江某乙仍然拒不履行义务，且以二人已经达成了协议就应按协议履行为由，不同意增加抚养费。张某某在万般无奈之下，以儿子江某甲的名义向法院提交了民事起诉状。

文书解析

民事起诉状是公民、法人和其他组织，在认为自己的民事权益受到侵害或者与他人发生争议时，向人民法院提出的要求人民法院依法作出公正裁判的书面诉讼请求。在本案中，江某甲与江某乙之间的亲子关系不因夫妻离婚而消除。张某某与江某乙达成的协议离婚是经有关部门认可而解除婚姻关系的离婚方式，对双方当事人均具有法律约束力，如果一方不执行离婚协议书中的约定事项，对方可向人民法院提起民事诉讼，请求法院判决对方履行约定的义务。

民事起诉状的内容一般包括当事人基本情况、诉讼请求、事实与理由三个部分。

1. 当事人基本情况。当事人为公民的，应写明姓名、性别、年龄、民族、职业、工作单位、住所、联系方式；当事人为法人或其他组织的，应写明单位名称、住所和法定代表人或主要负责人的姓名、职务、联系方式。《中华人民共和国民事诉讼法》第五十七条规定，无诉讼行为能力人由他的监护人作为法定代理人代为诉讼。本案的原告是未成年人江某甲，张某某不是原告，而是以法定代理人身份参加诉讼。同理，如果侵权人是未成年人的案件，也以侵权的未成年人为被告，并写明其法定代理人或监护人。

2. 诉讼请求。整个民事起诉状的点睛之处就在于如何提出诉讼请求，诉讼请求的内容是当事人提起民事诉讼的直接目的。诉讼请求的提出要巧妙。根据民事审判的原则，当事人提出什么请求，就审理什么请求，即“不诉不理”。

诉讼请求的提出要合理合法。因案件受理费由败诉方承担，双方都有责任的由双方分担，若当事人诉讼请求不适当，不适当部分不仅得不到支持，还需负担不适当请求部分的诉讼费，要求给付或索赔金额越高，须缴纳的诉讼费越高。

诉讼请求要具体明确，切实可行。对于给付之诉，要具体写明给付标的，如金钱、有价证券、物品等。给付的数额，特别是赔偿数额要准确估算。对于确认之诉，要具体写明确认标的所有权归属和行为的有效、无效，如确认房屋归属权、确认合同及民事行为的无效等。书写诉讼请求一定要具体明确，所提出的事项要能够履行，避免笼统抽象。如“要求被告赔偿给原告造成的一切经济损失”这种要求没有明确的数字，人民法院将无法受理。在本案中，已经生效的离婚协议中对抚养费“付多少”“怎么付”均已写明，且已经发生法律效力，是具有确定力的，对于协议书的内容任何一方不能随便更改。

3. 事实与理由。该部分是诉状的主要内容，应紧紧围绕诉讼请求，一般包括七个要素，即时间、地点、人物、事件、原因、结果和证据。该部分的每一句话都是为了证明原告诉讼请求的合法性和合理性，或者证明对方行为的违法性和违约性，书写时应以陈述事实和理由为主，详略得当，切不可长篇大论，做到事实清楚、理由充分即可，更不可使用过激或侮辱性的语言。

法条链接

《中华人民共和国民法典》第一千零六十七条　父母不履行抚养义务的，未成年子女或者不能独立生活的成年子女，有要求父母给付抚养费的权利。

成年子女不履行赡养义务的，缺乏劳动能力或者生活困难的父母，有要求成年子女给付赡养费的权利。

第一千零八十五条 离婚后，子女由一方直接抚养的，另一方应当负担部分或者全部抚养费。负担费用的多少和期限的长短，由双方协议；协议不成的，由人民法院判决。

前款规定的协议或者判决，不妨碍子女在必要时向父母任何一方提出超过协议或者判决原定数额的合理要求。

范文实例

民事起诉状

原告江某甲，男，2003年12月15日生，身份证号：××××××××××××××××××，汉族，福州市人，住福州市××区，××职业技术学校学生。

法定代理人张某某，系原告之母，女，1974年12月08日生，身份证号：××××××××××××××××××，汉族，福州市人，住福州市××区，失业，联系方式：×××××××××××。

被告江某乙，系原告之父，男，1970年6月20日生，身份证号：××××××××××××××××××，汉族，福州市人，住福州市××区，××单位职工。

诉讼请求：

1. 责令被告自起诉之日起每月支付原告抚养费1 000元；
2. 责令被告给付拖欠抚养费12 000元（24个月）；
3. 本案诉讼费用由被告承担。

事实与理由：

原告系被告婚生子，2015年2月14日，被告与原告之母因夫妻感情不和在福州市××区民政部门协议离婚，原告由母亲抚养，被告每月支付抚养费500元，该抚养费在当时仅够维持一般的生活。

由于近年物价上涨，每月500元的抚养费已经不够原告上学、看病，以及生活开支的需要。原告之母收入有限，一直未再婚，独立承担原告的抚养费非常困难。被告虽是原告的父亲，但从未关心过原告，给付了2个月合计1 000元后拒不继续给付抚养费用。现为维护原告之合法权益，特诉之人民法院，请求支持原告诉讼请求。

此致

福州市××区人民法院

原告人：江某甲

法定代理人：张某某

××××年××月××日

案例2　借条

案情简介

原告刘某和被告王某原系夫妻关系，于2004年12月10日离婚。2007年2月7日，原告以被告于2005年3月20日向其借款9万元，经原告多次催要未还为由，将被告诉至法院，并提供了被告向原告打的借条，写明借款金额9万元。

河南省某县人民法院经审理认为，夫妻之间的借贷行为属于民事法律行为，夫妻不属于法律禁止的借款主体，凡不为法律所禁止的民事行为即为法律所允许。因此，夫妻之间的借贷行为是有效的，对该纠纷的处理需依照处理普通债权债务纠纷的法律规定。

当事人对自己提出的诉讼请求所依据的事实或者反驳对方诉讼请求所依据的事实有责任提供证据加以证明，没有证据或者证据不足以证明当事人的事实主张的，由负有举证责任的当事人承担不利后果。本案原告、被告所争议的借款，原告称是离婚后借给被告的，被告为其出具借条；被告则辩称该借条是在原告、被告夫妻关系存续期间原告威胁其所书写的，并不真正存在借款关系，借条落款日期不是其所书写，并且是离婚后添加的。为此，被告申请对借条进行鉴定。

在审理过程中，河南省某县人民法院根据被告的申请，委托司法科学证据鉴定中心对该借条进行鉴定，鉴定结论为：检材“借条”上内容字迹与落款日期字迹倾向不是同一人所写，字迹笔痕为同种墨水书写，两者符合不同时期形成特征；检材“借条”上内容字迹与落款日期字迹形成时间有差异，符合间隔较长时间形成的特征（一般指形成时间间隔在6个月以上）。

由此证实，原告诉称事实与实际不符，借条形式存在瑕疵，借条上落款日期“2005年3月20日”字迹、书写时间与借条内容不一致。而被告在庭审中的陈述和提供的离婚证明与鉴定结论能相印证，真实可信，法院对被告抗辩理由予以支持。

综上所述，因借条内容与落款日期的字迹书写时间不一致，违背了证据的客观真实性原则，原告对鉴定结论的事实不能提供反证，对借条的瑕疵无法作出合理解释，被告对此借条亦不认可，据此认定该借款事实不清，证据不足，对原告诉请不予支持。法院一审判决驳回原告刘某的诉讼请求。

文书解析

在生活中，人与人之间的借贷关系较为普遍，借贷双方往往书写借条作为凭证。在民间借贷纠纷中，因书写不完善、不规范造成借条（法律上称之为借款合同）存在瑕疵而引发的纠纷占较高比例，一些存在瑕疵的借条甚至成了一纸空文。在民间借贷关系中，借条书写应注意以下几点。

1. 借贷双方姓名书写要规范。由于民间借贷关系多发生在亲友、同事、同学等熟人之间，当事人在书写借条时容易将习惯称呼或小名用在借条中，如“李姐”“张哥”“明明”等，借款人署名与借款人身份证上显示姓名不一致等情况也经常出现。一旦发生纠纷，当事人如没有足够证据证实借贷事实则很难维权。因此，书写借条时，如果对本名以外的其他称呼没有把握，最好以借款人身份证上登记的姓名为准，并附带身份证号以作区别。

2. 借条内容书写要完整。一张不存在瑕疵的借条应包括借款种类、币种、用途、数额、利率、期限和还款方式等内容。在书写借条时，如出现既有人民币又有外币的情况，应注明币种；在书写款项数额时，借贷双方应单独或同时注明数额的大写汉字，以免发生纠纷。

在书写借条时应避免歧义。一是不要使用多音、多义字，比如，还欠款人民币壹万元，既可以理解成已归还欠款人民币壹万元，也可以理解成仍欠款人民币壹万元。二是避免使用容易产生分歧的语言，比如，甲向乙借钱，分不清到底谁是出借人，谁是借款人。

借款人应按借条约定期限返还借款。借条中若没有约定还款日期，借款人可随时返还，出借人也可催告借款人在合理期限内返还。借款人若提前还款，除双方另有约定外，应按实际借款时间计算利息。债权人向法院请求保护其债权有诉讼时效期间限制。借款人在借款期限截止后，出借人即有权要求借款人还款，其诉讼时效从借款期限截止日起算。借条中没有借款截止期限的，从出借人主张债权时起算。同时，诉讼时效因提起诉讼、当事人一方要求或同意履行义务而中断的从中断时起，诉讼时效期间重新计算。

另外，出借人要注意了解借款人的偿还能力，尽量约定借款保证事项。这并非必要条件，但对于数额较大或有风险的借贷，可要求借款人提供相应的财产抵押，或找有经济实力的第三人作担保人。如果借贷双方没有征得担保人同意，对还款期限或利率重新约定的，担保人不再承担保证责任，抵押和担保都应签订书面协议。

3. 借条形式要规范。借条应当采用书面形式，但自然人之间借款另有约定的除外；借款人签名的时候，出借人必须亲眼看其签名，防止借款人用其他人来签名，最后拒绝承认借条；借条中表明合法用途是有必要的，若出借人在明知借款人的借款目的是用于赌博、贩毒等非法用途却仍然出借的，借条将不受法律保护；合同成立时，民间借贷利率最高不得超过一年期贷款市场报价利率 4 倍；自然人之间的借款合同对支付利息没有约定或约定不明确的，将被视为不支付利息。

4. 其他事项。若出借人为实现债权支付了高昂的律师费，系根据约定所必须负担的成本，将可以获得法院的支持。出借人与借款人既约定了逾期利率，又约定了违约金或者其他费用，出借人可以选择主张逾期利息、违约金或者其他费用，也可以一并主张，但是总计超过合同成立时一年期贷款市场报价利率4倍的部分，人民法院不予支持。例如，关于送达的约定。在民间借贷纠纷中，被告缺席率非常高，普遍面临“送达难”的问题。法院在向被告（通常是借款人、保证人等）邮寄送达相关法律文书时，往往出现邮寄送达因“原址查无此人”“迁移新址不明”“原写地址不详”等原因被退回的情况。如果无法送达，法院只能采用公告送达。公告送达能把诉讼周期拉得很长，更重要的是，在此期间，被告很可能已经转移财产。如果当事人在纠纷发生之前约定了送达地址，人民法院就可以将该地址作为送达诉讼文书的确认地址。再如，标注微信账号。随着微信的普及，在许多诉讼中，微信的聊天记录、转账记录等都成为诉讼的关键证据。而在微信证据的认定中，最大的难点是微信非实名制的情况下，如何证明这个微信号是债务人本人的微信号。如果在借条上或者合同中直接约定了对方的微信号，那么当发生纠纷时，该微信就可以直接认定为是债务人本人的微信号，上面的聊天记录和转账记录就都能够核实了。

法条链接

《中华人民共和国民法典》第六百六十七条　借款合同是借款人向贷款人借款，到期返还借款并支付利息的合同。

第六百六十八条　借款合同应当采用书面形式，但是自然人之间借款另有约定的除外。

借款合同的内容一般包括借款种类、币种、用途、数额、利率、期限和还款方式等条款。

第六百八十条　禁止高利放贷，借款的利率不得违反国家有关规定。

借款合同对支付利息没有约定的，视为没有利息。

借款合同对支付利息约定不明确，当事人不能达成补充协议的，按照当地或者当事人的交易方式、交易习惯、市场利率等因素确定利息；自然人之间借款的，视为没有利息。

《最高人民法院关于审理民间借贷案件适用法律若干问题的规定》第二十五条　出借人请求借款人按照合同约定利率支付利息的，人民法院应予支持，但是双方约定的利率超过合同成立时一年期贷款市场报价利率4倍的除外。

前款所称“一年期贷款市场报价利率”，是指中国人民银行授权全国银行间同业拆借中心自2019年8月20日起每月发布的一年期贷款市场报价利率。

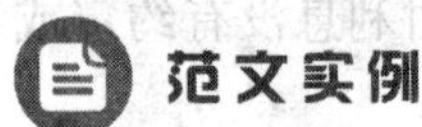

范文实例

借　条

为购买房产，今通过银行转账向好友张三借到人民币拾壹万元整（￥110000.00元），月利率1%，于2020年12月31日到期时还本付息。逾期未还，则按当期一年期贷款市场报价利率（LPR）的4倍计付逾期利息。

如任何一方（借款人、债务人）违约，守约方（出借人、债权人）为维护权益向违约方追偿的一切费用（包括但不限于律师费、诉讼费、保全费、交通费、差旅费、鉴定费等）均由违约方承担。

身份证载明的双方（各方）通信地址可作为送达催款函、对账单、法院送达诉讼文书的地址，因载明的地址有误或未及时告知变更后的地址，导致相关文书及诉讼文书未能实际被接收的、邮寄送达的，相关文书及诉讼文书退回之日即视为送达之日。

借款人的微信号为：×××××

借款人：李四　身份证号：××××××××××××××××××（亲笔签名并按指印）

出借人：张三　身份证号：××××××××××××××××××（亲笔签名并按指印）

见证人：王五　身份证号：××××××××××××××××××（亲笔签名并按指印）

2019年1月1日

案例3　劳动合同规范

案情简介

从2003年8月起，雷某便在江津某动力有限公司工作。2008年8月18日，公司要求雷某等人在8月31日前到公司签订书面劳动合同。当雷某去签字时，发现该劳动合同未填写劳动合同期限、工作内容、工作时间、劳动报酬等内容。面对这样一份空白合同，雷某不愿签字。事后，雷某继续在公司工作。2012年5月29日，公司张贴通告，要求雷某等人在6月10日前到公司签订书面劳动合同，逾期不签订的将按照劳动合同法处理。因为相同的原因，雷某再次拒签。

2012年6月13日，公司张贴除名通报，以雷某不与公司签订书面劳动合同为由，决定解除与雷某的劳动关系。就这样被单位除名的雷某不服，将公司告上法院。雷某认为，单位没有在合同上注明工作内容、工作时间、劳动报酬等内容，作为员工有权拒签，单位将其除名违反了劳动法。法院审理后认定，公司以雷某拒签书面劳动合同为由解除与雷某的劳动关系，属违法解除，判决其应支付雷某赔偿金5万余元。

文书解析

劳动合同是在用人单位与劳动者协商一致的基础上订立的，双方一经签字就须履行约定的义务。除非是以欺诈、胁迫的手段或者乘人之危，使对方在违背真实意思的情况下订立或者变更劳动合同的，劳动合同才会无效或部分无效。

劳动者在与用人单位签订劳动合同时，一定要具备法律意识，要看清合同条款，尤其要重视在格式化劳动合同中特别约定的内容，如有侵害自己合法权益的合同必须拒绝签字。劳动合同法规定，劳动者与用人单位签订合同时必须明确工作内容和工作地点、工作时间和休息休假、劳动报酬、社会保险等重要内容。此外，还应仔细阅读关于相关岗位的工作说明书、岗位责任制、劳动纪律、工资支付规定、绩效考核制度、劳动合同管理细则等有关规章制度，这些文件作为劳动合同附件时，与劳动合同具有同样的法律约束力。

企业让劳动者签订空白合同的行为是违法的。但在现实生活中，用人单位要求劳动者直接在空白合同上签字的现象却并不少见，一旦发生劳动争议，用人单位为了趋利避害，可能就会在空白劳动合同上倒签时间，补填对自身有利的不实内容。求职者应拒绝在公司提供的空白合同上签字，否则会为发生劳动争议时诉讼取证留下隐患。

劳动者不仅要具备法律意识，更要具备证据意识。如果不得不签空白合同，一定要尽可能地搜集相关证据，如拍照或录音等。一旦出现纠纷可申请笔迹鉴定，证明空白处书写时间与合同尾部签名时间非同一时期，为主张合法权益提供证据支持。在没有劳动合同的情况下，劳动者要想证明存在劳动关系可以采用以下证据：工资发放记录，如盖章的工资条、工资卡的银行记录；考勤卡、工作证等；社会保险缴费记录，它是证明存在劳动关系的一个强有力的证据；工作记录、出差的相应证据等。

法条链接

《中华人民共和国劳动合同法》第十六条　劳动合同由用人单位与劳动者协商一致，并经用人单位与劳动者在劳动合同文本上签字或者盖章生效。

劳动合同文本由用人单位和劳动者各执一份。

第十七条　劳动合同应当具备以下条款：

（一）用人单位的名称、住所和法定代表人或者主要负责人；

（二）劳动者的姓名、住址和居民身份证或者其他有效身份证件号码；

（三）劳动合同期限；

（四）工作内容和工作地点；

（五）工作时间和休息休假；

（六）劳动报酬；

（七）社会保险；

（八）劳动保护、劳动条件和职业危害防护；

（九）法律、法规规定应当纳入劳动合同的其他事项。

劳动合同除前款规定的必备条款外，用人单位与劳动者可以约定试用期、培训、保守秘密、补充保险和福利待遇等其他事项。

第十八条 劳动合同对劳动报酬和劳动条件等标准约定不明确，引发争议的，用人单位与劳动者可以重新协商；协商不成的，适用集体合同规定；没有集体合同或者集体合同未规定劳动报酬的，实行同工同酬；没有集体合同或者集体合同未规定劳动条件等标准的，适用国家有关规定。

第八十一条 用人单位提供的劳动合同文本未载明本法规定的劳动合同必备条款或者用人单位未将劳动合同文本交付劳动者的，由劳动行政部门责令改正；给劳动者造成损害的，应当承担赔偿责任。

劳动合同

甲方名称：××工程有限公司

注册地址：武汉市惠丰南路××号××广场×座×楼

法定代表人或委托代理人：李某某

乙方姓名：蒋某某 性别：男 出生年月：1989 年 7 月

学历：本科 职称：工程师 健康状况：健康

参加工作时间：2014 年 7 月

在甲方工作起始时间：2016 年 3 月

家庭住址：×××××××× 邮编：××××××

身份证号码：×××××××××××××××××× 联系方式：××××××××

根据《中华人民共和国劳动法》《中华人民共和国劳动合同法》和有关法律、法规，甲、乙双方在平等自愿、协商一致的基础上签订本劳动合同，建立劳动关系。劳动合同依法订立即具有法律约束力，甲、乙双方必须严格履行。

一、劳动合同期限

第一条 本劳动合同期限类型为以下第 1 种形式。

1. 固定期限。本合同自 2016 年 3 月 1 日起至 2021 年 2 月 28 日止，期限为 5 年。其中，试用期自 2016 年 3 月 1 日起至 2016 年 6 月 30 日止，期限为 4 个月。

2. 无固定期限。本合同自____年__月__日起，至无固定期限劳动合同终止条件出现时终止。其中，试用期自____年__月__日起至____年__月__日止，期限为__个月。

3. 以完成一定工作任务为期限。本合同自____年__月__日起，至乙方按要求完成甲方指定的工作任务____________时终止。其中，试用期自____年__月__日起至____年__月__日止，期限为____个月。

二、工作内容和工作地点

第二条　甲方依据工作需要，安排乙方在施工部门（项目）从事工程技术/物资管理（如实填写）工作。

甲方根据工作需要，可以调整乙方的工作岗位。

第三条　根据甲方的施工生产、经营管理工作特点和乙方的工作情况，乙方的工作地点和场所随工作需要而调整变化。

三、工作时间和休息休假

第四条　依据有关规定及甲方施工生产和经营管理工作特点，并经劳动行政部门许可，甲方可分别执行标准工时制、综合计算工时制和不定时工作制度。

根据乙方的岗位情况，甲方安排乙方执行综合计算工时工作制度。

若乙方岗位变化，甲方可以相应安排乙方执行与之对应的工时制度。

第五条　甲方按照国家法律法规保证乙方合理的休息休假时间。对于执行综合计算工时制和不定时工作制度的职工，甲方根据工作需要，在保障乙方身体健康的基础上，采用集中工作、集中休息、轮休调休、弹性工作时间等适当方式，确保乙方的休息休假权利。

四、劳动报酬

第六条　甲方参照社会、行业工资水平，按照企业工资分配制度和同类人员的工资标准，确定乙方的工资收入（年薪/月薪）为按甲方薪酬制度执行，并根据企业经济效益，对工资分配进行调节。

第七条　甲方按照以按劳分配为主、效率优先、兼顾公平的分配原则，实行以岗定薪、岗变薪变，根据乙方完成的劳动数量和质量，以货币形式按月向乙方支付工资，但最低不得低于本地区的最低工资标准。

第八条　在试用期内，甲方按乙方正式工资标准的100%支付。

第九条　如甲方出现生产任务不足，使乙方待岗，甲方按照湖北省有关规定标准向乙方支付基本生活费。

五、社会保险及福利

第十条　甲方按照国家和地方政府的规定，负责建立乙方的养老、医疗、工伤、失业、生育等各项保险。属单位缴纳的费用，由甲方承担并按规定足额缴纳，属个人缴纳的费用，由乙方承担并在工资中扣缴。

第十一条　乙方患病或非因工负伤的医疗期，按国家及甲方有关规定执行。医疗期内的病假工资和有关待遇，按国家及甲方有关规定执行。

第十二条　乙方因工伤亡（患职业病）的各项待遇，按国家及甲方有关规定执行。

第十三条　乙方有关住房公积金、津贴、补贴和其他福利待遇按照地方及甲方有关规定执行。

六、劳动条件、劳动保护和职业危害防护

第十四条　甲方应合理组织安排乙方进行工作，并提供必要的工作场地、劳动工具和生产设备。

第十五条　甲方为乙方提供符合国家规定的劳动安全卫生条件和必要的劳动防护用品，并提供卫生健康、防暑降温和冬季取暖等劳动保护，对从事有职业危害作业的劳动者定期进行健康检查。

第十六条　甲方按照国家有关规定，建立健全劳动安全卫生制度，严格执行国家劳动安全卫生规程和标准，并对乙方进行必要的劳动安全卫生教育，防止劳动过程中的事故，减少职业危害。

第十七条　乙方在劳动过程中必须严格遵守安全操作规程。乙方对甲方管理人员违章指挥、强令冒险作业，有权拒绝执行；对危害生命安全和身体健康的行为，有权提出批评和检举。

第十八条　女职工在孕期、产期、哺乳期等各种保护和待遇，按国家及甲方有关规定执行。

七、教育培训

第十九条　甲方负责对乙方的思想政治教育、职业道德教育、遵章守纪教育、安全生产教育等，并根据生产经营工作需要，对乙方进行专业技术、职业技能和业务素质培训。

第二十条　如甲方为乙方提供专项培训费用，对乙方进行专业技术或学历教育等培训，应约定服务期，并视具体情况签订有关协议。

第二十一条　乙方必须积极参加甲方组织的各种教育学习和技能培训，不断提高自身素质和业务技术水平。

八、劳动纪律及保密约定

第二十二条　乙方应认真遵守甲方依法制定的各项规章制度，严格遵守劳动安全卫生、操作规程和工作规范，遵纪守法，积极努力工作，履行岗位职责，完成规定的各项任务。

第二十三条　乙方违反劳动纪律，甚至给甲方带来经济损失时，甲方可以依据有关制度和规定，要求乙方承担相应的经济赔偿，必要时可进行行政处分，直至解除本合同。

第二十四条　乙方在甲方工作期间，如掌握甲方重要商业秘密、重大技术方案、重要管理制度等，在劳动合同期间和期满后，应进行严格保密，如因乙方泄密给甲方造成损失，乙方需承担相应赔偿责任。

九、劳动合同的变更、续订

第二十五条　订立本合同所依据的法律、法规发生变化，本合同应变更相关内容。

第二十六条　订立本合同所依据的客观情况发生重大变化，致使本合同无法履行的，经甲乙双方协商同意，可以变更本合同相关内容。

第二十七条　乙方若出现重大工作变动，如派往国外工程工作、参加脱产学习培训、借调、工伤、病休、休长假、下岗等情况，需及时变更劳动合同，并视具体情况签订相关补充协议。

第二十八条　如本合同期限届满，经甲乙双方协商一致，可以续订劳动合同。

十、劳动合同的解除、终止及经济补偿、违约责任

第二十九条　甲乙双方解除、终止劳动合同以及有关经济补偿依照《中华人民共和国劳动合同法》和地方及甲方有关规定执行。

第三十条　解除或者终止本合同后，甲方应为乙方出具解除或者终止劳动合同的证明，并在15日内为乙方办理档案和社会保险关系转移手续。因乙方责任造成档案、社会保险及户籍等关系迁移不能如期、正常办理，甲方不承担相关责任，如给甲方带来管理成本和经济损失，乙方应承担相应管理费用和赔偿责任。

第三十一条　如乙方违反培训学习协议或服务期有关约定，应按双方签订的学习培训协议书有关约定向甲方支付违约金，违约金的数额不超过甲方提供的培训费用，且不超过服务期尚未履行部分所应分摊的培训费用。

十一、劳动争议处理

第三十二条　甲、乙双方履行本合同期间如发生劳动争议，应当平等协商解决，也可自劳动争议发生之日起60日内向有管辖权的劳动争议仲裁委员会申请调解仲裁。对仲裁裁决不服的，可自收到仲裁裁决书之日起15日内向人民法院提起诉讼。

十二、其他

第三十三条　本劳动合同未涉及的其他有关事项，均按现行法律法规和有关规定执行。

第三十四条　甲方法定代表人的变更不影响本劳动合同的履行，甲、乙双方不需因此重新签订劳动合同。

第三十五条　本劳动合同一式三份，甲乙双方各执一份，存乙方人事档案一份。

甲方：××工程有限公司　　　　乙方：蒋某某（亲笔签字）

（盖章）　　　　（签章）

法定代表人：李某某

2016年3月1日　　　　2016年3月1日

案例4　行政起诉状

案情简介

钱某斌生前系武汉市某区某有限责任公司职工，主要在生产车间负责质检工作，公司向钱某斌提供食宿，其上班时间为8：00—12：00、14：00—18：00。2014年7月7日8时许，钱某斌到公司打考勤卡后，到公司二楼食堂吃早餐，在用餐期间突发疾病晕倒，随即被送往医院抢救，经抢救无效于7月8日8时26分死亡。经医院诊断，死亡原因为心跳呼吸骤停、蛛网膜下腔出血。之后，死者钱某斌家属向武汉市某区人力资源社会保障局申请工伤认定，武汉市某区人力资源社会保障局以“死者是利用工作时间吃早饭，公司食堂不是其工作岗位”为由，于2014年11月12日作出××人社伤〔2014〕198号《不予认定工伤决定书》。钱某斌家属对此不服，依法提起行政诉讼。

文书解析

行政起诉状是（具体）行政行为的相对人对行政主体的（具体）行政行为不服，依法直接向人民法院起诉，请求人民法院撤销、变更（具体）行政行为或者履行法定职责的法律文书。《中华人民共和国行政诉讼法》第五十条规定，起诉应当向人民法院递交起诉状，并按照被告人数提出副本。书写起诉状确有困难的，可以口头起诉，由人民法院记入笔录，出具注明日期的书面凭证，并告知对方当事人。在格式上，行政案件起诉状与其他案件起诉状基本相同。在内容上，因每个案件的具体情况不同，应在不同方面有所侧重。行政起诉状的内容一般包括当事人基本情况、诉讼请求、事实与理由三个部分。

1. 当事人基本情况。行政诉讼的原告是提起诉讼的公民、法人或者其他组织，即行政行为中的管理相对人。有权提起诉讼的公民死亡，其近亲属可以提起诉讼。近亲属包括配偶、父母、子女、兄弟姐妹、祖父母、外祖父母、孙子女、外孙子女和其他具有扶养、赡养关系的亲属。有权提起诉讼的法人或者其他组织终止，承受其权利的法人或者其他组织可以提起诉讼。在本案中，钱某斌的近亲属可以提起诉讼。

行政诉讼的被告是作出具体行政行为的行政机关。经复议的案件，复议机关决定维持原具体行政行为的，作出原具体行政行为的行政机关和复议机关是共同被告；复议机关改变原具体行政行为的，复议机关是被告。复议机关在法定期限内未作出复议决定，公民、法人或者其他组织起诉原具体行政行为的，作出原具体行政行为的行政机关是被告。起诉复议机关不作为的，复议机关是被告。两个以上行政机关作出同一具体行政行为的，共同作出具体行政行为的行政机关是共同被告。由行政机关委托的组织所作的具体行政行为，委托的行政机关是被告。行政机关被撤销或者职权变更的，继续行使其职权的行政机关是被告。

同提起诉讼的具体行政行为有利害关系的其他公民、法人或者其他组织，可以作为第三人申请参加诉讼，或者由人民法院通知参加诉讼。在本案中，武汉市某区某有限责任公司是第三人。

2. 诉讼请求。诉讼请求是正文的第一项内容。在行政诉讼中，法院主要审查具体行政行为是否符合法律规定，合法的予以维持，违法的予以撤销，或者作出履行判决、变更判决。诉讼请求的内容应具体明确：认为具体行政行为违法的，请求法院判决撤销该行为；认为行政机关不答复申请或不履行法定职责的，请求法院判决限期履行；认为行政处罚不合理的，如处罚过重或过轻等，可请求法院予以合理变更；若行政机关的侵权行为对人身、财产造成损害的，可附带提出赔偿请求，赔偿请求应写明赔偿项目和金额。

3. 事实与理由。事实是人民法院审理案件的依据，要全面简要地反映出案件的客观事实，指出行政争议的焦点，写明案情事实的六个要素：时间、地点、人物、事件、原因和结果。如果是经过行政复议后不服起诉的，还要写清楚复议行政机关作出复议决定的过程和结果。

理由是在叙述事实的基础上，依据法律法规进行分析，论证诉讼请求的合理合法性。例如：对被告侵犯原告人身权和财产权的案件，原告要着重论述被告实施的具体行政行为所依据的事实不清、证据不充分；或者违反了法定程序，所适用的法律有错误；或者被告有超越职权范围、滥用职权的行为；或者该行政处罚过重，侵害了原告的正当权益等。其理由应根据案件的不同而有所侧重，但引用法律法规条文必须准确，理由务必充分。

法条链接

《工伤保险条例》第十四条　职工有下列情形之一的，应当认定为工伤：

（一）在工作时间和工作场所内，因工作原因受到事故伤害的；

（二）工作时间前后在工作场所内，从事与工作有关的预备性或者收尾性工作受到事故伤害的；

（三）在工作时间和工作场所内，因履行工作职责受到暴力等意外伤害的；

（四）患职业病的；

（五）因工外出期间，由于工作原因受到伤害或者发生事故下落不明的；

（六）在上下班途中，受到非本人主要责任的交通事故或者城市轨道交通、客运轮渡、火车事故伤害的；

（七）法律、行政法规规定应当认定为工伤的其他情形。

第十五条　职工有下列情形之一的，视同工伤：

（一）在工作时间和工作岗位，突发疾病死亡或者在48小时之内经抢救无效死亡的；

（二）在抢险救灾等维护国家利益、公共利益活动中受到伤害的；

（三）职工原在军队服役，因战、因公负伤致残，已取得革命伤残军人证，到用人单位后旧伤复发的。

职工有前款第（一）项、第（二）项情形的，按照本条例的有关规定享受工伤保险待遇；职工有前款第（三）项情形的，按照本条例的有关规定享受除一次性伤残补助金以外的工伤保险待遇。

范文实例

行政起诉状

原告钱某某，男，汉族，1960年9月2日生，武汉市人，住武汉市××区××街××号，××单位职工，电话：××××××××。

原告朱某某，女，汉族，1961年11月11日生，武汉市人，住武汉市××区××街××号，××单位职工，电话：××××××××。

被告武汉市××区人力资源社会保障局，地址：武汉市××区××街××号。

法定代表人××，职务：局长。

第三人武汉市××区××有限责任公司，地址：武汉市××区××街××大道××号。

法定代表人××，职务：董事长。

案由：撤销行政确认纠纷

诉讼请求：

1. 依法撤销被告2014年11月12日作出的××人社伤〔2014〕198号《不予认定工伤决定书》，并责令被告依法重新作出工伤认定。

2. 本案诉讼费由被告承担。

事实与理由：

钱某斌（已死亡）系二原告之子，生前在第三人武汉市××区××有限责任公司工作。2014年7月7日8时许，钱某斌到公司打考勤卡后，到公司二楼食堂吃早餐，在用餐期间突发疾病晕倒在餐桌上，随即被送往医院抢救，经抢救无效于7月8日8时26分死亡。事故发生后，原告向被告提出工伤认定申请，被告于2014年11月12日作出××人社伤〔2014〕198号《不予认定工伤决定书》，对钱某斌的死亡不予认定为工伤。

原告认为，钱某斌的死亡符合“在工作时间和工作岗位，突发疾病死亡或者在48小时之内经抢救无效死亡的”视同工伤的情形，依法应当认定为工伤。死者按照第三人武汉市××区××有限责任公司的考勤制度，在规定的上班时间内打卡上班，符合“在工作时间”

要求；死者按时打卡上班后，才来到原告公司附设的食堂吃早餐，这是公司为职工提供的福利，进食早餐也是职工的正常生理需要，在进餐时晕倒在餐桌上，经医院抢救无效死亡，其从发病到送至医院抢救无效死亡，符合“在工作时间和工作岗位上，突发疾病死亡或在48小时之内经抢救无效死亡”的情形。原告诉求有事实和法律依据。

为此，特向贵院提起行政诉讼，请求依法撤销被告作出的××人社伤〔2014〕198号《不予认定工伤决定书》，并责令被告依法重新作出工伤认定。

此致

武汉市××区人民法院

起诉人：钱某某

朱某某

××××年××月××日

案例5　辩护词

案情简介

李某和张某是某中等职业技术学校的学生，两人住一个寝室，都喜欢上网玩游戏，因此成了好朋友。由于从早到晚泡网吧，两人经济比较拮据。2017年1月20日，李某和张某商量到网吧实施抢劫。两人来到某网吧找到隔壁班的吴某，以借其手机打电话，并让其用电动车载着去找人为由，将吴某带至某学校后门一隐蔽树林。随后张某冲上去一手搂住吴某的脖子，一手捂住他的嘴巴，李某举起手中的砖块逼吴某把身上的钱拿出来。吴某拒绝后，张某随手给了他一个耳光，吴某还是不肯，李某举起手里的砖头砸在吴某头上，吴某不敢再反抗了，张某就开始搜吴某的身，从吴某的上衣口袋搜出了50元现金。这时，路人杨某经过看到，两人拿着钱就跑了。晚上9点，吴某回宿舍把经过告诉了舍友，并马上报警。民警迅速展开调查，2小时后，民警在学校附近的网吧里将正在上网的李某和张某抓获，两人对抢劫的犯罪事实供认不讳。经法医鉴定，吴某头部的损伤已构成人体轻微伤。检察院依法对李某提起公诉，李某父亲委托律师为李某做了辩护。

文书解析

公诉人出庭支持公诉，发表并宣读起诉书（公诉词），主要是揭露犯罪的社会危害性，阐明提起公诉，把被告人交付法庭审判的理由。辩护词是辩护人从有利于被告人的角度，根据事实和法律履行辩护职责提出的证明其无罪、罪轻，减轻或者免除其刑事责任的综合性意见。因此，公诉人与辩护人基于各自的立场阐述案情，发言往往针锋相对，有助于人民法院全面、客观地查清案情，正确定罪量刑。

辩护词没有固定的格式，一般情况下由三个部分组成，即序言、理由和结论。在序言之前，根据法庭组成人员的情况写明称呼，如“审判长、人民陪审员”“审判长、审判员”或“审判长、审判员、人民陪审员”等。

1. 序言。在序言中首先要说明辩护人出庭的合法身份和出庭任务；其次简要说明辩护人在开庭前进行活动的情况，表明辩护人的辩护意见是来自于对案件的调查研究，是有根据的；最后提出对本案的基本看法以进入辩护理由部分。有的辩护词序言不提出对本案的基本看法，而写为“对本案发表如下几点辩护意见，供法庭参考”，也是可以的。

2. 理由。理由是辩护词的中心内容，通常情况下可以从认定犯罪事实和适用法律两方面进行辩护。如果起诉书指控的事实不能成立，或不能完全成立，那就应当否定原有的证据，提出新的证据，证明被告人被指控的事实根本不成立，写为“××人民检察院的《起诉书》及相关证据材料所列明的涉案事实与真相有出入”。如果起诉书适用法律不当，对被告人的罪行性质指控有错误，如把故意伤害致死控告为故意杀人，把盗窃指控为侵占等，则应引证相关法律。

3. 结论。辩护人对自己的发言进行归纳总结，提出结论性意见，让法庭成员明了辩护词的基本观点，同时对被告人如何定罪量刑、适用什么刑法条款，向法庭提出看法、要求和建议。结论语言要言简意赅，观点明确，与辩护理由一致。

法条链接

《中华人民共和国刑法》第二百六十三条　以暴力、胁迫或者其他方法抢劫公私财物的，处3年以上10年以下有期徒刑，并处罚金；有下列情形之一的，处10年以上有期徒刑、无期徒刑或者死刑，并处罚金或者没收财产：

（一）入户抢劫的；

（二）在公共交通工具上抢劫的；

（三）抢劫银行或者其他金融机构的；

（四）多次抢劫或者抢劫数额巨大的；

（五）抢劫致人重伤、死亡的；

（六）冒充军警人员抢劫的；

（七）持枪抢劫的；

（八）抢劫军用物资或者抢险、救灾、救济物资的。

第二十五条　共同犯罪是指二人以上共同故意犯罪。

二人以上共同过失犯罪，不以共同犯罪论处；应当负刑事责任的，按照他们所犯的罪分别处罚。

第二十六条　组织、领导犯罪集团进行犯罪活动的或者在共同犯罪中起主要作用的，是主犯。

三人以上为共同实施犯罪而组成的较为固定的犯罪组织，是犯罪集团。

对组织、领导犯罪集团的首要分子，按照集团所犯的全部罪行处罚。

对于第三款规定以外的主犯，应当按照其所参与的或者组织、指挥的全部犯罪处罚。

第十七条　已满16周岁的人犯罪，应当负刑事责任。

已满14周岁不满16周岁的人，犯故意杀人、故意伤害致人重伤或者死亡、强奸、抢劫、贩卖毒品、放火、爆炸、投放危险物质罪的，应当负刑事责任。

已满12周岁不满14周岁的人，犯故意杀人、故意伤害罪，致人死亡或者以特别残忍手段致人重伤造成严重残疾，情节恶劣，经最高人民检察院核准追诉的，应当负刑事责任。

对依照前三款规定追究刑事责任的不满18周岁的人，应当从轻或者减轻处罚。

因不满16周岁不予刑事处罚的，责令其父母或者其他监护人加以管教；在必要的时候，依法进行专门矫治教育。

《最高人民法院关于审理未成年人刑事案件具体应用法律若干问题的解释》第七条　已满14周岁不满16周岁的人使用轻微暴力或者威胁，强行索要其他未成年人随身携带的生活、学习用品或者钱财数量不大，且未造成被害人轻微伤以上或者不敢正常到校学习、生活等危害后果的，不认为是犯罪。

已满16周岁不满18周岁的人具有前款规定情形的，一般也不认为是犯罪。

《中华人民共和国刑事诉讼法》第一百七十六条第一款　人民检察院认为犯罪嫌疑人的犯罪事实已经查清，证据确实、充分，依法应当追究刑事责任的，应当作出起诉决定，按照审判管辖的规定，向人民法院提起公诉，并将案卷材料、证据移送人民法院。

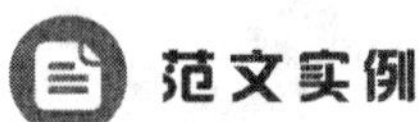

辩　护　词

尊敬的审判长、人民陪审员、公诉人：

××律师事务所接受被告人李某父亲的委托，指派我依法担任本案被告人李某的辩护人，为履行法律赋予的职责，我出席今天的法庭为其辩护。现在，我想依据有关法律法规，结合本案犯罪事实、量刑情节发表以下意见，恳请法庭予以充分考虑。

我对公诉机关指控被告人李某犯有抢劫罪不持异议。但下列情形对本案被告人的量刑有重大影响，希望能引起法庭的注意，并在对被告人量刑时得到体现。其一，被告人李某一贯表现较好，以前也从未受过任何处罚，是初犯。他刚满 18 周岁，还是个在校生，教育的可塑性大。在辩护人会见他时，李某也多次表达了愿意痛改前非、重新做人的意愿。其二，被告人李某犯罪动机单纯，其供述自始至终就是“搞点钱，上上网，吃吃饭”。尽管这一动机不仅违法而且幼稚，但其危害性相对较小。其三，被告人李某如实供述自己所犯全部罪行，具有坦白情节，且悔罪态度良好。其四，被告人李某的父母已退出赃款，并已对被害人做出相应的赔偿。

综上所述，本案被告人李某因为年龄较小，在没能充分意识到自己行为后果的情况下，一时糊涂作案，系初犯。李某已如实坦白交代自己的全部罪行，悔罪深刻，愿意痛改前非，重新做人。恳请法庭在对李某量刑时，充分考虑上述情形，从轻处罚，给李某一个改过自新的机会。

案例 6 刑事附带民事起诉状

案情简介

某学校课间休息期间，该校某班学生卢某某（男，14 岁）与同年级某班学生邓某某（本案死者，男，殁年 14 岁）等人将书卷成筒状在操场互相击打玩耍。卢某某被人击打后，拿出随身携带的折叠匕首冲向对方人群并捅刺，刺中被害人邓某某左胸部。卢某某随即搀扶邓某某去医院，行至学校门口时，邓某某无力行走，被闻讯赶来的邓父及学校老师等人送至市中心医院。后邓某某经抢救无效死亡，卢某某在医院被民警带走并归案。经法医鉴定，邓某某系心脏破裂导致失血性休克死亡。

一审法院判决被告人卢某某犯故意伤害罪，判处有期徒刑 14 年，剥夺政治权利 3 年；被告人卢某某及附带民事诉讼被告人赔偿附带民事诉讼原告人丧葬费、交通费、误工费共计 35 897 元；驳回附带民事诉讼原告人的其他诉讼请求。判决作出后，被告人不服提出上诉。

二审法院经审理认为，原审被告人卢某某在与同学打闹玩耍发生矛盾后，持随身携带的匕首捅刺致被害人死亡的行为构成故意伤害罪，应依法处罚。但卢某某犯罪时系未成年人，对其应当从轻或者减轻处罚。案发后卢某某扶被害人欲到医院救治，在学校老师及被害人家长送被害人到医院时，卢某某亦一同前往医院，在知道学校已报案的情况下仍在医院等候，主动将自己置于司法机关的控制之下，归案后亦如实供述犯罪事实，卢某某的行为构成自首，可以从轻或者减轻处罚。综合考察原审被告人卢某某的犯罪手段、情节、后果，并结合其系已满 14 周岁未满 16 周岁的未成年人，有自首情节和认罪、悔罪表现，其亲属在二审期间积极赔偿被害人亲属经济损失并取得谅解，可对其减轻处罚。原判认定的事实清楚，证据确实充分，定罪准确，审判程序合法，但量刑不当，改判原审被告人卢某某犯故意伤害罪，判处有期徒刑8年。

文书解析

本案属典型的校园暴力犯罪案件，犯罪嫌疑人案发时已满14周岁不满16周岁，为泄愤逞强，刺伤被害人，主观恶性较小，但犯罪后果严重，不仅导致了被害人死亡，也给被害人家属带来了巨大的痛苦和经济损失。

我国刑事诉讼法规定，被害人由于被告人的犯罪行为而遭受物质损失的，在刑事诉讼过程中，有权提起附带民事诉讼。提起刑事附带民事诉讼应当在刑事案件立案后及时提起。《最高人民法院关于适用〈中华人民共和国刑事诉讼法〉的解释》规定，第一审期间未提起附带民事诉讼，在第二审期间提起的，第二审人民法院可以依法进行调解；调解不成的，告知当事人可以在刑事判决、裁定生效后另行提起民事诉讼。

与民事起诉状类似，刑事附带民事起诉状的内容也包含以下三个方面。

1. 当事人基本情况。附带民事诉讼原告人共有四类：被害人；若被害人死亡，其继承人以及其他依法享有赔偿请求权的人；无行为能力或者限制行为能力被害人的法定代理人；人民检察院。

一般来说，附带民事诉讼的被告人就是刑事诉讼中的刑事被告人，但有时还可能包括以下人员：未成年被告人的监护人；被执行死刑的罪犯的遗产继承人；共同犯罪案件中，未被追究刑事责任的其他共同致害人；案件审结前已死亡的被告人的遗产继承人；对刑事被告人的犯罪行为造成的损害依法应当承担民事赔偿责任的单位或个人，如保险公司依法应负民事责任，属于附带民事诉讼被告人。

2. 诉讼请求。附带民事诉讼原告人请求被告人赔偿的损失有明确的范围，即由于犯罪行为而使被害人遭受的经济损失或物质损失，不包括精神损害。根据《最高人民法院关于适用〈中华人民共和国刑事诉讼法〉的解释》，刑事附带民事赔偿范围包括医疗费、护理费、交通费、误工费、残疾生活辅助具费和丧葬费等。附带民事诉讼当事人就民事赔偿问题达成调解、和解协议的，赔偿范围、数额不受上述规定的限制。

3. 事实与理由。与民事起诉状一样，刑事附带民事起诉状的事实与理由部分在结构上也分成两部分，要先写案件事实，后写证据诉讼请求的理由。

刑事附带民事起诉状事实部分的写作有其特殊性。在刑事附带民事诉讼中，被告人的刑事责任由人民检察院追究，附带民事诉讼原告人只就附带民事诉讼被告人的民事侵权部分提出索赔请求。由于刑事犯罪事实是附带民事诉讼的前提，两者的联系在法律上十分紧密，刑事附带民事起诉状的事实部分仍然应从被告人的刑事犯罪行为入手，写被告人实施刑事犯罪行为（实际上也就是实施民事侵权行为）的开始、过程和结果。这一事实的写作，因有起诉书指控在先，可以依起诉书的指控事实来写，把重点放在对于后果的写作上，且无论是什么样的后果，最后都要归结到经济损失上来。如果原告人所认定的被告人的犯罪事实与人民检察院起诉书认定的被告人的犯罪事实在基本内容上有细微差异，原告人在附带民事起诉状写作中反映这一差异，则附带民事诉讼原告人需承担新的举证责任；如果附带民事诉讼原告人所认定的被告人的犯罪事实与人民检察院起诉书认定的被告人的犯罪事实有根本性的差异，即在影响案件定性、量刑和民事赔偿责任划分等问题上有出入，则附带民事诉讼原告人可以将自己对案件的不同认识向人民检察院反映，要求人民检察院重新调查或者提供足以使附带民事诉讼原告人改变认识的证据，或者将自己对案件事实的认识写入附带民事起诉状中，同时提供能够证明这一事实的确实充分的证据。

刑事附带民事起诉状理由部分的写作与民事起诉状有相同之处，也是应该先对附带民事诉讼被告人的民事侵权行为的性质进行分析认定，对因附带民事诉讼被告人的犯罪行为给附带民事诉讼原告人造成的经济损失进行总结，依据法律法规对附带民事诉讼被告人的赔偿责任加以证明。在写作时需要注意以下几个方面：第一，理由部分应该对要求附带民事诉讼被告人承担赔偿责任的损害结果与被告人的犯罪行为之间的因果关系加以证明，这是要求附带民事诉讼被告人承担赔偿责任的基础；第二，附带民事诉讼原告人需要对要求附带民事诉讼被告人承担赔偿责任的范围加以证明；第三，如果民事侵权行为人不止一个，可以不具体划分每一个侵权行为人应承担的赔偿责任的大小，但应该要求共同侵权人承担连带责任。

法条链接

《最高人民法院关于适用〈中华人民共和国刑事诉讼法〉的解释》第一百七十五条　被害人因人身权利受到犯罪侵犯或者财物被犯罪分子毁坏而遭受物质损失的，有权在刑事诉讼过程中提起附带民事诉讼；被害人死亡或者丧失行为能力的，其法定代理人、近亲属有权提起附带民事诉讼。

因受到犯罪侵犯，提起附带民事诉讼或者单独提起民事诉讼要求赔偿精神损失的，人民法院不予受理。

第一百八十条　附带民事诉讼中依法负有赔偿责任的人包括：

（一）刑事被告人以及未被追究刑事责任的其他共同侵害人；

（二）刑事被告人的监护人；

（三）死刑罪犯的遗产继承人；

（四）共同犯罪案件中，案件审结前死亡的被告人的遗产继承人；

（五）对被害人的物质损失依法应当承担赔偿责任的其他单位和个人。

附带民事诉讼被告人的亲友自愿代为赔偿的，应当准许。

第一百九十二条　对附带民事诉讼作出判决，应当根据犯罪行为造成的物质损失，结合案件具体情况，确定被告人应当赔偿的数额。

犯罪行为造成被害人人身损害的，应当赔偿医疗费、护理费、交通费等为治疗和康复支付的合理费用，以及因误工减少的收入。造成被害人残疾的，还应当赔偿残疾生活辅助具费等费用；造成被害人死亡的，还应当赔偿丧葬费等费用。

驾驶机动车致人伤亡或者造成公私财产重大损失，构成犯罪的，依照《中华人民共和国道路交通安全法》第七十六条的规定确定赔偿责任。

附带民事诉讼当事人就民事赔偿问题达成调解、和解协议的，赔偿范围、数额不受第二款、第三款规定的限制。

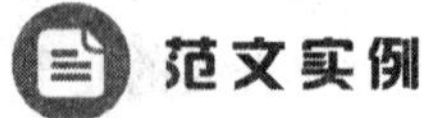

刑事附带民事起诉状

刑事附带民事诉讼原告人邓某甲，男，××××年××月××日生，汉族，××市人，高中文化，个体工商户，住××市××区××镇××街××号，系本案受害人邓某某之父。

刑事附带民事诉讼原告人郑某某，女，××××年××月××日生，汉族，××市人，高中文化，个体工商户，住××市××区××镇××街××号，系本案受害人邓某某之母。

委托诉讼代理人刘××，××律师事务所律师。

刑事附带民事诉讼被告人（刑事被告人）卢某某，男，××××年××月××日生，汉族，江城市人，××市××学校学生，住××市××区××号。

刑事附带民事诉讼被告人卢某甲，男，××××年××月××日生，汉族，××市人，初中文化，无业，住××市××区××路××号，系附带民事诉讼被告人卢某某之父。

诉讼请求：

1. 请求人民法院依法追究本案刑事被告人卢某某的刑事责任。

2. 请求人民法院依法判令被告向本案附带民事诉讼原告人赔偿丧葬费、误工费、交通费等，共计人民币××元。

事实与理由：

××市××学校课间休息期间，本案被告人卢某某与受害人邓某某等人在操场互相击打玩耍，被告人卢某某被人击打后，拿出随身携带的折叠匕首冲向对方人群并捅刺，刺中被害人邓某某左胸部，造成邓某某死亡。本案刑事被告人卢某某平时在学校横行霸道、寻衅滋事、故意伤害他人，管制刀具不离身，其社会危害性极大，仅因同学之间玩耍打闹便拔刀相向，应当受到严惩。

而被害人邓某某品学兼优、正直善良，系家中独生子，被害时年仅 14 岁，被告人卢某某的犯罪行为给原告原本幸福的家庭带来了沉痛打击，使受害人近亲属精神上受到了巨大伤害，经济上也遭受了巨大损失。被告卢某某为限制行为能力人，卢某甲作为被告卢某某的法定监护人应当承担赔偿责任。依据《最高人民法院关于审理人身损害赔偿案件适用法律若干问题的解释》第十七条第三款、第二十七条、第二十八条、第二十九条，被告应当赔偿附带民事诉讼原告人丧葬费以及受害人亲属办理丧葬事宜支出的交通费、误工损失等其他合理费用共计 50 000 元。

为维护原告人的合法权利，特向贵院提起诉讼，请依法判处。

此致

××市××区人民法院

刑事附带民事诉讼原告人：邓某甲

郑某某

××××年××月××日